Post Capitalism : Rethinking Žižek's interpretation of Hegel

脱資本主義

S・ジジェクのヘーゲル解釈を手掛かりに

TAKAHASHI Kazuyuki
高橋一行 著

社会評論社

はしがき

　S.ジジェクは、一方で『終焉の時代に生きる』(原文2010＝邦訳2012)や『絶望する勇気』(2017＝2018)、『パンデミック』(2020＝2020)などの著作で、資本主義の危機について、またそこからどう脱するかということを議論する。またその理論的基礎付けをすべく、ヘーゲルとJ.ラカンの独自の解釈をしている。とりわけ近年は、例えば『性と頓挫する絶対』(2020＝2021)などにおいて、ヘーゲル論理学の解釈に力を入れている。

　本書はそのジジェクを参考にして、まずは第1章で、そのヘーゲル解釈の妥当性を確認したい。とりわけジジェクのヘーゲル論理学の読解から、このあとに展開する脱資本主義論を展開する上で参考になる論理を探っていく。

　具体的に言えば、ヘーゲル論理学は、自然、社会、認識の発展を追うのだが、それはジジェクによれば、失敗と挫折と綻びに満ち溢れたものである。そういう解釈の是非と意義を確認したい。

　第2章は次のことがテーマである。ヘーゲル哲学は、M.ハイデガーを経て、フランスのA.コジェーブたちに引き継がれ、J.デリダやC.マラブーの脱構築論に活用される。ジジェクもその影響を受けている。しかしジジェクは独自のヘーゲル解釈とラカンからの影響とがあって、それら脱構築理論を批判する。そういう経緯があって、ジジェクはいわゆるポストモダン思想とは一線を画している。

　第3章では、上述のジジェク理論を参考にして、脱資本主義理論を展開したい。ここで特に参照するのは、大澤真幸『新世紀のコミュニズムへ』(2021)と『経済の起源』(2022)である。これらの本は、ほぼジジェクとヘーゲルに依

拠して書かれていて、私が書こうとしていたことと、問題意識が重なる。それらの著作に触発されて、急いで私自身の脱資本主義論を書きたいと思ったのである。

　拙著の副題にジジェクの名を入れたことに現れているように、私がジジェクから影響を受けていることを明示したいと思う。ジジェクは日本では30冊以上の翻訳が出ていて、結構読まれているのだと思うが、日本人によるジジェク論はまだ1冊も出ていない。例えばドゥルーズ論だと、日本人の手によるもので、本のタイトルやサブタイトルにドゥルーズという名が入っているものがたくさんあるのと対照的である。名前が知られて、訳本がたくさん出ていて、しかし誰も論じない。とりわけジジェクのヘーゲル解釈に関するものは皆無と言って良いのではないか。

　つまり脱資本主義を論じるためにジジェクを活用するが、同時にジジェク論にもなっているという本をここで目論んでいる。

目　次

第 1 章

ジジェク風にヘーゲルを読む

　S.ジジェクは近年とみにヘーゲル論理学読解にこだわっている。ヘーゲルはその哲学を打ち立てることによって、まさしく壮大な体系を創り上げ、その中で主体の自由を論じ得たのだが、それを脱構築するのではなく、ヘーゲルの体系の中に沈潜して、その体系が自ずと綻びを示し、また確立された主体が自ら挫折する様を見ていくというのが、ジジェクの手法である。重要なのは、体系も主体性も、否定性を通じて生成していくものだということである。そのことはこの「論理学」(本書では『大論理学』と『小論理学』の総称としてこの言葉を使う)において、最も明瞭に示され得るのである。ジジェクはそこに着目する。

　ヘーゲルには夥しい著作があり、自然哲学、精神哲学、宗教哲学など多くの分野をその哲学は包摂する。ジジェクもまたヘーゲルの様々な著作に言及する。とりわけ、本書第2章で取り挙げるフランス哲学系の人たちは、『精神現象学』を中心に読解している。その中でしかし私はヘーゲルのダイナミズムを伝えるのは「論理学」であると考えている。ジジェクが近年この「論理学」に焦点を当てているのは、喜ばしいことである。

1-1　ヘーゲル論理学を読む

　ジジェクの最新の本『性と頓挫する絶対』(2020=2021、以下『性と頓挫』)を分析する。

この本では、以前から私がジジェクの思想としてまとめていたことをジジェク自身があらためて表明している。ジジェクの考えについては、拙著『カントとヘーゲルは思弁的実在論にどう答えるか』(2021)にまとめている[注1]。拙著は題名にある通り、カントとヘーゲルを分析して、その考え方を基に、この20年くらいの間に出てきた思弁的実在論や加速主義を批判するものである。その際にジジェクを参照している。ジジェクに全面的に依拠して拙著を書いたと言って良い。そのジジェクの考えが、ジジェク自身によって深められ、練り上げられていたのである。

　ジジェクは今までに何十冊も本を出していて、そのテーマは幅広い領域に亘っているのだが、拙著では物自体を巡るカントとヘーゲル、及びJ.ラカンの精神分析についてのジジェクの考えを取り挙げ、それを詳述している。そしてジジェク自身が、この『性と頓挫』でこのテーマに絞って議論をしている。

　このジジェクの本を拙著と併せて議論していく。かつまた本稿は、その作業の上でジジェクの主体論を確認するものでもある。

　まずはジジェク健在、すこぶる元気であると言うことができる。本節の最後に書くが、ジジェクはここのところ毎年のように本を出している。しかもこの数年は、ヘーゲル論が中心である。本節で取り挙げる『性と頓挫』もそうである。

　また原書が2020年に出て、わずかその1年後に訳書が出ている。すでにジジェクの本邦での訳書は、「はしがき」に書いたように30冊を超えるが、この訳書はその蓄積を踏まえ、ていねいにジジェクの引用先も調べている。

　具体的に見てみたい。拙著(高橋2021)の中で、「現実界を巡る前中期のラカンから晩年のラカンへの進展は、物自体を巡るカントからヘーゲルへの展開である」というジジェクの説を紹介したが、以後、これを私はジジェクテーゼと呼びたい。これについては、本節のこのあと、及び本書2-1で詳述する。

この数年のジジェクは、このジジェクテーゼをさらに推し進めているのである。そしてその中で本書が決定版と言うべき位置にある。

　ジジェクテーゼは、それ以前の本の中に断片的にあったものを私が拾い集めて体系化したものである。しかしそれをジジェク自身がこの数年で、自ら体系化しているのである。

　また2012年に出た *Less than Nothing*（以下 *Less than*・この本はまだ翻訳がされていない。また私はこの本を『無以下の無』と訳すが、『性と頓挫』の訳者は『無未満』と訳している）はヘーゲルとラカンというテーマの集大成になるものだと思われ、拙著でも随分参照し、引用もしている。しかしジジェクはそののちにさらに進んでいるのである。

　ジジェクは進歩している。そう言おう。カントからヘーゲルへという、拙著（高橋2021）でのテーマが進展している。ラカンとの絡み具合が深まっているのである。またそこでは思弁的実在論が批判される。要するに私が取り組んだテーマが深められているのである。

　一見すると、記述はすべて今まででどこかで読んだことがあるものばかりで、使われる単語も言い回しも同じだ。しかし確実に議論は深まっているのである。そのことを示したい。

　この『性と頓挫』は、24の長短様々の節で成り立っている。主題は反復される。4つの定理がある。

　定理Ⅰでは次のことがテーマである。ヘーゲルはカントの超越論的な地平に留まりつつ、カントの行った認識論的な制限、つまり物自体の不可知性を存在論的な不可能性に変換する。物はそれ自体において頓挫しており、根本的な不可能性を刻印されており、存在論的に不完全なのである（『性と頓挫』p.42f.）。これがまさにジジェクテーゼの前提になる。

　その後拙著が思弁的実在論として扱ったもの、または新実在論と呼ばれて

いる考え方が批判される。とりわけQ.メイヤスーが取り挙げられる。メイヤスーは物自体の存在の認識は可能であるとしている。しかし彼は先を急ぐあまり、存在論的な誘惑に屈している。つまり懐疑を徹底しながらも、最後に絶対的なものに容易にアクセスできると考えたのである。しかしそこでは否定性は徹底されていない。これがまさしく拙著のテーマである。

定理IIは「人は性を通じて絶対に触れる」ということがテーマである。超越論的な次元は性的なものと密接に結び付いている。ここでカントのアンチノミーが紹介される。まずはこれがラカンの性別化の式と結び付けられる。アンチノミーは不可能性を示す。それは失敗という否定的なやり方を通じ、カントの言う崇高を通じてのみなされる。この不可能な「物」への執着と、「物」に到達できないという失敗が、性に関する人間の経験を構成しているのである（同p.156f.）。

そこからヘーゲルに話を進める。カントからヘーゲルへという文言は、この本の中で何度も繰り返される。カントのアンチノミーはあくまでも認識論上の話である。これをヘーゲルは存在論の領域に移すのである。カントのアンチノミーという画期的な発見に基づいて初めて、現実それ自体に内在する破壊的な力としての否定性というヘーゲルの概念を理解できる。つまりカントの言うところを理解して初めてヘーゲルの概念を理解できるのである。ここではカントからヘーゲルへの移行が、つまり超越論的なものの捉え方の進展が、ラカンと密接に結び付けられている。これこそがジジェクテーゼであり、しかもなぜカントからヘーゲルへの移行が性的なものとの関わるのかということが詳述されており、つまり、ジジェクテーゼが深められていると言うべきである。

定理IIIにおいて、ヘーゲル論理学が詳細に分析される。その冒頭に展開される存在 - 無 - 生成の論理などに見られるように、ヘーゲルの議論は行き詰まり、それは閉塞、失敗の連鎖に他ならない。ヘーゲル論理学は、挫折を

解決策に変えようと試みる。事物は自らの不可能性によって存在する。主体も自らの不可能性そのものであり、言い換えれば、自らを表象することに失敗することこそが主体なのである。

　ここで「無以下の無」という概念が、*Less than* においては、ヒッグス場の考え方を使ってあっさりと説明されたのだが、ここでは量子力学を使って詳しく展開され直す。その無からさらに否定の否定へ、無限判断へと話が展開される。最初の創造行為は、空間を空にすること、無の創造である（同p.402）。これがフロイトの死の欲動のパラドックスと結び付けて議論される。このことは本書1‐3で議論される。

　定理Ⅳにおいて、次のように言われる。ヘーゲルがM.フーコーよりも先にフーコー的な言葉を使って指摘しているように、狂気は人間精神の偶発的な逸脱、歪みやいわゆる病気ではなく、個々の精神を存在論的に構成している基盤に書き込まれた何かなのである。人間であることは潜在的に気が狂っていることを意味している（同p.464）。

　ここで狂気、性、戦争というトリアーデが論じられる。狂気はまず正常に先立って存在する。そして次に来る性も、狂気を表す特定の形象である。そして三番目に来るのが、社会の狂気としての戦争である。この3つが、人間の持つ抽象的否定性の過剰を表す。ここで3つが並べられているが、これはトリアーデをなすものではない。つまり最初のものが否定され、さらにそれがもう一度否定されるという形式で進行するものではない。ただ抽象化のプロセスが現実そのものに内在し、執拗に現れるのである。そしてこれがヘーゲルの言う和解であり、否定性それ自体という解消不可能な過剰との和解である。

　これらの定理は次のように言い換えられる。

　定理Ⅰは予備段階である。ここでは今日の新しい存在論（ontology）が反脱

構築的転回をし、表舞台に出てきたことを扱う。いずれの存在論も脱構築の終わりなき自己反省の探求から抜け出して、現実をポジティブに洞察し始めている。しかしジジェクはこれらを退ける。つまりあらゆる存在論が頓挫する。この頓挫は、存在の全体の現実と、私たちの現実との接触を媒介する超越論的地平との間のギャップに原因がある。つまり、存在の秩序における裂け目が記述され、それが超越論的次元によって補われる。私たちはこのギャップの向こうに踏み込めるか。

　定理Ⅱでは、定理Ⅰの袋小路に対する回答が与えられる。これが第一段階である。性的なものは、存在論的体系を粉砕する否定性の力である。性的差異は二項対立を擦り抜ける回旋状の空間である。カントのアンチノミーを通じて理論が練り合わされる。カントは純粋理性を性的なものにしているのである。ここでは我々と絶対的なものとの接触が性的な経験であることが説明される。

　定理Ⅲは『性と頓座』の中で一番長い。上述の回旋状の空間は、メビウスの輪、クロスキャップ、クラインの壺に対応し、それはそのままヘーゲル論理学を構成する３つの部門に対応する。すなわち存在論、本質論、概念論である。存在論が記述するのはカテゴリーの移行であるが、これはメビウスの輪で表現される。本質論では反照の原理が説明されるが、クロスキャップは対立するカテゴリーの間にある純粋な差異を導入する。クラインの壺によって導入されるのは主体性である。概念とは主体性の言い換えである。ここにおいて反照の円環運動は絶対的なものに達する。ただしこの絶対的なものとは、ジジェクが言う意味でのものである。これが第二段階である。なお、この議論は本書の次節（1-2）で取り挙げる。

　定理Ⅳは第三段階で、執拗に残り続ける抽象的否定性の現われである狂気、性、戦争が取り挙げられている。哲学は否定性というモチーフを繰り返すが、これはこの３つの形象によって再現される。このテーマは本書の結論部（3-3）

で扱われる。

　この本の４つの定理は、まさしくジジェク得意のグレマスの正方形をなす。先に書いたことを繰り返せば、定理Ⅰではカント理論の超越性が論じられ、カントからヘーゲルへということが示唆される。それがⅡでラカンの理論に対応する。このふたつの定理がジジェクテーゼである。さらにそこから、ヘーゲルの論理を扱ったのがⅢであり、それを狂気に対応させるというのがⅣである。４つで物事を考えるジジェクの性向を確認したい。

　ジジェクはトリアーデを嫌う。物事を二極的に考え、それを組み合わせて４項の正方形を作る。これをグレマスの正方形と言う。

　ここでも４つの定理は、ⅠからⅡへ、ⅢからⅣへという進展があり、かつⅠとⅢが対応し、ⅡとⅣが対応する。これがジジェクの発想である。

　再度上述のことが言葉を換えて繰り返される（同 p.89ff.）。以下順に追うのは、定理Ⅰ-Ⅳにそれぞれ対応するもののではなく、４つの定理全体を貫通するものである。

　まず、超越論的なものはそれ自体矛盾を抱えており、その内部に敵対性を抱え込んでいる。そのことをカントが最初に述べたのである。超越論的次元は存在論の失敗を含意しているだけでなく、それ自身アンチノミーを必然的に生み出すものである。

　次にカントからヘーゲルへの移行が論じられる。アンチノミーは理性とその超越論的空間だけに関わるのではなく、現実それ自体の特徴であり、私たちは自らの欠陥を現実それ自体に刻印された欠陥と同一視するのである。

　そしてそこにS.フロイトとラカンの精神分析が関わってくる。この欠陥こそが性である。労働でも言語でもなく、この性こそが私たち人間を自然から切り離す。

　最後はこの性の問題を現実全体に広げることである。量子力学を参照して、

「無以下の無」が論じられる。それは「まだ何かになっていないもの」から無が生み出される論理である。それは現実が自己関係を起こす仕組みのモデルとなり得る。そしてその論理と性とが結び付けられる。性は目標に達するのに繰り返し失敗する、その過程そのものによって満足が得られるものだからである。主体は不可能な対象に固執する。これはヘーゲルの論理そのものであり、同時にラカンのものでもある。

　かねてから、ラカンの現実界とカントの物自体は対応すると言われている。私はそれをそのまま認めた上で、しかし晩年のラカンは現実界を重視し、それは物自体の理解がカント的な段階からヘーゲル的な段階に移ったことと対応するという、拙著の中で書いたジジェクテーゼを強調してきた。ただ前提として、ラカンはまずはカントの考え方に対応するのである。

　その際に拙著では、カントにおいて構想力の役割が重要で、カントはこの構想力で以って物自体に迫ることができると考えていたという説を開陳した。このことについてもジジェクが興味深い指摘をしている。カントにおいて超越論的構想力が果たしている重要な役割を考えると、想像的なものというラカンの概念を敢えて再検討することも必要だろうと言うのである（同 p.469f.）(注2)。IRS（想像的なもの、現実的なもの、象徴的なもの）という３つの組において、想像的なものは概して幻想の場として貶められているが、しかし実はこの概念が重要であるとジジェクは言う。

　ここから言えることのひとつは、ジジェクは案外構想力を重視しているのではないかということだ。つまりまずはカントの用語でラカンを捕らえている。物自体＝現実界、構想力＝想像界と言うことができる。

　しかしその後ラカンが現実界を重視するようになると、この想像力（構想力）は物事を総合する力としてではなく、否定的な力として機能するようになる。こうなると「カントからさらに離れて」、ヘーゲルの考え方に近付いていく

のである（同p.470）。このことは本書２‐１で再度議論される。

　実際「カントからヘーゲルへ」という文言は何度も繰り返される。少し拾ってみよう。

　カントは絶対的なものと私たちの世界との絶対的なギャップについて語る。ヘーゲルが言うのは、カントの言うギャップはすでにそのギャップの解決であるということである。存在自体が不完全なものである。主体とは存在の体系の亀裂に付けられた名前である（同p.102）。

　このことは簡潔に言って次のように言うことができる。カント的現実界は現象の彼方にあるヌーメナルな「物」であり、それに対してヘーゲル的現実界は現象とヌーメノンの間のギャップそのものであり、つまりそれは自由を維持するギャップなのである（同p.99）。これがジジェクテーゼをジジェク自身の言葉で表したものである。

　またヘーゲルの観念論の基本的なテーゼは、思考の規定は同時に存在の規定であるということである。不可知の物自体と私たちの知とを分かつギャップは存在しない。さらにそこから、思考の限界、つまりカントがアンチノミーとして提出したものは、存在自体の限界でもあるのだ（同p.34f.）。このヘーゲル観は正しい。

　ここからさらに、そもそもなぜカントからヘーゲルへという移行がラカンの考え方の変遷に対応するのかということが説明される。今まで断片的にしか言われなかったことが、ここでは主題として、繰り返し説明される。超越論的なものは性的なものに関わるからである。

　結論として、否定的なものとしての主体が確立する。それは性的なものに纏わり憑かれている。

　以下ジジェクの本から、この主体についての議論を拾っていく。

　まず、主体は常に超越論的な態度と結び付いている（同p.51）。

また、主体は自らが抱える他者性の中に自身を認識するというヘーゲルの考え方は、自分自身を自分にとって疎外された客観性として現れるものの中に認識することである。さらに主体は自分自身の欠陥や欠如を、宇宙の秩序の持つ欠陥や欠如に基づくものとして認識する。この秩序それ自体が不完全であり、そこには不可能性という亀裂が走っている（同p.83f.）。

　主体は不可能な対象に固執する。つまり手の届かない対象を得ようと努力する。主体自体がヒステリー的なのはこのためである。ヒステリーの主体とは、まさに享楽を絶対的なものとして措定する主体なのである。この主体は満たされない欲望という形を借りて、享楽という絶対的なものに応答している（同p.92）。ここがこのジジェクの本の結論になる。

　さらに主体は現実の裂け目であり、主体自身がトラウマであるとか（同p.479）、物自体との特権的な接触そのものが主体であるとか（同p.507）、現象界としての現実に対する物自体の過剰は、私たち自身、つまり主体性というギャップそのものであるとジジェクは言う（同p.515）。

　精神はそれ自身が癒そうとする傷そのものであり、その傷は自分が付けたものである。……主体とは、計り知れない、絶対的な否定性の力、……有機体的統一体の一部として現実に存在しているものを差異化し、抽象化し、引き裂き、自立したものとして扱う力である（同p.567）。

　付言すれば、ジジェクも私も進化論が好きである。ダーウィニズムは、「諸要素の無目的的な相互作用から目的性が現れることを科学的に説明するものである」という簡潔な定義があり、そこからもしカントがダーウィニズムを受け入れたらどういうことになるかと問う（同p.115f.）。その場合、物自体は神に由来する諸目的から成る高次の宇宙というヴィジョンではなく、現実は自由のない、カント自身の言葉で言えば、「人形芝居のように良く身振りをするであろう」が、「何ら生命も見出せない」機制から成るというヴィジョン

になる（カント『実践理性批判』（XII＝7）（以下『実践』）第1部第2編第2章第9節）。しかしジジェクは、それ以上は問うべきではないとしている。カント『実践』では、その進化論的な偶然性や事後的な必然性を説明できないからである[注3]。

　また性的なものも進化する。まず無性生殖の段階があり、続いて植物においては、単体の中に両性がある。さらに動物においては性が分割して、現実的なものとなる。それが人間においては、性的なものの不安定性を許容する象徴秩序という事実に二重化される。これは例えば生物学的に男性である人が、意識の上では女性のアイデンティティを持つことがあるということである。最後にポストヒューマニティの段階では、ふたつの性は崩壊するとジジェクは予言をする。子どもはすべて科学技術によって人工的に作られるかもしれない。性は無効になるかもしれないというのである（同p.223）。

　最後に以下のことを付け加える。拙著（高橋2021）で参照した*Less than Nothing*（2012）と本書で取り挙げる『性と頓挫』（2020＝2021）の間に、3冊のヘーゲル論が出ている。いずれも未邦訳である。『性と頓挫』の「訳者あとがき」に、これらの本についての簡単なコメントがある。これを参考にする。それは以下の本である。

　1．*Absolute Recoil:Towards a New Foundation of Dialectical Materialism*（2014）＝『絶対的な跳ね返り - 弁証法的唯物論の新たな土台作りに向けて - 』

　2．*Disparities*（2016）＝『不等性』

　3．*Incontinence of the Void:Economico-Philosophical Spandrels*（2017）＝『自制の利かない空無 - 経済的哲学的スパンドレル - 』

　これらを読んだ印象では、新しい概念は出てこないし、用語も今までジジェクが使っていたものである。具体的に言えば次のようになる。

1．recoilは、跳ね返りという意味である。ヘーゲルの論理は、相手にぶつかっていったものが自分に跳ね返ってくるというループ構造をしている。

2．disparitiesは、不等性という意味である。ジジェクがしばしば使う「実体は主体である」というヘーゲルの『精神現象学』の文言がここで使われている(注4)。ここで主体と実体は不等な関係にある。

3．ここではspandrelという概念が使われる。これは「三角小間」と訳される建築学の用語で、隙間といった程度の意味である。進化生物学が好んで使う。生存の上で意味のない副産物として生じたものが、意外な機会に予期せぬ役割を果たすことがある。建築上に生じた隙間が、意外なまでに役割を持つことがあるという話である。先に言ったように、ジジェクも私も進化論が好きである。

　これらの本でも、ヘーゲルとラカンが融合している。これは進展と言って良いのではないか。ジジェクは進化する。馴染みのある単語、何度も見た言い回し、繰り返される概念がそこに見られる。しかしその反復を通じて、確実に議論は深められている。

　またこの『性と頓挫』の「訳者あとがき」には、この本は、上述の1．2．3．の本の作り出す一連の系列の最後に位置するので、これらのまとめになっており、そのためにこの本を出版社の判断で選んで訳したということが書かれている。

注

(1) 2021年に出した拙著(高橋2021)の意図するところをここで弁護したい。

(2) 英語表記で、カントとヘーゲルが使う構想力はimaginationであり、これは想像力と訳すのが一般的だが、カントとヘーゲルの訳語としては構想力が定着している。

　一方、ラカンの想像的なものは、これも英語表記でimaginaryであり、こちらは想像的なものという訳語が定着している。ジジェクが使うimaginationについて、『性と頓挫』の訳者は構想力（想像力）としたり、想像力（構想力）としたりしている。

(3) 拙著で私は、カントの歴史理論（カントⅪ＝14に収められた著作群）において、道徳理論とは異なる目的論的な見方が展開されていると書いた（高橋2021第四章第二節）。しかしジジェクはこれらの著作に言及しない。このことは本書の補遺2-1と3-2で取り挙げる。カント平和論の理解にも関わることである。

(4) ジジェクはこの「実体は主体である」というヘーゲルの文言を誤解して使い、しかしそれでいて正しくヘーゲルを解釈している。このことについては本書1-4に書く。

1-2　論理学のトポロジー

　前節で扱ったジジェクの『性と頓挫』にトポロジー理論が出てくる。そこではメビウスの帯、クロスキャップ、クラインの壺が論じられる。これがヘーゲルの「論理学」を構成する3つの部、すなわち存在論、本質論、概念論に対応するとジジェクは言う。

　この文言を見たとき、私はやられたと思った。ジジェクにそう言われれば、確かにそうだと思う。なぜ私が先にこういうことを言わなかったのか。

　40年以上前、岩波文庫で『小論理学』を初めて読んだとき、まず存在論において、存在は無である、悪無限は（いろいろと手続きはあるが、それらを経れば）真無限になるという文言を見て、こういったカテゴリーの移行はいかさまなのではないかと思う。それで「存在論のペテン」という表現を思い付く。次いで本質論に進むと、本質は現象であり、現象は本質であると言われる。そこにおいて論理は反転を繰り返すだけで、全然進展していないのではないかと思う。私はこのことを「本質論の横滑り」と言い表わしていた。そして最後の部は概念論で、この概念というのは主体のことであり、つまりヘーゲルは主体の生成、発展を論じるのだが、本当に主体は発展しているのか。主体は、本当は発展したくないのではないか。そのことを私は、「概念論の自己韜晦」と言った。当時これら表現を私は随分気に入って使っていたのだが、その内忘れてしまった。なぜこれらのアイデアをさらに展開しなかったのか。この40年間、何をやっていたのか。情けなく思う。

　以下、ジジェクの上述の本におけるトポロジー理論とヘーゲル論理学の関係についての説明を追い、次いでそれを数学の入門書で確認し、その上でヘー

ゲル論理学の読解をしたいと思う。また最後にラカンのトポロジー理論に触れたい。種明かしを先にすれば、ラカンはずいぶんとトポロジーにこだわっている。ジジェクはラカン理論からトポロジー理論を知り、それをヘーゲル論理学に当てはめたのである。如何にもジジェクがやりそうなことである。それでこの機会に私は、ラカンにとってトポロジーがどのような意義があるのかを考えたい。これは私には難しいことだが、このことからラカンの理解を少しでも深められればと思う。

　この『性と頓挫』では、ジジェクが本格的に「論理学」を論じている。*Less than* においても、「論理学」の冒頭の存在と無については、まさしくそれを less than nothing（無以下の無）という考え方で説明をしていたが、しかしそれ以外に本格的にジジェクは「論理学」を論じてこなかった[注1]。しかしこの本ではこの「無以下の無」だけでなく「論理学」全体を考察しようとしている。具体的にはその否定のダイナミズムをトポロジー理論に繋げている。そこで出てきたのが、このヘーゲル論理学を、メビウスの帯、クロスキャップ、クラインの壺で説明するという発想である。本節では以下、これを読解したい。
　まず序論にジジェク自身による簡潔な説明がある。それは以下のような内容である。
　メビウスの帯は、ある概念がその対立物に連続的に移行する様を表現する。例えば存在が無になる、質は量になるなどである。クロスキャップはその連続性に切れ目を入れる。この切れ目によって、ふたつのものの対立関係は反照の関係になる。要するにクロスキャップによってもたらされるのは、純粋な差異、例えば現象と本質、物とその特性、原因とその結果などの間にある差異である。クラインの壺によって導入されるのは主体性である。主体において、反省という円環運動を通じて絶対に到達する。例えば原因とはその結果がもたらす結果以外の何物でもないという風に（『性と頓挫』p.20）。

まずは前節にも書いたように、ヘーゲル論理学は失敗、閉塞、行き詰まりの連鎖であり、挫折を解決策に変えようと試みているものである。それは認識の問題であるだけでなく、現実自体の特徴でもある。事物は自らの不可能性によって存在する。

　この失敗、閉塞、行き詰まり、挫折、不可能性こそ、トポロジー理論で説明できるということなのである。ジジェクは言う。概念による思考は「自己言及的な捩れ、内方向への自己言及的な反転といった問題そのもの」であり、そういう思考過程の基本的な特徴が図解的モデルで表すことができる。概念の過程の説明を図形モデルに頼っているのではない。こうした思考のねじれや反転は図解的なもののレベルでは「ややこしい逆説」や例外として現れるのである（同p.310）。私の言い方で言えば、ペテンに見えたり、横滑りしているようであったり、屈折して自己韜晦しているのではないかと思われる論理展開は、まさしくトポロジカルなのである。

　そのトポロジーを説明したい。まずメビウスの帯は分かりやすい。話はここから始まる。

　メビウスの帯の作り方は以下の通りである。帯のような長方形の両端を180度捻って張り合わせる。これだけである。鋏と糊があれば簡単に作ることができる。

　メビウスの帯とは、表だと思って、その表面をずっと進んだら、一周していつの間にか裏になっているというものである。それは先に書いたように、悪無限と真無限の関係を良く表している。つまり悪無限の関係をずっと先に進めて行くと、いつの間にか真無限になっているのである。そこに何かしらの論理の進展もないように私には思われる。ヘーゲルは、「あるものは他のものになり、他のものはそれ自身あるものだから、それはまた同じく他のものになる。かくして無限に続く」と言い（『小論理学』93節）、「この無限は悪無

限である」と言い（同94節）、しかし「あるものは他のものに移っていくことによって、ただ自分自身に合するのであり、この移行は真無限である」（同95節）と言う。ここで「ただ自分自身に合する」というのは何か新しい観点が付け加わることなのだろうか。私には何もここで事態が変わっていないように見えるのである。するとメビウスの帯を、表の側をただひたすら先に進んでいくと、いつの間にか裏側に達しているという事態なのではないかと思う。そこに何の飛躍もない。

　メビウスの帯はこのように容易に理解されるのだが、それに対してクロスキャップとクラインの壺はいささか難しい。

　クロスキャップは、メビウスの帯をその境界がねじれのない円になるように位相的に変形すると出来上がる。それはメビウスの帯に蓋をしたようなものである。この曲面は形が帽子に似ているので、クロスキャップと呼ばれる。

　クロスキャップは、従って、メビウスの帯とそれにかぶせる円板に分解できる。つまりクロスキャップから円板を取り去った残りがメビウスの帯になり、クロスキャップはメビウスの帯を複雑にしたものなのである。一方メビウスの帯は、クロスキャップの一部をなしていると言ってもよい。

　このクロスキャップの曲面を切って断面を作ると、それは8の字型の曲線ができるが、それは交わっていないものである。これは単純閉曲線と言い、3次元の空間にできる8の字である。断面が3次元の図形だから、このクロスキャップは4次元の図形である。

　クロスキャップもまたメビウスの帯と同じく、表裏がない。この図形の境界以外の任意の点から、この8の字型の単純閉曲線に沿って進むと、いつの間にか最初の出発点の裏側に着く。3次元空間内でイメージを作るのは困難だが、以上の説明で何とか理解が得られればと願う。

　そのクロスキャップは、ヘーゲル論理学においては、カテゴリーの移行が反転の関係にあるという事態から、さらにカテゴリーが反照し合う関係へと

事態が進んだことを表している。例えば、本質論には、「現象の存在と本質的な存在は、まったく相互関係にある。……現象するものは本質的なものを示し、本質的なものはその現象の中にある」(『大論理学・Ⅱ本質論』p.125 = p.116)という記述がある。ここではカテゴリーは相互に反転する。

　ここまで、トポロジーにおいて、メビウスの帯からクロスキャップが出てきて、それが、カテゴリーが移行する存在論からカテゴリーの反照が論じられる本質論に対応するということを確認しておく。

　さらにトポロジー理論におけるクライン壺を取り挙げる。これは、ふたつのメビウスの帯を境界線に沿って貼り合わせるとできる、境界がなく表裏の区別もない閉曲面である。3次元空間では実現せず、模型図によってそのイメージが示唆される。

　クラインの壺は、細長い円筒(アニュラスと言う)をU字型に曲げて、その両端の面を結び付けることによって出来上がる。そのまま結び付ければドーナッツ型の図形(トーラスと言う)ができる。しかしここではそれと違って、U字型に曲げた一方の端をこの図形の内部に潜り込ませて結び付けるのである。この時に曲面に交わりが生じないように、潜り込ませないとならないが、しかしそれは3次元空間内では不可能である。つまりこれは4次元内にある図形である。

　クラインの壺は、メビウスの帯が表と裏を区別できないのと同じで、外部と内部を区別できない曲面である。曲面の内側の部分が外側にある閉局面であると言っても良い。それはふたつのメビウスの帯をそれらの境界に沿って張り合わせると出来上がる。メビウスの帯が、2次元の帯を捻って貼り合わせることによって、3次元の図形になったのだが、クラインの壺は3次元の筒を捻って繋ぎ合わせることによって、4次元の図形になる。

　ひとつのメビウスの帯に円板を貼れば、クロスキャップになる。ふたつのメビウスの帯をくっ付ければ、クラインの壷になる。また、底を抜いたふた

つのクロスキャップをドッキングさせれば、クラインの壷が得られる。三者をそのようにまとめる。

　さてメビウスの帯において、２次元の表面をずっと歩いていたら、いつの間にか裏になっているという事態が発生しているのに対し、クラインの壷においては、３次元空間の内部を進んでいったら、いつの間にか外部になっているということになる。しかしそれは３次元よりも次元が上なので、私たちはイメージしにくい。ジジェクはクラインの壷において、人がその上を歩くと、さかさまにひっくり返って元の位置に戻ってくるという言い方をしている（『性と頓挫』p.306）。

　帯という２次元の平面を捩ればメビウスの帯ができる。帯という２次元世界に住む蟻は、真っ直ぐに進んでいつの間にかその裏側に辿り着く。同じように考えて、筒の中に住んでいる３次元の人間は、筒を捩って作られたクラインの壷の中でいつの間にかその裏側に到着する。ただしさかさまになっているのだが。

　表が裏になるということと、もうひとつ言えることは、２次元の帯は蟻にとって有限な世界だが、捩りを加えると次元が上がって、蟻は無限に進むことができる。クラインの壷においても筒は有限であり、捩りを加えて次元が上がると、無限の世界が展開される。しかしそれも私たちにはイメージが難しい（注2）。

　このクラインの壷が概念論を説明するものとなる。ここはいささか説明を要する。存在論と本質論と異なって、ヘーゲルの文言を拾ってきても、このクラインの壷とすぐには繋がらない。

　まずヘーゲル読解は、C.マラブーが試みているように、ヘーゲルがほんのわずかだけ言及しているものを拡大していく、つまり戦略的に深読みないしは誤読をするというやり方もある（注3）。しかしそれに対して、ジジェクは今

まで、ヘーゲルが明示的に言っているものを、強調したり、独自の解釈をしたりして使っていた。例えば、無限判断論はヘーゲル研究者の間では良く知られていたもので、研究書もいくつか出ている。そもそも否定性の強調も、これはヘーゲルの意図を良く理解した上での戦略である。

　しかしトポロジーで「論理学」を説明することは、どのように考えるべきか。

　ジジェクはまずヘーゲル論理学をカント理論と比較する（同 p.191f.）。カントの数学的アンチノミーがヘーゲル論理学の存在論に、また力学的アンチノミーが本質論に相当する。カント『純粋理性批判』（Ⅲ＝5）を使って、もう少し整理すれば、カントは以下の4つのアンチノミーを提出する(注4)。最初のふたつが数学的、あとのふたつが力学的ということになる。すなわち①世界は時間空間的に有限であるというテーゼに対して、世界は無限であるというアンチテーゼが立てられる。以下同様に、②世界は単純なものから成るのか、単純なものは存在しないのか、③世界には自由があるか、ないか、④絶対的必然的存在者はいるか、いないかというテーゼとアンチテーゼが同時に提示される。

　カントにおいては、テーゼとアンチテーゼは二律背反の関係にある。しかしヘーゲルにおいては、ふたつのものは反転し合い、どちらも成り立つ。これが客観についての論理学だということになる。

　では概念論はどうなるのか。この存在論と本質論という客観についての論理学を受けて、概念論は主体性の論理学であるとジジェクは言う。そしてさらにその主体は空無であるとジジェクは持っていく。すでに客観の論理学を通じて無が獲得されているからである（p.192f.）。ここで主体-実体論が出てくる。

　ジジェクはまず『精神現象学』について、「実体から主体への移行は、ひとつは意識から自己意識への移行である」と言う。ここでは意識は客観に対するもので、自己意識は他の主体に対するものだということが含意されている

だろう（同）。それが間違っていると言うか、不十分な言い方であることは、このあとの節（1‐4）で説明する。『精神現象学』の場合は、意識の経験学として意識と対象の関係を記述する前半から、自己意識と他の自己意識の関係を記述する精神現象学へと、明確に方法論が異なっているという話である。

　一方、「論理学」では客観的論理学から主観的論理学への移行がある。これをどう考えるか。

　もう少しジジェクの言うところを聞いてみる。

　ここでジジェクは、事物、それは社会や自然などすべてのものは、対立する敵対性の中にあると言う。普遍性が実現することは不可能であり、その特殊形態の中で行き詰っている。それは裂け目として現れるしかない。

　さてその事物の捻じれた構造から主体が生成する。主体とは、自らの表象に失敗する、その失敗そのものなのである。

　ヘーゲルの精神は、自己を自己に対して疎外し、その上で生じた他者の中に自己を見出して、自己を取り戻すのであるが、それは自己が精神の回帰の運動そのものにおいて生み出されるということを意味している。

　これは完全に閉鎖された円環構造をなしているように見える。しかしそうではない。その円環は反復されることで、閉鎖が損なわれて、偶然性を刻み込んだギャップが導入される。つまり円環は閉じられていないのだが、その閉鎖が反復されて初めて閉鎖となる。円環はその構成の不可能性を克服しようとして、自らを掘り崩す。

　この考え方こそ、まさしくクラインの壺で表せることなのだが、しかしこのことは以下のように考えないとならない。

　まず概念論は、従来からの伝統を引き継いだ、いわゆる論理学なのである。それはアリストテレス以来の、概念論、判断論、推理論から成り立つ。それに対して、存在論と本質論は形而上学であり、存在論である。つまり存在がどう進展するかということを扱っている。ヘーゲルは形而上学を論理学の中

に引き込んだのである。

　そういうことだから、存在論と本質論が客観を扱い、概念論が主観を扱うという訳ではない。海老澤善一を引用すれば、以下のようになる。存在論は直接性と移行の領域として、感覚を主にして自然としての存在を捉える思惟などが主題で、その中に数字や力学が入る。一方本質論は反省と媒介の領域として、悟性によって、精神としての存在を客観的に理解する学問を扱う。それに対して、概念論は、自由な主体としての概念、つまり思惟そのものの働きを対象とする（海老澤2012 p.24）。

　『小論理学』の次の文言が「論理学」を要約していると思う。「他者への移行は存在論の領域における弁証法的過程であり、他者への反照は本質の領域における弁証法的過程である。概念の運動はこれに反して発展である」（161節補遺）。このように言って、ヘーゲルは発展の例として、植物の胚からの展開や、意識の発展や、神の世界創造を挙げるのである。

　すると存在論と本質論が客観についての叙述で、概念論が主観についての叙述であるという訳ではないのだが、しかし次のことは言える。

　ヘーゲル「論理学」全般を見渡してみると、定存在‐実在性‐有限‐必然性という系列と、対自存在‐観念性‐無限‐自由という系列があるのにまず気付く。そしてまた、前者の系列に自然が対応し、後者に精神が対応することに気付くであろう。

　つまり「論理学」全体で自然から精神へ、客体から主体へという進展が行われている。

　とすれば、概念論が主体の発展を扱うものであるということは間違いではない。ただそれはジジェクの言う意味での「実体から主体へ」という移行がなされたからではない。ここで牧野紀之の「論理学」の見通しが参考になる。彼は『小論理学』の訳出をし、その全体の流れを次のように考えている（注5）。まず存在論の段階で、先に説明した真無限が生成し、そこから対自存在が生

成する。それは個人の自我の目覚めに相当し、その自我は本質論の様々な関係性を経験して、概念論でさらに発展するというものである。これが論理学全体の見通しである。

　だから概念論は主体論であるというのは正しいが、しかしそれは「論理学」全体がそうだという意味である。

　その上でその主体がジジェク的に捉えられるべきである。つまりそこでなされているのは主体の発展には違いないが、それは綻びだらけのもので、無理やりなされているものなのである。

　ここでさらに概念論に即して論じてみよう。概念論は、概念が自己分割して、普遍、特殊、個別に分かれ、それが判断論で結び付けられるが、まだ結び付きは不十分で、それが推理論に至って、十全に結び付けられる。さらに概念は自己の対象を見出す。それが客観(＝自然)で、その中に推理論的連結があることを確認して、概念とその対象とは統合して理念になる。おおよそそのような流れが概念論である。

　概念＝主体は実在性を自己の内から生み出す。概念は実在性を持たない限り、概念ではない。概念は自己の内に実在性を含むのである。

　まずこの客観というのは、概念が自らを実現したものである。概念は実在性を自己から生み出すように移行すると、ヘーゲルは概念論の客観性の最初のところで論じている。概念には自らの抽象性を超える運動が備わっている。

　そうやって生み出された実在性と概念が統一されると、理念になる。自然の持つ機械的機制、化学機序、目的論を概念は取り込んで、理念に進むのである。そののちに概念と実在の同一性が論じられる。つまり概念論とは、主体と客体の統一がその主題である。

　そうすると、概念論は主体の論理学であり、発展を記述するものであり、つまり主体の発展を記述するものであるということになる。

存在論の段階では、対立するふたつのカテゴリーが前者から後者へと移行し、本質論では前者と後者が反転し合い、概念論では、前者から後者へ発展する。ここで移行と反転は理解し易いだろうが、では発展とは何か。それは移行と反転の両方を含んでいる。それはヘーゲルの言い方では否定的自己関係があるということなのだが、しかし私の感覚では、すでに移行も反転も発展である。ここでも論理が繰り返されているのだと思う。それはクラインの壺の論理は、すでにメビウスの帯とクロスキャップに含まれているものと同じだということでもある。

　ここで概念論のポイントは無限判断であると言えば良いと私は思っている。そのようにはっきりと言えないのは、ジジェクは無限判断の考え方を『精神現象学』から取ってきており、それを「論理学」の概念論由来の考え方であるとはしていないからである(注6)。
　確かにふたつの反対物を強引に結び付けるという意味での無限判断は『精神現象学』のものだが、「論理学」においても、その発想は推理論において残っていて、推理論においては根拠があって、ふたつの反対物が結び付けられるのだが、しかし根拠があっても無理やり結び付けられるというのは変わらない。それがかねてから展開している拙論の論旨で、そう考えるとここはすっきりする。つまり存在論においては、Aはその反対概念のBに移行する。本質論では、AとBが反照し合う。概念論では、AとBは媒介を経て結び付けられる。それを発展と称する。それがそれぞれ、メビウスの帯、クロスキャップ、クラインの壺でイメージされる。
　さてジジェクは、主体は空虚なものであると言うのだが、概念論の主題が主体の発展であり、それがジジェク風に言うと、それは綻びだらけの発展であり、体系からはみ出すものを無理やり繕う発展である。外部のものをどんどん取り込んで内部が肥大するというのではなく、外部と内部のあいだに物

質代謝とエネルギー代謝があるのでもない。

　するとその発展が、クラインの壺で表せるということになる。内部と外部がない。自己が反対物に移行するのでもなく、自己とその反対物が反照関係にあるのでもない。自己とその反対物はひとつのものになって、空虚になるのである。

　ラカンが自らの主張を展開する際に、トポロジーを活用したことはよく知られている。要するにジジェクはラカンとヘーゲルを結び付けたのである。ラカンの主張の中にヘーゲル哲学を読み込み、ヘーゲルの中にラカンの精神分析学を読み取る。それがジジェクの功績であり、そう考えると、ラカンの愛用したトポロジー理論をヘーゲル哲学の説明に使うのは、ジジェクならやりそうなことで、驚きはない。

　ラカン理論とトポロジーの関係については、すでにいくつか本が出ている。邦訳のあるもののひとつはグラノン-ラフォンの『ラカンのトポロジー』である。これが一番まとまっている(注7)。

　まずラカンにとって、確実に言えることは、ラカン本人がトポロジーにこだわったということである。ただトポロジー理論は20世紀に展開され、とりわけ1970年代以降に開花しているから、1900年に生まれ、1981年に亡くなったラカンがどこまで現代数学を理解し得たのか、そこはよく分からない(注8)。

　本節の最後は、この『ラカンのトポロジー』から拾っていく。そこにはまず、メビウスの帯、クロスキャップ、クラインの壺の他に、先に触れたトーラスが挙げられている。ラカンの精神分析学をそれらで説明する。

　精神分析学的諸現象を繋ぎとめているものがトポロジーである(グラノン-ラフォンp.49)。ここで主体は穴であるというのがポイントとなる。クロスキャップは穴の組織化である。この穴が構築の出発点になる(同P.93)。

　トーラスもまた穴の組織化だとグラノン-ラフォンは言う(同p.62)。トー

ラスは意識から無意識への繋がりのイメージを与える。意識と無意識はトーラスの生によって支えられ、繋がっている（同p.77f.）。

　クロスキャップは我々が幻想に与えることのできるトポロジー的な土台である（同p.97）。

　また対象aは鏡像のない物体である。メビウスの帯も右と左がない。対象を切り離す幻想の切断を説明するのも、クロスキャップに基づいてできるだろう（同p.121）。というのも、メビウスの帯を位相的に変形したものがクロスキャップであるからだ。

　ラカンはここから内側と外側が繋がっている曲面、すなわちクラインの壺を自説の説明に使う。ここでも穴の組織化ということが言われる。またこれは捻じれの問題である（同p.125）。

　ここでクラインの壺について、十分な説明があるように思われない。トポロジー理論においては、メビウスの帯が基本で、それを複雑にしたものがクロスキャップである。そのふたつは本節で十分説明してきたものであり、理解が容易だと思う。ラカンのテキストに直接当たってみても、『精神分析の四基本概念』において、メビウスの帯とクロスキャップが挙げられている。「このトポロジーのイメージによって、要求と性的現実とが欲望という場で結び合っている有様を思い描くことができるでしょう。この欲望の場で、無意識の拍動の消失が繰り返し現れているのです」（同p.204f.）。

　ラカンはここから3次元のトーラスを出し、それを捻ったものとしてのクラインの壺を使う。ただ先のヘーゲル理論におけるクラインの壺も分かりにくいのだが、ラカン理論においても、クラインの壺の説明はよく分からないという思いがある（注9）。ここで今まで述べてきたことを復習して、ヘーゲルの移行の論理はメビウスの帯で説明でき、反照の論理はクロスキャップで説明でき、その両者を含み持つ発展の論理はクラインの壺で説明できるのだとすると、それをラカン理論に当てはめて、ラカン理解に資することができる

のではないかという仮説を私は持っている。しかしこれは本稿で扱う水準を超えている。

　さらにラカンの関心は曲面理論から結び目理論に移行する。結び目理論はトポロジーを発展させたものである。そこにボロメオの結び目が参照される。現実界、象徴界、想像界はこれで結ばれる（同 p.165）。

　ボロメオの結び目については、ラカンのどの解説本にも出てくる。ラカンの著作『アンコール』でもひとつの章が設けられ、丸々この説明のために使われている。しかしこれもトポロジーを論じる本稿の範囲を超えている。

注

(1)「無以下の無」については高橋2021第四章第五節に書いた。本書 1 - 3 にもある。

(2) 以上は、大田春外の本と、伊藤忠夫のサイト「双極的非ユークリッドの世界と8字ノット」を使った。

(3) マラブーについては高橋2014 5-1に書いた。本書 2 - 3 と 2 - 4 でも取り挙げた。

(4) カント『純粋理性批判』の「純粋理性のアンチノミー」の章を参照せよ。

(5) この訳本には膨大な量の注が付いており、それらを拾っていくと、訳者のヘーゲル観が良く分かるようになっている。

(6) 無限判断については高橋2021第三章第六節に書いた。本書 1 - 4 と 1 - 5 を参照せよ。

(7) 小笠原晋也の『ハイデガーとラカン』にも、メビウスの帯、クロスキャップ、クラインの壺が出ている。まずトポロジーはハイデガーが使っているということから話を始め、ラカンの穴のトポロジーが説明される。ひとつのテーマは不可能性であろう。これをどう表象するかというときにトポロジーが使われるというのが、小笠原の言うところである。

(8) ラカンとトポロジーについては、小笠原晋也『ジャック・ラカンの書』、向井雅明の『ラカン入門』、ジュランヴィル『ラカンと哲学』にもある。

(9) クラインの壺は、早い内からラカンが使っていることが知られていて、現代思想の様々なところで引用されている。1983年の浅田彰の著書『構造と力』はほぼクラ

インの壺のメタファーの上に成り立っている。1998年の東浩紀『存在論的、郵便的』にもクラインの壺は多用されている。しかしいくつも入門書や専門書を読んだ上で浅田彰を読み直すと、クラインの壺については、その理解が不十分だと思わざるを得ない。実際、彼らの使い方が間違っているのではないかという指摘もある。これは、山形浩生のサイト「『「知」の欺瞞』ローカル戦：浅田彰のクラインの壺をめぐって（というか、浅田式にはめぐらないのだ）」を参照せよ。

1 - 3　エーテルから生まれる主体

　エーテルはヘーゲル論理学における純粋存在であるという主張がある(加藤尚武1988)。これは単に比喩として成り立つという話ではなく、ヘーゲル哲学の根本に関わるものである。以下このことを説明したい。

　エーテルというのはイェーナ期ヘーゲルに頻出する概念である。イェーナ期というのは、1801年に31歳のヘーゲルがイェーナに移り、37歳でその地を離れるまでの時期のことで、その間に書き綴ったいくつかの草稿群が残っている(注1)。その中でも特に、1804年-05年の『自然哲学』にエーテルに関する多くの記述が残されている。この『自然哲学』は太陽系から話を始める。そこに出てくるのがエーテルである。すなわちエーテルは、「あらゆる事物の絶対の根拠と本質」であり、すなわち「絶対的な物質」である。またそれは、「自然の最初のモメント」である(『自然哲学(上)』GW7 p.188 = p.33)。

　それに対して純粋存在とは、「論理学」の最初の概念である。とりわけ以下、『大論理学』の記述を見ていくが、それは体系として完成された「論理学」の冒頭に据え置かれる概念である。エーテル概念は、イェーナ期以降ほぼその姿を消すのだが、代わって、その体系に純粋存在として生き残ったとも言い得る。体系の最初のものという意味で、エーテルは純粋存在となったのである。

　しかしエーテルは、イェーナ期において、「論理学」ではなく、『自然哲学』の最初の概念であるということ、及びエーテルは実に様々な意味で使われていて、必ずしも最初の概念であるだけでなく、その体系を貫徹する概念でもあるということに注意しなければならない。先の1804年-05年の『自然哲学』

においても、「エーテルはすべてに浸透するのではなく、エーテルそのものがすべてのものである」(同p.189＝p.35)とか、「エーテルは真の実在として、精神として現存する」(同p.217＝p.79f.)と言われている。

　すなわちエーテルは自然の最初の概念であるのだが、順に自然が発展し、ついに精神に至るまでのすべての過程もまたエーテルなのである。

　それだけではない。1804年-05年の『自然哲学』とともにひとつの草稿群を形成する『論理学・形而上学』の最後には次のような文言がある。「一重で絶対的で自身を自身自体へと関係付けつつある精神がエーテルであり、絶対的な物質であり、そして精神が自らの他のものそれ自体の内において、自身を見出した精神であるということが、自身自体の内に閉ざされた、そして生命ある自然なのである」(『論理学・形而上学』GW7 p.177f.＝p.339)。つまりヘーゲルの体系において、自然に先立つ論理の段階に、エーテルが位置付けられている。

　稲生勝は、エーテルは絶対物質であり、自己関係する絶対精神であり、まだ自己を絶対精神と認識していない絶対精神であると言う。エーテル自身が万物であり、エーテルは天上界を満たす元素であり、光の媒体でもあり、光の本性でもあるとも言う。ヘーゲルの記述の中で、エーテルは『自然哲学』の冒頭部、太陽系を論じるところで頻出するとまとめた上で、重要なのは、論理から自然への移行において生じる概念がエーテルだということである。

　つまりヘーゲル哲学の体系の中における、自然哲学の位置が問題になる。この1804年-05年のヘーゲルの体系の中では、「論理学・形而上学」は「自然哲学」へ移行する。稲生はそこで、論理から自然へ移行において生じる概念がエーテルだと言う。

　そのことは上の『論理学・形而上学』の引用から明らかである。そしてエーテルに、「精神と物質の統一、無限者と有限者の統一」という役割を与える(稲生1987)。

　それが思想の形成過程では逆転する。ヘーゲルの体系の中で、自然哲学は早い時期に完成する（加藤1995）。そこで様々なカテゴリーのイメージが出来上がって、それが「論理学」の中に取り込まれる。自然存在としてのエーテルは論理学上の純粋存在になるのである。

　さらにこの1804年-05年の前後に書かれた、いわゆる「実在哲学Ⅰ」と「同Ⅱ」はともに、自然哲学と精神哲学という構成になっているから、加藤はそのことについて次のように言う。「自然哲学の変容過程に精神哲学の変容が重なったところに、論理学が自立化して体系の中核になりつつある経過が含まれている」（加藤1999 p.262）。

　体系完成期において、ヘーゲルの体系は、論理、自然、精神というトリアーデから成るのだが、イェーナ期において、どのように体系が完成されていくのかという問題がここにある。しかし私にとっての関心事は、エーテルという自然哲学の概念にあり、それが、論理と精神に浸透していく様が感じ取れれば良い。

　科学史の常識では、まず17世紀に光は波動であるということになって、その際にエーテルが必要になる。光はエーテルが伝播する波であると説明されたのである。また19世紀には光は電磁気であるとされ、エーテルはこの電磁気作用の媒体とされた。つまり光波は電磁波であり、その波を伝える媒質がエーテルである。しかし19世紀後半に、このエーテルを検出しようとする試みがことごとく失敗し、20世紀になって、その存在は否定される。光は粒子性と波動性を併せ持つ存在であり、その伝播に際して媒介を必要としない。つまりエーテルは何かしらの物質を表すものとしては否定される。しかし私は、真空には重力場や電磁場が存在することを考えて、この場をエーテルと呼んでも良いのではないかと考えている。このことは以下に再度説明する。

　さらに哲学史の常識では、このエーテルというのは、アリストテレスが、土、

水、火、空気から成る四元素説を拡張して提唱した、天体を構成する第五元素である。それは微細な物質であると考えられている。また空間に何らかの物質が充満しているという考えは、17世紀にデカルトも持っていた。

　前著（高橋2021）で私がカントを論じる際に参照した菊地健三は、ひとつの章を設けて、カントのエーテル論を展開する（菊地2015）（注2）。その著書の最後の章のタイトルは、「『オプス・ポストゥムム』における動力学的エーテル」である。

　カントの『オプス・ポストゥムム』は未完の遺作である。そこには自然哲学と超越論的哲学が記されている。その著作は、老衰の影響があるとか、矛盾と反復が多いと言われ、また膨大な量があるから、私自身がカントの原典に即して論じる余裕は、今はない。ただ言えるのは、菊地がこのカントのエーテル理論を、カント哲学にとって本質的であると見做していること、及びその菊地の言うところは正しいのではないかと私が感じていることの2点である。以下、菊地の主張を簡単にまとめる。

　カントは第一批判や第三批判でもエーテルについて言及しているが、それは仮説的な概念に過ぎない。しかしこの遺作においては、エーテルはカント理論にとって、極めて重要なものとなっている。まず、動力学的エーテルは、無機的自然から有機的自然への移行を可能にするものである。第二に、それは魂に作動する。カントにおいては、大気中の電気現象としてエーテルは考えられているようで、その振動が、一方では物質の運動を体系的に統一し、他方脳や神経組織に影響する。それはガルヴァーニ電気とも呼ばれ（注3）、それこそが超越論的哲学そのものであるとされるのである。

　イェーナ期の『自然哲学』には、もうすでに明確に、のちの「論理学」の純粋存在を思わせる記述もある。

　「精神は自らの中に諸形成物を生じさせるものを持つが、自らはそれと同

じような流体状で透明な溶体である。この生じさせるものの充実と豊富とは、水がその中に溶けた塩で濁ったりしないように、それを濁らすことがない。……無限の規定、すなわち諸モメントは、人がその無限性の存在を昼と呼ぼうとしても、まったく同じように直接にこの存在の無、言い換えると絶対的な夜である」（『自然哲学（上）』GW7 p.189f. = p.35f.）。

　また次のような記述もある。

　「この単純性、すなわちエーテルは、言表を受け取って聞き取る空気であり、また無限が対立を孕んで起こす発酵を自らに受け入れ、無限に本質を与えもし、それの存立でもあるような物質である。もっともこの単純な存立は、またまったく同様に単純な無でもある」（同 p.190 = p.37）。

　このことを次のようにまとめることができる。まずエーテルは、何もないというしかないような存在だが、それは変化の原因ではある。つまり存在の素（もと）になる存在である。そしてそこに無が内在しているのである。

　エーテルはすべてである。しかしそれは否定性なのである。何も存在しないのだから、存在が否定されているということになる。

　加藤は、それはすべての差異が出てくる無差別であると言う。同時にエーテルは発酵であり、そこから次のものが出てくるのである。言い換えれば、それは単純な存立であり、絶対的な無、絶対的な不安である。それは無限性である。それはまずは純粋存在で、その上でさらに進展するのである（加藤1988）。

　このことを『大論理学』の中で確認していこう。冒頭部である（『大論理学・Ⅰ存在論』p.82f. = p.68）。「存在、純粋存在は、それ以上の規定をまったく持たない」。「存在は純粋な無規定性であり、空虚である」。「存在、無規定で直接的なものは実際には無であり、無以上でも以下でもない」。

　続いて無である（同 p.83 = p.68f.）。「無、純粋無。それは自己自身との単純な同等性であり、完全な空虚、無規定性、無内容性であり、……無は空虚な

直観作用ないしは思惟作用であり、純粋存在と同じ、空虚な直観作用ないし
は思惟作用である」。

　さらに生成に進む（同 p.83 = p.69）。「それ故、純粋存在と純粋無は同じもの
である。真理であるものは、存在でも無でもなく、存在が無に、無が存在に
移行するのではなく、移行してしまったということである」。「従って、それ
らの真理は、一方が他方の内に直ちに消滅するというこの運動であり、生成
である」。

　続いて、生成の止揚から定存在へ進んでいく（同 p.113 = p.96f.）。「生成はま
た衰えて静止的な統一になる」。「このように生成は、存在するものとしてあ
り、存在と無という両契機の一方に偏った直接的な統一の形を持つ存在と無
の統一へと移行することである。このような生成は定在である」。

　このヘーゲル論理学の冒頭部分は、様々な解釈が今までなされてきている。
それらの解釈を超えて、さらに何かここで言うことができるだろうか。つま
り問題は、エーテルが純粋存在だとして、それで何が明らかになるのかとい
うことである。

　ヘーゲル論理学は純粋存在から始まる。それはまだ何も規定がないから無
である。何かが存在して、そこからそれが順次発展すると言うのではなく、
最初は何もないところに、何かが生成する。その何もないところから存在が
生成する際に、とりあえず、すべての存在の素（もと）という意味での純粋存
在がある。しかしそれは何か規定された存在ではない。それは無であり、否
定性である。つまりヘーゲル哲学は無または否定性からすべてが始まってい
るのである。

　高山守は、『ヘーゲル哲学と無の論理』という著書の「はじめに」において、
キルケゴール、Th. アドルノや K. ポパーが、ヘーゲル哲学は一切が「絶対精神」
に収斂し、否定が肯定になる哲学であるとみなしてきたと書き、しかしそれ
に対して、ヘーゲル哲学の要諦は無にあるとする。つまり絶対の存在の根本

は絶対的な無なのである。

　以下に高山を詳述する（第六章第一節）。まず、この純粋存在は『精神現象学』
の結論部の絶対知から引き継がれている。つまり『大論理学』の冒頭にあって、
何もまだ規定がないのだけれども、同時に『精神現象学』の一切が詰め込ま
れている。そういう無規定であり、無なのである。それは絶対無が展開され
ているのである。

　高山はここで、自らが翻訳したトレンデレンブルクのヘーゲル批判を出し
てくる(注4)。ここでヘーゲルは運動ないしは生成の直観を密輸入していると
言うのである。つまりヘーゲル論理学においては、認識と存在の運動が連動
しているのだが、ここの段階、すなわち存在と無においては、実際の存在の
運動は進展していない。先に存在と無の運動の成果としての生成があって、
そこから論理的にそれに先行するものを論じる。これが純粋存在であり、絶
対無なのである。

　生成は純粋存在と無の運動において、外部から導入されるしかないのだが、
しかしそのことこそが、無の論理を示している。そしてそこから定在が出て
来て、そののちに様々な存在が続く。

　さてヘーゲル論理学の冒頭の、存在と無、さらには生成の運動の解釈につ
いて、私はこのあとで新たな観点で説明し直したいと考えているのだが、先
にここからさらにその次の定在の議論をしておこうと思う。

　むしろ問題なのは、この定在なのである。つまり、話が定在から始まるの
なら分かる。定在は確かに存在していて、それが否定されて他在になり、さ
らに否定の否定がある。そんな風にヘーゲル論理学は進む。

　しかしいきなり定在があるというところから「論理学」が始まるのではない。
実際にはそれは、存在と無、それに生成から始まっている。純粋存在は存在
すると言っても何も規定がないのだから無と同じ、また無が存在すると言っ
てもそれは言葉の綾で、無は存在しないから無と言うのであって、無が存在

するのではない。また存在は無に移行するのでもない。存在は直ちに無と言い換えられるのである。すると生成が最初にあって、その分析をすると存在と無になると言うこともできるのだが、それも不十分であろう。そもそも生成が存在するというのはどういうことか。つまりここから分かることは、存在も無も生成も皆否定性なのであるということだ。否定性があるということだけがここで言われている。

そしてその否定性から定在という存在が生まれるのである。ここは否定性が変化して存在が生まれるのである。問題は無の運動があり、そこからしかしどのように定在が出てくるのかということだ。ひとつの考え方は、話を否定から始めるのだが、実際に存在するのは定在と呼ばれる規定された存在であって、事後的にそこから最初の段階が要求されるのではないかということである。それはこのあとで展開するように、宇宙の最初の段階を考えたときに、まだ宇宙には何もなく、ヘーゲルはそこにエーテルだけがあると考えたはずで、それはまだ存在とは言えず、無であり……という先の説明になる。物質は質量を持った存在だから、それは論理的には定在と言い得て、しかしその物質が生成してくる様が記述されねばならない。それは認識が存在の運動を追体験するのである。

もうひとつは、媒介の止揚としての直接性の生成という観点が必要になるということだ。存在するものは、他の存在と関わりを持ち、つまり媒介される。すべてのものは媒介されているというのが、あたかもヘーゲル論理学の特徴であるかのように言われ、そしてそれは間違ってはいないのだけれども、重要なのは、その媒介を経て、それが止揚されて、直接性が生成するということなのである。直接性とは、存在の哲学的表現である。つまり媒介から存在が生まれるということなのである。

そしてここの議論では、純粋存在があって、それが無と生成を経て、定在が生まれるという展開なのだが、しかし純粋存在は無そのものであり、否定

性であって、つまり媒介作用であり、その媒介作用が止揚されて、定在という存在が生まれるということなのである。

　このあたりのことを『小論理学』から拾っていく。

　媒介性とはあるものから出発して第二のものに到達していることである。第二のものは第一のものに由来して、そこから第二のものに到達している限りで存在する。思惟は直接性の否定である。直接性は思惟の自己安住であり、それを否定することが媒介である（『小論理学』12節注）。また思惟によって、変化がもたらされるとされる。対象の真の性質が意識されるのはただ変化を介してのみなのである（同22節）。

　この限りでは、純粋存在という存在が、思惟の力で否定されて、無、生成へと変化するということになる。しかしヘーゲルは次のようにも言う。「直接知は媒介知の所産である」（同66節）。また同注には、存在するということは直接的なものであり、直接性は媒介されているとある。

　すると最初の存在、純粋存在は存在ではなく、それはやはり無であり、それが運動して止揚されて定在となり、そこで初めて規定された存在となると読むことは可能である。つまり最初にあるのは否定性である。

　この媒介性が止揚されて直接性が生成することを、1-2でも参照した海老澤善一は「休止」と言う（海老澤2012 p.37）。ヘーゲル論理学は、存在と無の運動から始まるのではなく、生成から始まり、それが「休止」して定在が成立するのである。

　媒体は第一のものから第二のものへと移っていくことであるが、最初の段階で何もなければ、つまり第一の物がなければ何も始まらない。それでエーテル＝純粋存在を考え出す。しかしそれはまだ何ものでもなく、その実は無であり、何ものでもないものが何ものでもないものに媒介されて、存在が発生する。そういう神秘的な言い方でしか説明ができない。

しかし宇宙の最初は何もなかったはずで、つまり神に寄らず、無から存在を生み出す機構が説明されるべきなのである。

　すると高山のように、無からすべてが生まれると言っても良い。重要なのは、すべてが媒介されているという指摘ではなく、つまり媒介そのものが重要なのではなく、媒介が止揚されて、直接性が生成するということである。最初の段階では実質的に媒介が先にあり、そこから存在が生まれるのだが、しかしその最初の媒介を純粋存在と呼ぶ。すると存在があり、それが媒介されて、次のものが出てくるという、お馴染みのヘーゲルの論理になる。

　光を伝える媒質がエーテルであった。しかし以下に述べるヒッグス理論では、光はヒッグス場を通過し、そのことによって物質が発生する。ヒッグス場がエーテルである。それは否定性であり、しかしそれこそが存在を生む。

　無からは何も出てこない。しかし最初にあるのは無だけである。無から存在を生み出す機構がなければならない。以前論じたジジェクの「無以下の無」理論を再掲する[注5]。これはヘーゲル論理学と現代物理学とを結び付けるものである。

　宇宙が誕生したとき、まだ何も物質はない。その無からどのようにして物質が生成するのか。その機構がヒッグス理論である。

　ヒッグス場は素粒子に質量を与える場である。すべての物質を作っている最小単位が素粒子だが、それは最初の段階では質量を持っていない。世界は素粒子で出来上がっている。それらの素粒子は、ヒッグス場というヒッグス粒子で満ち溢れている場の中で、ヒッグス粒子とぶつかることで抵抗が起き、質量を得る。

　このヒッグス粒子というのはヒッグス場という場の働きのことであり、言い換えればそこに生じる波のことである。量子力学の世界においては、粒子とは波であり、かつ粒子でもあるという存在のあり方をしている。

　宇宙には最初は光があり、その光から素粒子ができるのだが、その素粒子には差し当たって質量がない。しかしヒッグス粒子という概念装置を使って、素粒子に質量が生まれる。そういう仕組みである。そして素粒子に質量を持たせるために理論的に必要とされたヒッグス粒子が、2012年に、現実に実験で観測されたのである。また最初の質量がこのヒッグス粒子によって与えられたのち、あとは素粒子間に働く力によって、残りの質量が説明される。

　ヒッグス粒子が存在する時空である場と、ポテンシャル、すなわちその場が持っているエネルギーの量の関係を考える。すると宇宙が誕生した直後には、ヒッグス場は偏りのない状態で安定しており、そこではヒッグス場は生じたり消えたりするけれども、平均するとまだ現れていないとみなされる。質量もエネルギーもゼロの真空状態である。ところがビッグバン以降、宇宙はどんどん冷えていき、エネルギーが低くなっていく。するとヒッグス場が偏った状態に陥る。W型のグラフの、その右か左か、どちらかの底に場が落ちていく。これを自発的対称性の破れと言う。そこは元の真空状態よりもさらにエネルギーの低い真空状態になる。ジジェクの言い方を用いれば、less than nothingである。そこでは真空も相転移を起こして、その新たに生じた真空状態はヒッグス場で満たされる。ヒッグス場が充満することで、素粒子に質量が発生する。そういうイメージを描くと、ジジェクの説明と合致する。

　エーテルはヘーゲル論理学においては純粋存在であり、それは科学史の中では光の媒体であり、現代物理学ではヒッグス場であり、ジジェク理論では無以下の無である。しかしヘーゲル自然哲学ではそれ以上のものである。それはすべてのものを生み出す素(もと)である。それは媒体でもある。

　エーテルは最初の存在であり、万物を生み出すものであり、その過程そのものでもあり、次々と生成を媒介するものである。

　以下に、先の『自然哲学』からさらに抜き出してみる。まずエーテルは、

それが「存在すること、存立すること自身が絶対的な発酵過程、あるいは存在すると同様に同時に存在しないという絶対的な不安に他ならない」とヘーゲルは言う（『自然哲学（上）』p.189＝p.35）。また「エーテルの自己同等性は、それそのものにおいて無限性である」とも言われる（同p.193＝p.40）。

　さらに『自然哲学』の下巻から拾っていこう。

　「理念は…<u>絶対的物質</u>または<u>エーテル</u>である」。「それ自らがすべで<u>あり</u>、それは<u>存在</u>である」。それは「即自」であり、「発酵であるような、懐胎した物質」である。それは「純粋な自己意識」であり、「その中で精神が自然であるような普通の規定である」（『自然哲学（下）』GW8 p.3＝p.21f.）。

　「光は自己内に閉じこもった物質の総体であり、エーテルの直接的な純粋性ではなく、総体としての、つまり定在するものである自己に対して自己内存在するものとしてのエーテルである」（同p.35＝p.76）。

　「蒸気化したものが冷却されるとエーテルになる」（同p.67＝p.126）。

　「<u>生命</u>は本来あらゆる<u>部分</u>の完全に流動状の浸透であり、現実的であるエーテルである」（同p.119＝p.210）。

　加藤尚武は、随所でエーテルに触れ、さらにそのエーテルに象徴されるヘーゲルの自然観について、様々に語っている。まずヘーゲル自然哲学の背負った課題は、「機械論的自然観と有機的自然像を統一するものである」（加藤1995 p.324）。またそこでは「アトミズムの否定」がある（同1990b p.350）。

　またヘーゲルはしばしば発酵のイメージを語るが、それは物質と精神の共通原理としてのエーテルが、様々な存在に形成されていくという、ヘーゲル哲学そのものを表している。それは無限性と言い換えることができる（同1990c p.351ff.）。さらに発酵の動因としての火でもある。発酵は火のメタモルフォーゼである（同p.363）。

　さらに物理的自然と有機的自然は別物であって（同2003 p.380）、後者を説明

する原理として、電気、ガルバニズム、磁気性という化学過程が重要だ（同p.393ff.）。そしてこの変化しつつ自己を維持する、または消えつつ燃え、燃えつつ消えていく過程が無限性である。

　生物の実体は化学的過程である。万物に内在する生命をあたかも化学的過程であるかのように解釈することによって、無限性の概念を解明することができる（同p.396）。また加藤は次のようにも言う。すなわち「無限性概念の背景には化学論の問題が隠されている」（同2004 p.77）。

　さて、本書2-3と2-4で扱う予定のマラブーは『真ん中の部屋』において、ヘーゲルの媒介について論じ、「媒介こそ絶対者そのものである」という正しい指摘をし、また『大論理学』の冒頭で、ヘーゲルは純粋存在と光とを同一視していると、これも適切な分析をした上で、さらに電気について論じる。これこそが媒介である。そして「電気に対してヘーゲル弁証法が負っているものについて誰も主張してこなかった」と言う（同第1章）。しかし日本のヘーゲル研究者はちゃんと言及している。

　またデリダは、「竪坑とピラミッド」という論文で、ヘーゲル『精神哲学』を参照しつつ、記号について論じる。記号は媒体である。そしてその論文の冒頭に、『大論理学』概念論第二部客観性第二章化学機序の中の一節を掲げる。それは物理的世界では水が媒介であり、同じように精神世界では記号が媒介であるというものである（デリダ2007 p.139、『大論理学・Ⅲ概念論』p.431 = p.178）。

　ヘーゲルにおいて、この媒介、媒体、化学的過程という概念と、光、電気、火、水といったイメージは、イェーナ期に始まって、体系完成後も随所で使われている。2-4に書くが、マラブーは、若きヘーゲルにおいては様々な深く豊かな分析が見られるのに、体系期にはそれが見られないと嘆くのだが、しかしイェーナ期の様々なヘーゲルの思い付きを拾って、ヘーゲルの脱構築を図るのではなく、それらが体系期に深められていることを探りたい。体系

期ヘーゲルこそ、体系を完成させることによって、若い時に持っていた様々なメタファーやイメージを体系内に保持し、その体系を豊かなものにし、同時にその体系が如何に脆いものであるかを示し得たのである。ヘーゲルの体系は時に綻びを示しつつ、そこには体系をはみ出そうとするアイデアが過剰なくらいに詰め込まれている。脱構築するなら体系期のヘーゲルこそ、その対象となる。

それらの概念やイメージの象徴がエーテルである。すでに多くの研究者がヘーゲルのエーテル概念に言及している。

例えば、田辺振太郎はその短い論文の中で、「ヘーゲルの世界観はその根底においてはこのエーテル一元論で貫徹されているのである。エーテルは元素の一つとしていうまでもなく質料であるが、この質料は彼にあっては精神を、そして世界精神を介して宇宙の万物を、製出する原料である」と言っている（田辺1976）。

また松本正男は、ヘーゲルのエーテルは、「生命的なもの、精神的なものだけの原理ではなく、空間、時間、運動、質量……それこそ自然の「全ての事物の存在」そのものである」と言う（松本1987）。

このエーテルという概念の背後にある無限性や実体はスピノザ由来のものである。そしてエーテルのもうひとつの特質である否定性概念もまたスピノザから来る。

エーテルは発酵であり、概念である。先に事物に内在する本質と言い、化学過程と言った。このことについて、加藤は、これはまずゲーテの影響だと言う（加藤2003 p.391ff.）。『精神現象学』の最後に「その無限性が精神に向かって泡立つ」という表現があるが（『精神現象学』p.591 = p.1165f.）、それはゲーテの「無限者の泡立つ杯から生命の歓喜を飲みたい」という表現と酷似していることに、影響関係が見られると言うのである。

　またさらにこの無限性はスピノザから来ているとも言う（加藤2003、2004、伊坂2000）。

　伊坂青司は、チュービンゲン神学院で、ヘーゲル、ヘルダーリン、シェリングたちが、ヤコービ経由でスピノザ汎神論を受け入れ、またスピノザに共感を寄せるゲーテの詩が彼らの間で読まれていたことなどを詳細に説明している（伊坂2000 第二章）。

　さらに加藤は、このスピノザの実体から、ヤコービの理論が出てきて、青年ヘーゲルに影響を与えたと言っている（加藤1990a）。実体概念がヘーゲルの存在概念の原型である。

　ここで笹澤豊を参照する。ヘーゲルが影響を受けたスピノザはヤコービに由来するものである。ヤコービはスピノザの実体を批判し、絶対者を精神と捉えた。ヘーゲルはそれを受けて、絶対者を実体としてだけでなく、精神としても捉えることを主張した。つまりスピノザの実体を精神としても捉えるのである。そしてその上で、実体は本質的に主体であるとする。そしてこのことは、絶対者を精神であると表現することに現れていると考える。ここに主体-実体論が完成する（笹澤1990）。

　このことについては、次節（1-4）で扱う。ここで注意すべきは、ヘーゲルによって批判されているスピノザは、スピノザそのものではなく、ヘーゲルやヘーゲルの周りにいる人々によって解釈されたスピノザであること、しかしそれにもかかわらず、そのスピノザ理解はヘーゲル哲学にとって本質的であること、またそのスピノザ像を批判することで、ヘーゲルが自らの考えを深めているということである。

　つまり無限性、実体、生の概念はスピノザ由来なのである。そしてもうひとつ、否定性もまたスピノザ由来である。

　規定は否定であるという文言はスピノザの書簡集にある。これが本当にスピノザの文言なのかという疑念まであるのだが、少なくともここで私たちは、

スピノザのラテン語のテキストに即しての話ではなく、ヘーゲルたちがその
サークル内でスピノザの像を創り上げており、それをスピノザ哲学だと思っ
ていたということなのである。半分はヘーゲルたちが創り上げたスピノザ像
である。

　ここでP.マシュレを参照する。「すべての規定は否定である」はヘーゲル
の『哲学史』の表現である（『*Vorlesungen über die Geschichte der Philosophie III*』
p.165）。また『大論理学』の本質論では、「規定性は否定である」となっている
（『大論理学・Ⅱ本質論』p.195 = p.185）。これは否定によって規定されたあるもの
として現存在する。否定が現存在を生み出す。しかしそれはヘーゲルに言わ
せれば、抽象的な否定に過ぎない。この否定性をさらに否定すること。事物
はそれが反映する他者を媒介にしてのみ、それ自身である。それは否定的な
ものそれ自身をさらに否定する。これが絶対的な否定である。否定はここま
で進まねばならない。

　この否定についての文言は、スピノザの書簡50にある。それは「限定は否
定である」という極くあっさりしたものである（スピノザ1958 p.239）。これは
スピノザのものではないと言う人までいる。しかもヘーゲルはそこに「すべ
ての」という文言を付け加える。

　先に書いたように、これはヘーゲルとヘーゲルの周りにいた人たちが創り
上げたスピノザ像である。P.マシュレはヘーゲルが「でっち上げた」と言って
いる（マシュレ1986 p.203）。

　エーテルは実体であり、概念であるが、同時にエーテルは否定性でもある。
それがヘーゲルの体系を駆動する。それはスピノザの思想そのものではない
かもしれない。ヘーゲルが強引に読み取り、さらにそのヘーゲルによって捉
えられたスピノザをヘーゲルは批判して、話を先に進める。

　そしてエーテルは体系全体となり、世界そのものとなる。そこから主体が

生まれる。その主体の持つ自由について、「あらゆる存在の根底に自由の可能性が根源的に流動性として内蔵されていなくてはならない」と加藤は言う（加藤1988 p.269）。自然は機械論的法則に従い、そこからの偏差やずれや逸脱が自由だというナンセンスな話ではない。自然はカオス的であり、しかし局所的には秩序化する。ただそれも条件が少しでも変化すれば、直ちに崩壊するかもしれない。そういう流動性に自由の根拠がある。

　エーテル論は、自然の多様性、柔軟性、流動性、脆弱性、カオス性を象徴し、それはまた、自然から出現した精神の根拠となる。存在－無－生成という「論理学」の冒頭の思想、つまりそれがエーテルなのだが、それはスピノザの考えに、「変化の内在的要因＝根源的流動状態を代入することで成立した」と加藤は言う。スピノザを発展させて、万物が内在的に生成することを示し得ることに成功し、そしてその変化の論理に自由の可能性をヘーゲルは見たのである。

　存在は無であるという文言は無限判断ではないと私は考えていた。ここで存在も無もまだ規定を持たないからである。つまり無限判断はふたつの全く正反対の規定を持つものが無理やり結び付けられるもので、この場合は、存在はまだ規定がないから無と同じだと言っているだけで、無限判断ではないと言うべきである。

　さてこのように私は考えるのだが、しかしH.シュミッツは、エーテルが無限判断の原初的イメージであると言う(注6)。

　シュミッツの主張は次の通りである。エーテルは絶対的静止と不静止の無媒介な統一である。それは世界霊魂と真なるものに端的に高められる。エーテルはまた静止と運動の統一である。これは推理論では説明できない。これは無限判断が弁証法の原理であるヘーゲルの思考の初期の段階のものなのである。シュミッツによれば、まさにここに無限判断の原初的な姿が見られる

のである。

　つまりこの絶対的静止と不静止の無媒介な統一、静止と運動の統一こそが無限判断である。あるいはこれは個別と普遍の統一であるとも言われている。ここではふたつの対立項が規定を持つかどうかということが問われているのではなく、端的に正反対のものが、それぞれ飛躍して、他方に移っていくということが言われている。そのダイナミズムが無限判断である。

　しかしエーテルが純粋存在であり、それが直ちに無と言い直されるとき、それはまだ規定性を持っていない。厳密に言えば、それは存在するとか、しないという規定しかない。存在するという規定以外はないから、それは存在しないのと同じだということである。そのために私は存在と無の関係は無限判断ではないと言ったのだが、話は逆で、つまり規定を持つかどうかというのはあとで考えれば良い話で、むしろこの存在と無の関係にこそ、無限判断の原点があるのだ。ヘーゲルはここから無限判断の着想を得ている。真なるものを、反対のものとの無媒介な衝突において見出す、つまり無限判断において、言い換えれば論理の飛躍において見出すというところにシュミッツの主張は尽きる。そしてこの考えはイェーナ期の自然哲学に現れる。その象徴がエーテルである。

　こういうことだろう。エーテルは純粋存在である。しかしヘーゲルはさらにエーテルにいろいろな意味合いを持たせた。それは無限性であり、自己意識であり、世界霊魂にもなる。つまりエーテルは、最初は純粋存在だけれども、「論理学」において純粋存在が定在になり、無限性になり、対自存在になるという具合に、それは生成する。生成するというイメージをエーテルが表している。それは常に自己を否定して、自らの反対物になるという具合に発展していくのである。

　このエーテルの自由奔放な躍動性こそ、無限判断である。存在と無の弁証法についても、まだ両者は規定を持たないが、まずは無限判断的に両者は結

合し、その上でそれは定在となって、そこで規定を持つ。そしてそれはさらに他の定在と無限判断的に結合していく。

　のちに『精神現象学』においてまとめられ、また「論理学」においてさらに整理される無限判断論は、まずはそのイメージが、イェーナ期の自然哲学において創られたのである。

　以下のエーテル概念の持つ二面性が本節の課題である。それはヘーゲル哲学そのものである。

　エーテルは純粋存在であり、それは、存在の論理であり、かつ無の論理である。

　エーテルは、ヒッグス場であり、それは無以下の無であり、それは無の徹底であり、かつそこから存在が生まれる場である。

　エーテルは化学的過程であり、無限であり、実体であり、その論理は生命の論理であるとともに、否定の論理でもある。

　スピノザからヘーゲルに繋がったのは、無限、実体、生命の論理であると同時に、否定性の論理でもある。

　無限判断は、否定を徹底することにより、対立するものを結び付け、それによって、新たなものを創造する論理でもある。

注

(1) イェーナ期に草稿群は３つある。

　「イェーナ体系構想Ⅰ」(1803/04 GW6 所収)いわゆる「実在哲学Ⅰ」で、「自然哲学Ⅰ」と「精神哲学Ⅰ」を含む。

　「イェーナ体系構想Ⅱ」(1804/05 GW7 所収)いわゆるLMNで、「論理学・形而上学」と「自然哲学Ⅱ」を含む。

「イェーナ体系構想Ⅲ」(1805/06 GW8 所収)いわゆる「実在哲学Ⅱ」で、「自然哲学Ⅲ」
と「精神哲学Ⅱ」を含む。

「論理学・形而上学」が田辺振太郎訳『論理学・形而上学』(未来社、1971)。

「自然哲学Ⅱ」は本多修郎訳『自然哲学(上)』(未来社、1973)、「自然哲学Ⅲ」が『自然
哲学(下)』(未来社、1984)。

「精神哲学Ⅰ」と「精神哲学Ⅱ」が加藤尚武監訳『イェーナ体系構想』(法政大学出版局、
1999)。

因みに岩波書店から出ている加藤尚武訳『自然哲学』は、『エンツィクロペディー』
の第二部である。

(2) 菊地健三のカント論は、高橋2021第三章第一節にある。また加藤もまた菊地を引
用しつつ、カントのエーテル論に触れている(加藤2016 p.294)。

(3) ガルヴァーニは18世紀に、筋肉や神経の収縮と電気的現象との関連を実証した。
ヘーゲルもしばしばガルヴァーニ電気について言及する。例えば加藤尚武訳『自
然哲学』330節など。

(4) トレンデレンブルグの『論理学研究』は、その抄訳が高山自らの監訳で、『ヘーゲ
ル論理学研究』第2号(1996)に出ており、そこにこの存在と無の弁証法の説明が
ある(トレンデレンブルグ1996)。

(5) 無以下の無は、高橋2021第四章第五節にある。また本節で詳述し、本書2-1にも
書く。

(6) シュミッツの無限判断論は、高橋2021第三章第六節にある。この議論を本書1-5
で展開する

1 - 4　実体としてだけでなく、主体としても

「真なるものをただ単に<u>実体</u>として把握し、表現するだけでなく、<u>主体</u>としても把握し、表現する」という文言は、『精神現象学』の序文にある（『精神現象学』p.2ff. = p.16ff.）^(注1)。ジジェクはこれが好きで、至るところでこの文言を使う。

これはどういう意味か。

『精神現象学』の先の文言の直後を見ると、実体は「運動をしない」ものと言われており、それに対してこの実体が「自己自身を定立する運動」をすると、それは「生ける実体」となって、これこそが主体であるということになる。だから真なるものは、固定された実体ではなく、主体、つまり自己自身を定立する運動だということになる。これは実は単に、それだけの話なのである。

ただ問題はなぜこういう意味で主体と実体という言葉をヘーゲルは使ったのかということである。このことが本節のテーマである。つまり別の言葉を使った方がいろいろと誤解が少なかったのではないかと思うのである。

このあとに再度取り挙げるが、ジジェクはここで使われる実体という言葉を客体と同義だと思っている。つまり実体と主体はここでは対として使われていて、一方主体の対は客体だから、実体を主体の反対概念としての客体と同一視する。それは間違いではないが、不十分な理解ではないか。

ヘーゲルがここで言っているのは、主体と客体がともに運動をしないで、固定された関係であると、それは実体と言うべき段階で、自らを定立するように主体と客体双方がそれぞれ運動をすれば、それが主体だということになる。少々言葉使いとしてはややこしい。

このことについて、さらに次節（1-5）で書く。ここで先に書いておきたいのは、ひとつにはこの文言の解釈について、加藤尚武の極めて斬新な説があるからで、それを紹介したいと思う。ふたつ目は、これはこのあとの3-1のテーマにする予定だがジジェクは資本主義を超える理論にこの考え方を使おうとしている。その是非について論じたいのである。

　次節（1-5）で繰り返すが、ジジェクはいろいろな意味でこの主体‐実体論を使っている。ひとつには、主体が客体に関わるとき、主体的認識の行為が実体的対象の中に前もって存在しているという具合に使う。これは主体と客体の関係としては正しいのだが、主体と実体をこのような対立関係にしてはいけない。

　またジジェクは、社会という実体の中で主体が自分の企図を実現するとも言う。主体は実体の中にあらかじめ内在しているとも言う。

　そして主体と客体が無限判断的に結び付くとしている。要はジジェクにとって、主体‐実体論は、主体と客体を結び付ける無限判断論のひとつなのである。これは間違いではないが、不十分であると言うべきである。ただ単に無限判断と言えば良いだけの話だ。

　さらに本節と3-1で扱いたいのは、以下のことである。*Less than* において、ジジェクは貨幣をまず実体と捉え、その上で価値が自己増殖する、つまり主体として運動する資本へと変化するのだと、マルクスの説をヘーゲルの主体‐実体論で説明する[注2]。私はこのマルクス理解は正しいと思うのだが、しかし何も主体‐実体論で説明する必要はないと思う。つまりヘーゲル哲学の根本は、認識も自然も社会もすべて自己組織的に生成していくというところにあると私は考えているので、そう言えば良いだけの話だ。

　またプロレタリアートは純粋に実体を欠いた主体だとか、資本家が労働者の実体を搾取して、寄生し、自らを増殖させていると言われる。さらに今の

時代では、資本は実体を欠いたまま、自己増殖するということになる。そしてこの実体を再充当するためには、主体の社会的関係を変えるしかないという結論を出す。それ自体は間違っていないが、主体-実体論で説明するのがおかしいと私は思う。しかし私がいちゃもんを付けているだけのように受け取られるかもしれない。つまりどこにも問題はないのかもしれないのだが。

　先に進む前に主体-実体論についての従来の解釈を簡単にまとめておく。加藤尚武（1992）を参照する。

　加藤の簡潔なまとめをそのまま引用する。実体とは、①固定的、静止的な性格があり、②人間の認識の彼方にあるという超絶的性格を持ち、③所与的、前提的な性格が付き纏う。ヘーゲルはこうした性格を否定する。

　一方主体とは、①絶え間ない自己運動を通じて自己同一性を保持し、②世界に内在しており、③所与のものと思われがちなものを、絶えず形成し直す働きを持つものである。

　要するに哲学体系は自律的、有機的だということがヘーゲルの言いたいことである。

　ここでヘーゲルが念頭に置いているのは、スピノザである。スピノザは神を実体と呼んだ。それをヘーゲルは批判する。それは不動の実体なのである。実体は神という絶対者、真理という絶対的なものを指す。それは固定的、超絶的、所与的とも言い換えられる。それを、自らを展開していく動的な主体に変える。真理は自己を展開するという観点が重要である。

　そこにさらに、実体は共同世界であるという観点が出てくる。『精神現象学』は精神の生成を扱うが、神は最初は精神をイエスにおいて示す。そしてイエスの死後、精神は教団となるが、教団は人々との知と行為によって、新たなものとなる。つまり実体としての神が実体としての教団を通じて、主体としての精神を出現させるのである。

『精神現象学』を開くと、まず序文があり、次いで緒論が来る。このふたつは言っている内容が少し異なる。ヘーゲルは本文を書き上げてから最後に序文を書いたのだが、緒論の方は本文を執筆する前に書いているはずだ。つまり後者が『精神現象学』の方針を示している。本文を書くのに先立って、その叙述の展開原理を示している。その上で本文全体を書き終えて、最後に序文を書いたのである。

　読む方からすれば、序文から読んでいくから、それが『精神現象学』の方法論であるかのように思う。しかし成立の状況から言えばそうではない。

　具体的に言えば、前者の序文が、本節のテーマである実体と主体との同一性を示している。それは簡単に言えば、事後に図った正当化である。つまり、これが『精神現象学』の方法論を示している訳ではないということである。

　それに対して、後者の緒論は意識と対象の同一性を目指す。これが確かに『精神現象学』の方法論になっている。それは意識が二分し、さらに分かれて進展していく。このことについても、このあとの節（2-3）で書くが、以下に短く示しておく。

　意識は自らの中に自らの対象が内在していることを確信している。しかし対象には、この意識と結び付いているという側面と、意識から独立しているという面とがある。後者が意識と対象が合致するかどうかを決める尺度となる。このようにして、意識が進展する。

　黒崎剛は『精神現象学』は当初は緒論に書かれている方法論に従って、意識の経験学が叙述されていたが、自己意識が登場してから、精神の現象学へと変容したと言う。この話はここでは詳述しないが、しかし主体-実体論は、変容したあとの、後半部の『精神現象学』の原理ということになる。

　黒崎はさらに次のようにこの主体-実体論を解釈する。これは『精神現象学』本文の中でどのように使われているかということである。つまり実体とは、

先に書いたように、教団の意識のことで、まだ主体になり得ていない、諸個人が形成している共同体のことである。ここで個人と共同体を循環させる実体が、諸自己意識を包括すると、主体、つまり精神になる。これは宗教の部の中の啓示宗教の章で使われる（『精神現象学』p.545ff. = p.1086ff.）。

　一旦話をここでまとめておく。緒論は、『精神現象学』の元々の目論見である意識経験学の方法論を説くもので、意識と対象の同一性がテーマである。しかし序文になると、それが主体 - 実体論に代わる。それは主観と客観が実体的関係から主体的関係へ移行することなのである。

　意識経験の学として話が始まり、しかし後半部で主体 - 実体が論じられ、そこで主観と客観の統一としての精神が生成する。それで事後的にその精神の現象学としてのまとめを序文でしたのである。それは同時にヘーゲル哲学全体の方法論になっている。

　ここからが本論である。以下、加藤（2015）が極めて興味深い説を繰り広げる。

　ヘーゲルがここで実体という概念で考えているのは、スピノザのものである。客観が実体であるのではなく、主観と客観が相互に固定されていて、その双方を含むものが実体である。

　そこで問題が生じる。つまり主観と客観とどう繋ぐか、加藤の表現では、どう「橋架け」をするかという問題である。

　ヘーゲルにおいては、主観と客観は相互に変化する。これも加藤の表現では相互にどう「変身」するかということになる（注3）。

　さてここでヘーゲルはプロティノスの影響を受けていると加藤は言う。プロティノスにはある種の精神現象学がある。ひとつのものが主体と客体になるという発想があり、認識論的な二元対立が自己意識の自己関係性の中で解消される。

　つまりスピノザの実体の段階では、主観と客観は固定されていて、その関

係がどのようになっているかということが問われるのだが、プロティノスの一者の概念においては、主観と客観はそもそもひとつのものなのである。

　このことは次のように言い換えることができる。主観と客観との間にどのような橋を架けるのかという問題がまずはあるのだが、そこからさらにそれは、主観と客観がどのように存在論的に同一のものになるかという、加藤の言葉を使えば変身の問題になるのである。

　さてプロティノスはヒュポスターシスという言葉を使うのだが、それは自存存在とか、独立した存在という意味である。『精神現象学』の序文は、この書物を書き上げたあとで、整合性を持たせるために書かれている。加藤の説に拠れば、その際にヘーゲルがこのヒュポスターシスに注目し、スピノザの実体ではなく、プロティノスのヒュポスターシスこそ根源であると考える。そしてこのヒュポスターシスを不注意にも主体（Subjekt）と訳してしまったのである。これが加藤説である。その根拠は、この主体-実体論で言われているSubjektが、主体と訳しても、主観と訳しても、または主語と訳してもしっくり来ないということに求められる。つまりSubjektはそういったものではなく、根源的な独立存在なのである。

　また実体の方はアリストテレスのウーシアがsubstanciaとラテン語に訳されて定着したのだが、それはそもそも本質存在という意味である。すると主体-実体論は、根源存在-本質存在の関係を表しているのである。

　さてジジェクの主体-実体論の解釈は、実体を客体と考えて、主体-客体関係のことであるとするのだが、それは実体の理解が間違っているだけでなく、主体が本当は根源となる存在という意味だから、主体の理解も間違っているということになる。つまり主体-実体論は、主観-客観の関係ではなく、根源となる存在-本質存在ということに過ぎない。真理は実体としてだけではなく、主体としても把握されるべきというのは、主観と客観関係を自らは動かない本質存在としてだけではなく、動的な根源的存在として表さねばな

らないということなのである。

　主体-実体論という、ヘーゲルの哲学の根本だと考えられているものが、ヘーゲルの不注意から生じたものだということは興味深い。

　しかし不注意とは言え、このことでSubjekt概念が広がったのである。Objekt（客観、客体）の対概念としての主観と主体、Prädikat（述語）の対としての主語の他に、このSubstanzの対という意味が加わったのである。

　またこれも次節（1-5）に書くが、「論理学」第二部本質論の最終章で実体が取り挙げられる。ここでもスピノザ批判が意図されている。それが可能性、偶然性、必然性を経て、概念に生成する。概念は主体の別名である。つまり「論理学」でも主体-実体論は使われている（注4）。

　繰り返すが、主体-実体論は、先に書いたように、『精神現象学』の原理というよりは、ヘーゲル哲学全体の原理である。

　結論として以下のように言うことができるか。まず主体-実体論の主体とは、否定的な自己関係を通じて自ら変化するものであり、その意味でこれはヘーゲル哲学全体を通じて主張されているものである。しかしこの考え方は『精神現象学』の後半部で出てきて、最後にその事後正当化として、ヘーゲルが序文で書いたものである。結果として『精神現象学』の方法論にもなっているが、しかし本来の『精神現象学』の方法論は、「意識と対象との同一化」であった。

　加藤説は架け橋問題から変身問題へという進展を良く説明できるものである。主観と客観が固定されてその間にどのように架け橋をするかという問題から、主観と客観がどのように動いて存在論的に統一されるかという問題になるのである。

近年のジジェクも盛んにこの主体-実体論を使う(注5)。例えば本書の1-1で取り挙げた『性と頓挫』においても、実体が主体になるという言い方がなされる。それは意識が自己意識になることだとある(『性と頓挫』p.192)。これ自体は極めて正しい指摘だ。つまり実体が主体になるということと、意識が実体でそれは主体としての自己意識になるのだということと、この2点は正しくヘーゲルを理解していることになる。

　つまりそれほどジジェクを批判する必要はないのかもしれない。ただ何でも主体-実体論で説明する必要はないということだ。

　さらに同書は続けて、実体としてのシニフィアンSと空無である主体、つまり斜線を引いた＄とを例に出している。このラカン理論とヘーゲルのそれとの結び付け方も正確である。

　ジジェクはヘーゲル解釈をすることを目的としていないから、別に私の批判は当たらないということになるかもしれないのだが、主体-実体論は、ひとつは主観-客観問題であるということと、そのことと同義なのだが、ふたつのものの関係は、ふたつのものが相互に変化するということなのだというヘーゲルの基本的な考えを表している。

　さらに続ける。以下は批判というより、ジジェクの意義を書く。

　主体-実体関係が直ちに主観-客観関係になるのではないが、動的な主客関係-動きのない主客関係として主体-実体論が捉えられるのであれば、結局は主客関係になるのである。だからジジェクのヘーゲル理解は間違っているのだが、しかし根本的にはヘーゲルの発想を良く理解しているものだということになる。

　いくつか気付いたことがある。まずこの問題は主観と客観の問題だから、根本において、ジジェクはヘーゲルを正しく理解している。つまりこの問題は主観と客観の問題であるために、そのことを明確にしようとして、間違っ

てしまった。そう解釈できる。だからジジェクの間違いを指摘することよりも、ジジェクの功績を称えることに力点を置いて良い。ここにヘーゲル哲学の核心があること自体は間違いではない。つまりジジェクはヘーゲルの用語を理解する際に間違いをしたが、ヘーゲルの問題意識は正確に理解している。

　黒崎は先の研究書において、ヘーゲルは認識主義に陥ってしまい、社会認識の方法論としては失敗したと結論付けている（黒崎2012 p.509ff.）。『精神現象学』において、本当は緒論で展開された方法論に従って、対象と意識が論じられることで、対象自身の存在が展開されるはずだったのに、途中で方針が変わって、意識に対して現象してくる、意識に相関的な世界が議論されることになる。すると議論が認識の話に限られてしまう。

　正しくヘーゲルを理解するとそうなると私は思う。ジジェクはそのヘーゲルを救う。ジジェクに言わせれば、認識主義に陥っていることこそ、実在論の証なのである。ジジェクは物自体や絶対知が主客の相関の内部にあるという理論それ自体が実在論なのだと言う。またこれが拙著の結論であった（注6）。ジジェクはそこから社会理論を創っていく。

　実在に迫るには内在的にしかなし得ない。実在は相関の内部にある。内部にこそ外部がある。体系は閉鎖的であるという非難は当たらない。それはしかし開放的でもない。そういうレベルを超えている。

注

(1) これは『精神現象学』の比較的長い序文の、最初の方にある。

(2) *Less than* のふたつの章 Interlude 1:Marx as a Reader of Hegel, Hegel as a Reader of Marx, と第6章"Not Only as Substance, but Also as Subject" を参照した。また『ポストモダンの共産主義』（以下『ポストモダン』）第9章でも、このことは繰り返さ

れる。

(3) ひとつ言うべきは、「架け橋から変身へ」という加藤説と 1 - 1 で書いたように、『性と頓挫』の「カントの認識論の限界をヘーゲルは存在論の不可能性へ移す」というジジェクの説は同じことを言っているということである。またもうひとつは、これは主観と客観の問題で、加藤なら「心身問題」として展開するだろう。精神がどう物質＝身体から出現したのかということである（加藤2013）。

(4) 「もっとも『精神現象学』と「論理学」の主体、実体概念は対応しない」と加藤尚武は書いている（加藤2015 p.280）。しかし私は対応するものとして考えてきた。加藤が編集している『ヘーゲル事典』の「実体」の項は岡本賢吾が書いている。そこでまず『精神現象学』の主体-実体論に触れ、「論理学」の実体は概念＝主体へと発展するということが書かれている（岡本1992）。

(5) この数年のジジェクはさらにこのテーマを深めている。2014年に出た*Absolute Recoil*においては、主観と客観の不等性ということがテーマになっている。このこと自体は正しいのだが、しかしここでもジジェクは主体と実体の関係が不等であると言っている。

(6) 物自体は主客の相関の外部にあるのではなく、内部にあるのだというのが、ジジェクを受けての、拙著（高橋2021）の結論であった。

1-5　具体的普遍とは何か

ジジェクのキーワードのひとつは具体的普遍である。「ヘーゲルの〈具体的普遍〉とは何か」（以下「具体的普遍」）という論文を見ていこう。

ジジェクはここで、ヘーゲルが『精神現象学』で取り挙げている隠喩を引き合いに出す。すなわち男根は排尿の器官であると同時に、生殖の機能も持つ。ここで高次の能力と低次の能力が無限判断論的に結び付いている。ここでジジェクは生殖という全体性に達するためには、排尿という最も低い段階を通らねばならないということを強調する。つまり抽象的普遍から具体的普遍へと進まねばならず、まずは、自己収縮、ないしは否定作用が働かねばならないのである。ここで逆説的ではあるが、まずは排尿という、個体維持のために必要な能力を維持することが、生殖という普遍的な価値のある能力を確保するために重要なのである。このことをジジェクは、「具体的普遍の道はただ抽象的否定性の十全なる主張を経なければならない」（「具体的普遍」p.298f.）と言う。

同様に、革命のためにはテロリズムが不可避である。革命的意図はそれ自体として自己破壊的狂気を持ち、その中で自己消滅することが定められている。こういった抽象的否定性が重要であることを理解したときに、ヘーゲルはヘーゲルになったのである。このことは、拙著（高橋2021第四章第四節）で述べている。具体的普遍に達する前には、必ず抽象的普遍が必要だということで、ここではこの否定作用にヘーゲルが気付いたときにヘーゲルがヘーゲルになったとジジェクは言う。

私の言葉で言い換えれば、男根は様々な理由で生殖の能力がなくなっても、

排尿の器官としての役割は残る。また能力はあっても普遍に繋がらない場合が実際には圧倒的に多い。事実の問題としては特殊性しか発揮しない個別の哀れこそが、しかし個別の個別としての輝きである。また革命に繋がらないテロの無残さが、実際には歴史を作る。それが堆積されているのが歴史である。その無数の特殊性があって、その積み重ねの中ではじめて、普遍が具体化する。

　ここで抽象的普遍は抽象的否定と言い直され、また特殊と言われることもある。この排尿器官＝生殖器官の具体例は、ヘーゲルが『精神現象学』で、無限判断の例として提出しているものである(p.262=p.350)(注1)。そしてジジェクが強調するのは、ここでは具体的普遍よりも抽象的普遍の方が重要だ、ないしは具体的普遍に進むためには、抽象的普遍の段階を経由する必要があり、そこにおける否定性こそが強調されるべきだというものである。

　ジジェクの他の著作から拾い出すと、この話は何度も繰り返されている。例えば、『厄介なる主体』(以下『厄介な』)でも具体的普遍と抽象的普遍の話として、放尿の器官と生殖の器官の話が出てくる。ここでも男根を放尿の器官としか見ない見方は短絡的で、思弁的な見方をすれば、それは生殖器という高尚な器官なのだと考えてはいけないということが強調される。それがヘーゲルの言いたいことではない。人は放尿という選択枝を取るしかない。その副作用として、思弁的な見方がその読み方を通じて現れる(『厄介な』1-p.159ff.)。また「具体的普遍とは何か」ではテロの話があったが、『厄介な』では次のようになる。前近代の有機体的な調和の取れた社会組織と、あらゆるものを破壊し尽す解放革命という恐怖政治とどちらかを選択しなければならないときは、恐怖政治の方を選択しなければならない。この選択を通じてのみ、社会の秩序と個人の自由との新たな和解を果たす国家を作ることができるのである(同p.162)。具体的普遍へと通じる道は抽象的な否定を受け入れることだ。抽象的な否定を選択することで具体的な統一へと進むことができる

のである（同 p.164f.）。

　さらに『汝の症候を楽しめ』（以下『症候』）には、「普遍的なものの中に統合された例外」とか、「普遍と合体した例外」という言い方が出てくる（『症候』p.133ff.）。つまり具体的普遍とは例外のことである。ここで取り挙げられるのが国家である。個々人の合理的集合体としての国家が、君主の人格において、現実性を獲得する。これは白痴王のことである。この王が例外である。ここでも具体的普遍論は無限判断論として展開されている。例外が普遍を築くのである。合理的全体性としての、つまり普遍としての国家は、自然の残滓である君主の身体によって支えられている（同 p.140）。

　『パララックス・ヴュー』（以下『パララックス』）においても、具体的普遍とは事物それ自体との本質的な不一致であるとされる（『パララックス』p.58）。真に普遍的なものとはその例外である。その具体例は、キリストであり、そのみじめな追放された人間は、まさしく人間そのものである。普遍性は中立的な入れ物ではなく、特殊な戦いそのものが普遍性だ。具体的普遍は様々な特殊な諸形態として現象し、まさにこれらの間の消去し得ない緊張、不一致の内にあり続ける（同 p.61）。

　ここまでの議論をまとめておく。ジジェクの主張は、ヘーゲルが無限判断の例として挙げたものを、抽象的普遍と具体的普遍として言い直し、まったく正反対の規定を持つものが無媒介に結合するという無限判断の例であったものを、具体的普遍に達するためには抽象的普遍が重要だということから、さらに抽象的普遍こそが決定的に重要で、それこそがもうすでに具体的普遍であると展開したことにある。

　そもそも具体的普遍とは、ヘーゲルにおいて次のような意味で使われている。『小論理学』13節の注では、桃や梨や葡萄と並んで果物があるのではなく、桃や梨や葡萄といった具体的な存在の中に普遍がある、つまり普遍というのは単に抽象的なものではなく、具体的なものだのいうのがヘーゲルの言い分

である。

　この普遍概念の使い方は、しばしば『法哲学』に見られるものである。例えば、「意志は普遍的である」という文言は24節にある。続けて同節の注が重要だ。ヘーゲルは言う。普遍性ということで、単に共通性とか総体性というようなことを考えてはいけない。また個別的なものの外にある抽象的な普遍性を考えてもいけない。それ自身の内にある具体的な普遍性こそが自己意識の実体、自己意識の内在的な類、ないしは内在的な理念である。これは自分の規定の中で自分と同一である普遍的なものとしての自由な意志である。そしてこれは思弁的な仕方でのみ把握されるのである。

　具体例としては、例えばヘーゲルは議会について、それをそれぞれの諸個人が、様々に特殊な職業の代表者として集まり、そこで出来上がる政治の場であるとし、それを最高の具体的普遍と言い換えている(『法哲学』303節)。こういう使い方をするのである。

　そしてジジェクもまた、先の「具体的普遍」において、抽象的普遍と具体的普遍の例として、家族と国家を使っている(「具体的普遍」p.292)。つまり主体はまず家族という、生まれ落ちた特定の生活様式に埋没している。そこから国家という二次的共同体に入り、その一員として役割を果たす。ジジェクのユニークな点はその際に、この普遍的な二次的同定と特殊な一次的同定が対立する、つまり前者が後者を拒否するよう主体に迫るときに、抽象的否定と呼び、後者をうまく普遍の中に参入せしめるときに、それを具体的と言うことにある。そしてそこから直ちにその場合、抽象的否定を選べ、それこそが普遍に至る道なのであるとしている。ジジェクは意識的に『法哲学』の議論を下敷きにしている。

　無限判断論はジジェクのヘーゲル理解の要(かなめ)であって、私はあちらこちらで書き散らしている(高橋2013,2014,2017,2021)。ごく手短に要点だけを

言えば、まずこれは『精神現象学』に見られるもので、「精神は骨である」と言うように、まったく正反対の主語と述語を強引に結び付けるものである。これがジジェクが多用するものである。

　ところが「論理学」になると、無限判断は「精神は象でないものである」という具合になって、ヘーゲル自身によって、主語と述語の完全な不一致であると言われることになる（『小論理学』173節）。『精神現象学』のものとまったく異なっている。しかしこの無限判断論のあとで、ヘーゲルは推理論に進む。そこでは、例えば「個は普遍である」と言うとき、両者を結合する中間項が出てきて、主語がその中間項の媒介によって、述語の中に自己を見出す、つまりヘーゲルの言い方では「自己を自分自身と結合する」ということができたときに、主語と述語は完全に結び付くとされる（同182節）。

　すると『精神現象学』の無限判断においては、主語と述語は強引に結び付けられ、「論理学」の無限判断では、主語と述語は結び付かず、推理論に至って、主語 - 中間項 - 述語と、三項が出てきて、結び付く。しかしその結び付き方に、『精神現象学』の強引な二極的結び付きの発想が残っているのではないかというのが私の考えである。

　さて『法哲学』でも無限判断が出てくる。それは所有の定義が論じられているときである。すなわちヘーゲルは、占有取得、使用、譲渡の３つを所有の規定として挙げる。つまり占有取得したものが所有であり、次に使用できるのは所有しているからであり、最後に人に譲渡できるのは所有しているからであるという具合だ（『法哲学』53節）。それで以下のトリアーデができる。

肯定判断　物件を占有取得して所有する。
否定判断　物件を使用したので所有していない。
無限判断　物件を譲渡したので所有していない。

しかしこれはミスリーディングである。否定判断と無限判断で言いたいのは、所有していないということではなく、否定し、さらに無限判断的に否定してもなお、所有しているということだ。むしろこの否定作用こそが所有だということである。すると以下のトリアーデが得られる。

肯定判断　物件を占有取得して所有する。
否定判断　物件を使用できるのは、それを所有しているからである。
無限判断　物件を譲渡できるのは、それを所有しているからである。

　使用という否定をし、譲渡というさらに徹底した否定作用が所有の中に含まれている。するとこれは肯定的な判断として言い換えられるのである。否定判断も無限判断も肯定判断になる。とりわけ無限判断は、ここで『精神現象学』のものと同じ形式になる。

　さて拙著の議論（高橋2021第三章第六節）から繋げて言えば、ここではジジェクは二極的な無限判断を使っているのだが、しかし私はこれは三極のトリアーデで考えるべきだと思う。つまり特殊と普遍の対立という言い方ではなく、ジジェクは嫌がるだろうが、個別‐特殊‐普遍のトリアーデで理解した方が良いと考える。つまり男根という個別の器官が排尿という特殊な役割を担い、かつ生殖という普遍的な役割も担っていると考えるのである。その上で、ジジェクに倣って、重要なのは、特殊な能力だと言うべきなのである。
　トリアーデで考える利点はたくさんある。ここで最初から、「所有は譲渡である」と『精神現象学』の無限判断で言っても良いのだが、三段階で考え、まずは所有が肯定され、次いでそれが否定され、最後にその否定が徹底的に強められた方が良い。
　さらにその応用として、以下のようにジジェクの所有の三段階も得られる

（注2）。

肯定判断　資本主義社会では私的所有が正当化されている。
否定判断　社会主義社会では所有形態は国有である。
無限判断　共産主義社会では所有形態はコモンである。

　ここでも肯定判断で肯定された私的所有が、否定判断で否定され、最後の段階は否定の徹底で、主語の持っている領域そのものをも否定する。これが否定の否定として捉えるべきものである。このコモン論は本書3 - 1と3 - 2で展開される。

　これはこういうトリアーデで表現すべき事柄なのである。ジジェクはトリアーデを嫌って、そういう形で整理をすることはなかった。しかし「所有は譲渡である」という無限判断は、否定判断の否定性を強めたもの、つまり否定の否定として捉えられるべきである。

　この個別 - 特殊 - 普遍のトリアーデについて、ヘーゲルに即して説明をしておく。ここは以前、私は概念論を使ってまとめている（高橋2013 6 - 1）。すなわち、概念は特殊を経て個別に進み、またその個別は特殊を経て、普遍に戻る。その運動について説明している。これは否定の否定である。つまり特殊に至ることと、特殊を経ることが最初の否定作用なのであり、そこからさらに個別に進むことが否定の否定である。逆のコースもまた然り。つまり個別は自己を否定して特殊に至り、それをさらに否定して普遍に至る。ここで特殊の役割の重要性を指摘すべきである。

　具体例で言えば、まず生まれたばかりの赤ん坊は何も規定がないから、これを普遍そのものと考える。次に少し個性が出てくれば、家族の中で特殊な位置付けがなされたと考え、さらに大人になって、個別として国家や人類という普遍的な共同体の中で位置付けされるのである。また逆に、今度はそう

した大人としての個人が(これが個別)、家族や地域社会での役割を自覚し(特殊)、しかしそれだけでは物足りなくなって、もっと上位の段階を求めるようになる。つまり国家なり、世界全体の中で自らの仕事の位置付けを求めることになる(これが普遍)。そういうことを考える。そしてここでもこれはまず自己規定という最初の否定をし、その上で、さらにその規定性を徹底するということがなされている。

　もっともまったく規定を持たない生まれたばかりの赤ん坊というのは、すべての規定を取り払った存在として理念的かつ事後的に考えられたものに過ぎないのだが、しかし論理的な順番から言えば、そうなるのである。

　トリアーデを使うと、実は無限判断論は否定の否定であることがはっきりするというのが、ここで私の言いたいことであるが、これについて、ジジェクはどう考えているのか。再び『厄介な』を参照する。

　否定の否定についてジジェクは次のように言う(『厄介な』1 -p.124ff.)。最初の否定、つまり状態Aから状態Bへの移行は、Aの状態を否定するが、まだAが指示するカテゴリーに留まっている。しかし二番目の否定は、Aの持っている言語空間を否定していくことになる。

　否定の否定とは否定の徹底であり、決して元に戻ることではなく、新しい質の誕生である。このことが、「論理学」の概念論の最初の段階で、まず普遍、特殊、個別の話として議論され、それが判断論の中で、肯定判断、否定判断、無限判断となり、それが推理論に進んで無限が成立するという順番で論じられる。かくしてヘーゲルは「絶対者は推理である」と言い、「すべてのものは推理である」とも言う(『小論理学』181節注)。

　さて前節(1-4)で論じたことを繰り返すが、「絶対者を単に実体としてだけでなく、主体としても考える」というのは良く知られたヘーゲルの文言である。ジジェクは、この主体-実体論を、具体的普遍論と同じ論理だと見做

して論じている。例えば、「具体的普遍とは何か」では、先の、普遍という有機的全体を選ぶのではなく、テロという狂気を選べとジジェクは書いた後で、それこそがこの主体-実体というヘーゲルの考えを表しているとしている。というのも、この選択によって、社会秩序（実体）と個人の抽象的自由（主体）との和解を示しているからである。

　また『厄介な』では、『精神現象学』は、主体が社会という実体の中で自分の企図を実現しようとする必死の試みであるとしている。そこでは社会という実体が、再三にわたって主体の企図に横やりを差し、めちゃくちゃにしてしまうという、同じ物語が何度も何度も繰り返して語り掛けている（『厄介な』1 -p.130）。

　ここにも否定の否定の論理が出てくる（同p.131）。主体とは一方的な自己欺瞞と誰も立ち入ることのできない特殊性の中に自己を据えようとする不遜な運動であり、最初の否定は、主体の社会という実体に対する抵抗運動のことである。続く否定の否定とは、社会からの復讐だ。主体の傲慢さに抗う脱中心化された他者の復讐なのである。これがジジェクヴァージョンの否定の徹底である。以下にヘーゲル読解をするが、ここでジジェクは正しくヘーゲルを理解していると思う。

　つまり無限判断論、抽象的否定と具体的普遍の対立、否定の否定、主体-実体というヘーゲル哲学の根本を表す概念は皆、ジジェクにとっては同じことを意味している。

　再々度『厄介な』から引用する。「絶対的なるものとは、有限の決定の自己止揚の運動である」（同p.145）。また「理性とはその彼方に何か見えてくるだろうという思い込みを取り除いてしまえば、悟性そのものに過ぎない」とジジェクは言う（同p.147）。その上で、絶対的な主体など存在せず、主体は有限であり、悟性であり、幻影であり、分裂であるような非実体的存在であると言う。実体が主体のように知覚されるのは、実体にも本来的にそのような性質が備

わっているからである。主体は実体の中にあらかじめ内在している（同p.153）。かくして主体-実体となる。

　ジジェクがヘーゲル哲学の核心にあると考えている、この「実体は主体である」という文言をジジェクは、主観的認識の行為が実体的対象の中に前もって存在する（『もっとも崇高なヒステリー者』（以下『ヒステリー』）p.39）と捉えている節がある。これはカントの場合、主体が物自体に発する実体的内容に普遍的な形式を与えるのに対し、ヘーゲルの主張は、主体が本質に辿り着いたとき、そこに実はその主体が前もって自らがもたらしたものを見出すという意味で考えられている。ここでも事後的な遂行性が問われている。

　このジジェクの解釈の意義と限界については前節で詳述した通りである^(注3)。さらにジジェクは次のように言っている。ヘーゲル論理学は存在論、本質論、概念論の三部から成る。前のふたつが客観的論理学で、最後のものが主観的論理学である。先に書いたように、本質論から概念論への移行が、実体から主体への移行の議論になる。このことを確認した上で、ジジェクは、客観の論理を展開し、それを受けて主体の論理を展開したら、さらにもうひとつ、両者を総合する論理学があれば良かったと言う（『厄介な』1-p.139）。しかしひとつには本質論の対象が精神であることに注意すべきである。また概念論は主観性、客観性、理念の三編から成っていて、最初の主観性が概念として、自らが生み出した客観性に迫って、それを自らのものとして展開し、最後に理念でその総合をしている。このことは1-2で論じている。

　最後にもうひとつ論点を提出する。ジジェクはしばしば、主体-実体を説明するときに、もうひとつの論理を出す。それはすなわち、他者の中に自己を見出すということである。

　『偶発性・ヘゲモニー・普遍性』（以下『偶発性』）に次のような指摘がある（『偶発性』p.414）。ヘーゲル『大論理学』の同一性の節に「対立的規定」の概念があり、

自己は自分自身と対立する規定においてそれ自身と出会うとされている⁽注4⁾。これはヘーゲルが良く使う論理で、対立する他者の中に自己を見出すという論法である。さらにここから普遍と種の関係についても、普遍的な類は、自分自身の種という対立の中に自分自身を見出すとされている。

　ジジェク論をまとめたT.マイヤーズは、この点に、具体的普遍の考え方が現れているとしている（マイヤーズp.143,p.195ff.）。以下に具体例を挙げて考えてみよう。ジジェクはこの普遍と種との関係を、以下のような宗教の話を例に出して説明する（『偶発性』p.415f.）。例えばキリスト教徒とイスラム教徒が論争をするとき、彼らは単に意見が違うだけでなく、そもそも宗教とは何かという見解において、両者はすでに異なっているのである。つまりキリスト教とイスラム教は、同じ宗教という普遍のもとにあるのではない。ふたつの個別があるとき、それぞれの個別が担う普遍そのものが異なっている。共通の普遍のもとにふたつの個別があるのではない。これがヘーゲルの具体的普遍の一例だとされる。

　『大論理学』の本質論を実際にあたって、このことを検討してみよう。そこには実は、「対立的規定」という言葉はない。ただ、反省は措定的反省、外的反省、規定的反省と段階を踏み、同一性を経て、規定的反省は区別となり、そこからさらに対立となる。すると規定的反省が対立と呼ばれるようになるのだから、それを対立的規定と言うことは、一応は可能だと思う。ヘーゲルは「対立において、規定的反省、すなわち区別が完成する」（『大論理学・Ⅱ本質論』p.48＝p.55）と言っている。するとこの対立の中で、自己と他者とが反省し合う関係が成立する。ここで普遍と特殊、類と種という対立関係にあるふたつの項が反照し合っていると考えることは可能である。

　さらに『幻想の感染』（以下『感染』）において、次のようなことも言われる（『感染』p.182）。ヘーゲル弁証法においては、規定的反省が反転して反省的規定となる。すなわち措定的反省と外的反省の両者の統一が規定的反省であり、そ

こから反省的規定が生まれる。

　最初の指定的反省では、私が直接的に能動的である。次に外的反省では、他者が能動的になり、私はただそれを受動的に見ている。そして私のために動いてくれる他者の能動性を私が指定し、他者の能動性と私自身の能動性との間に直接的な同一性が生じると、そこに相互作用が生じ、それこそがヘーゲルの言う反省、つまり本質なのである。ジジェクはこのように説明する。

　これはヘーゲル反省論の読み方としては正しいと思う。ヘーゲル自身の言葉では、仮象は反省であり、反省は先の三段階を経て、最後の段階の規定的反省が反省的規定になる。反省的規定とは本質のことである。すなわち規定的反省は本質になるのである。

　これに対してジジェクが提示する具体例は次のようなものだ（同 p.169ff. p.181ff.）。ユーゴスラヴィアでは特権階級が高級車に乗るのではなく、普通の人々がその代表を通じて自ら高級車に乗る。これは他者が私の代わりに動くとき、私自身がその他者を通じて動いていると考えるべきことなのである。他者が私の代わりに楽しむとき、私自身がその他者を通じて楽しんでいるのである。ここでは他者が私のために何かをしてくれるというのではなく、私自身が他者を通じてその行為をしているということなのである。

　『全体主義 -観念の（誤）使用について -』（以下『全体主義』）にも「対立的規定」という言葉が出てくる（『全体主義』p.230）。続けて、「経済はひとつの類であり、それと同時にそれ自身の種である」とある。これも先と同じだろう。マルクス主義では経済が社会生活の支配的な規定要因、つまり普遍であると考える。それに対してポストモダンはその経済一元論を批判する。つまり経済は人間の活動のひとつに過ぎない。しかしこの両者の考えは対立してはいない。つまり普遍としての経済がその下にあるひとつの種である経済を重層決定する。ここでも対立規定の中にある自分自身と出会う運動こそが具体的普遍の考え方であるとされている。また、類が種に出会うことこそが全体主義だという

のである。

　この考え方は、先の『偶発性』でも使われる（『偶発性』p.414）。生産、分配、交換、消費という分節化された社会の全体の中で、生産はこの全体性を構造化する原理として普遍であり、しかし同時にその個別の要素でもある。

　『厄介な』にも、「具体的普遍」という節が設けられている（『厄介な』1-p.171ff.）。普遍なるものは個別の具体的な内容の中心に切り込まれた裂け目のことである。普遍なるものは数多くの個々の内容の中立的な枠組みではなく、本質的に分裂を生じさせ、その個々の内容に裂け目を入れる。普遍なるものは、それを直接に具体化する個別の内容を前面に押し出すことによって、自らの存在を提示する（同p.175）。

　以上4冊のジジェクの著作を示せば、この点については十分だろうと思う。以下、再度ヘーゲルの記述を見ておく[注5]。

　反省は本質の運動を示す概念である。存在論において、存在の運動が記述され、その結果として自己内の立ち返った存在が本質である。その運動は否定であり、つまり存在は自らを否定し、その上でその否定的媒介を自らの内に持っている。本質はこのように生成した存在であり、そこには本来的に非本質的なものが備わっている。これが仮象である。ヘーゲルはまず「<u>存在は仮象である</u>」（『大論理学・Ⅱ本質論』p.19＝p.12）と言い、次いで「仮象は本質と同一のものである」とし（同p.24＝p.16）、さらに「本質は反省である」として（同）、それは否定性、否定された否定、絶対的な否定性であるとする。そして「本質の反省的な運動は、無から無への運動」であるとする（同p.25＝p.17）。まずここまでが反省の説明である。

　その反省はまず、否定的なものから還帰して措定されたものとして、措定的反省であり、次いでそれは自己自身を否定するのだが、そうして措定された否定的なものは、反省そのものと対立して現われる。反省はそこで外的な反省と言われる。

このことについてジジェクは、『厄介な』において、措定的反省とは、物事を生成させる側面を表し、それに対して外的反省は主体が知の対象を認識する側面を表していると言う（『厄介な』1 -p.170）。

　これはC.テイラーのヘーゲル論を下敷きにしている（Taylor1975 第10章『論理学』存在論の終わりから、第11章本質論の最初のところを参照）。問題は対象の動きであると同時に、主体と対象の関係の歩みでもあるという、ヘーゲルの考えをよく示している。ジジェクは、反省というカテゴリーにおいては、主体と対象は連関しており、またその対象の側に現象と本質との差異があるとき、現象の下に覆い隠されている本質に手を届かせようとする主体の眼差しを通じてのみ、その差異が存在すると言っている（『厄介な』1 -p.218）。

　外的反省はさらにその外面性を止揚し、自己内還帰がなされる。そうするとそれは自己自身に規定をもたらす規定的反省となる。そしてこの規定的反省こそが、自己内反省したものとして、反省的規定と言われる。反省は自己規定をし、規定されたものと非自己とを対立させ、その上で両者の乖離を総合する。

　このあたりは「論理学」の本質論の議論である。そしてそれは正確に理解されていると思う。しかし普遍－特殊－個別の議論は概念論のもので、このふたつは領域を異にするものである。本質論の「対立する規定の相互反省」とでもまとめるべき考え方から、具体的普遍の議論を導くのは、実は無理がある。

　ただし、本質論の中に、全体とその契機が同じという文言はある。つまり同一性と区別との関係を論じるところで、同一性は自己の中に区別を含み、区別はその同一性そのものの本質的な契機であるとした上で（『大論理学・Ⅱ本質論』p.46 ＝ p.39）、同一性は全体であり、またその契機でもあるとしている（同p.47 ＝ p.40）。普遍と特殊の関係をこのように考えることは可能である。しかし本来概念論の領域で考えるべきカテゴリーを本質論で考えているという批

判はできると思う。概念論のポイントが推理論的連結で、本質論の基本は反省関係だから、ここでもジジェクは推理論を重視せず、何でも反省関係で考えている、少なくともヘーゲルの重要な論点は反省関係であると考えているのだということは分かる。

　もう少し言えば、判断論は概念論の中にあるが、分裂の段階の議論だから、本質論的なものである。概念論の中における疎外態と言って良い。この判断論と本質論の反省の議論は二極的で、ふたつの異なったものの関係を問う論理である。しかしそれに対して、推理論は、これこそが概念論を特徴付ける論理であって、三極的なのである。

注

(1) これは「精神は物である」という最初の無限判断が出てきたすぐあとである。

(2) 拙著高橋2013 1‑1に書いた。ジジェクの『ポストモダン』(p.161f.)に出てくる考えを私がトリアーデにまとめたものである。

(3) D.ヘンリッヒは反省理論を展開する論文の最初に、この主体‑実体論に言及している(ヘンリッヒ)。彼にとって、ヘーゲル哲学の核心は、「論理学」本質論の反省理論と、『精神現象学』の序の主体‑実体論である。この点で、ジジェクも同じであると考えられる。

(4) ヘーゲルの使うBestimmungをジジェクはdeterminationと訳し、『偶発性』の邦訳訳者はそれを「決定」としているが、一般には「規定」と訳した方が良い。

(5) 以下の論説は山口1991を参照した。

補遺1　当事者研究について

　そもそも主体というのは、近代哲学の提起した重要な概念であるが、ポストモダンになって、それが歴史的に制約されたものだということが明らかになり、場合によってはその解体が叫ばれ、またその基盤の脆弱性が主張され、主体はそもそも空無なのだとも言われるのだけれども、私はここで、それらの言い分はどれも正しいと思いながらも、しかしなお主体は生成する、つまり否（いや）でも応でも主体化は生じているということを論じたいと思う。

　これは3-2で詳述するが、中動態という概念が提出される。それは主体の持つ能動性に疑問を呈し、また他者との関係を重視するものだ。さらには意志を持った主体が能動的に行動し、そのことに対して責任を持つということも批判される。人は責任あるものと見なして良いものと周りから判断されたときに、その人は意志を持っている、能動的であると判断されるのである。つまり主体は事後的に成立する。

　このことは前著（高橋2021第四章第六節）でも論じている。そこではフロイトの事後性という概念について、それをヘーゲルのそれと比較して説明した。主体がまだ生成していない段階で、そこに存在するのは偶然的な事象なのであるが、それを事後的に主体が意味付けして、そのことによって主体は主体として生成する。

　例えば、性的な主体ということを考える。人は異性愛者か、同性愛者か、またはそのどちらのカテゴリーにも入らないかのどれかであるが、議論を簡単にするために、異性愛者か、同性愛者かのどちらかだとする。どちらであるかは偶然的な出来事である。人は自らの傾向をどこかの時点で自覚する。

異性愛者であれば、多数派に属しているので、自らそうであるという自覚がないかもしれないのだが、同性愛者であれば、成長過程のどこかの時点で自分が少数者であることに気付く。そこでその個人はどう社会に対して向き合うのか。それは強く自己主張をして異性愛者を攻撃する場合もあり、なかなかカミングアウトできずに悩む場合もあり、そもそも自分は何者なのか、良く分からないという場合もあり、そういう具合にそれぞれの主体化が図られているのだが、しかし結論を先に言っておけば、その主体化の機構は実は同性愛者と異性愛者の場合と変わらない。どちらも偶然そうなったのであり、いつの時点かでそのことに気付き、あとはどうそこから主体化するかが問題となる。このことは本書2-5のテーマで、J.バトラーを参考にしつつ、彼女のM.フーコーやラカン批判を検討しつつ、確認をしたい。

　以下、当事者研究というテーマで書きたいと思う。同性愛者や自閉症者や様々な形態の障碍者といった少数派がしばしば当事者として自らを研究対象にしている。客観的であるべき研究で、しかし主観的であることは実は客観に迫るための最も大きな力であると私は思う。つまり私は当事者研究を望ましい研究のスタイルであると思う。しかし事態はそれほど簡単ではなく、自分のことは自分が一番良く知っているという面と、同時に自分のことは自分では分からないという面もある。当事者研究を通じて、何とか主体化が図られ、自らが置かれている社会の中での関係性が自覚される。ここでも自らが少数派であること自体は偶然的なものである。そして事後的にそのことに対しての意味付けがなされる。そこから得られる結論は、誰もが偶然に、何かしらの当事者であるということである。当事者研究は、この10年ほどで急速に進んで来た学問領域である。いくつかの本も出ていて、それらを参考にする。

　さらにはそののちに、神経症、統合失調症、鬱、自閉症の当時者の主体化を論じる。この四者を同格に並べてしまうことに違和感を覚える人もいるだ

ろうけれども、順に最初のふたつは19世紀と20世紀を特徴付ける精神の病であると言われ、あとの二者は私の考えでは、21世紀に特徴的な精神の状態でないかという問題意識で並べられているのだが、ここでもそれらの当事者の主体化の構造は、基本的に健常者と呼ばれる人の機構と変わらないはずである。そもそもラカンには健常者という概念はない。つまり彼の考えでは、人は誰もが神経症者か、精神病者か、倒錯者か、自閉症者のどれかなのである（注1）。

　その程度に見通しを与えておく。さらに、G.ドゥルーズとF.ガタリの書いた2冊の本、『アンチ・オイディプス』と『千のプラトー』の副題がどちらも「資本主義と分裂症」となっていることに明らかなように、上述の問題意識がまさに資本主義との関連で考察されるべきであろうと私も思うのである。このことについては、資本主義を超えたいのに超えられないという感覚があり、加速させれば超えられるのではないかという楽観もあり、シンギュラリティがいきなりやって来て、すべてを解決してくれるのではないかという千年王国待望論もある。加速主義と呼ばれる主張である（注2）。それを参照しつつ、人は資本主義をどう生き抜くのか、あるいはそれにどう対処するのか、またはそれをどう克服するために模索するのかということが問題となる。ここからが本題となる。

　つまり、この資本主義と主体というテーマを深めていきたいと考えたとき、私が馴染んできた言い方では、一般に主体化とは、歴史の事象の中に必然性を洞察して、それに身を投じることだとされる。そのまさに変革の主体となることが、自由になることと同義なのだとされる。そして、それはまさしくヘーゲルとマルクスの考えに由来するのだと言われる。しかし本当にそうなのか。

　言い換えれば、主体化とは敵と戦い、弾圧に屈せず、強く自己主張をして、同志と連帯をし、オルグをして組織固めをする。それが主体だとされるかも

しれない。しかし集団の中で、皆と同じでありたい、空気を読んで自己主張はしないという、昨今の若者のあり方だと言われるものもまた主体ではないか。そのどちらがより望ましいというものでもないだろう。本稿は、どういう主体が良いのか悪いのかという話ではなく、人は否(いや)でも応でも主体化してしまうのであり、その主体化の機構を問題にしたい。それぞれに歴史的、社会的に規定された主体化があり、しかしその機構を確認したいと思うのである(注3)。

　ここで歴史における偶然の事象を貫く必然があり、それを認識して、社会変革のために立ち向かうことの中に自由があるという考えは、間違いではないが、厳密に議論がなされるべきである。このことは、このあとすぐに検討される。

　私が本稿で提起するのは、ここで必然性は事後的にしか見出せないという考え方である。この様に考えると、必然性を認識して、そこから自由が得られるという考え方も、だいぶ意味合いが変わってくるのではないか。

　当事者研究とは、2001年に北海道の浦河べてるの家で始まった、特定の一団体の活動を指す。べてるの家は精神障碍者の集まる施設だが、ソーシャルワーカーの向谷地生良によれば、次のようなきっかけがあったのだそうである。つまり、そこである統合失調症の男性が周囲に対してしばしば「爆発」する。周りに大きな迷惑を掛けるのである。そのことで本人が行き詰っているという感じになる。その本人に対して、自らの「爆発の研究」をしないかと向谷地が持ち掛けたことが当事者研究の由来であるというのである。本人がどうして爆発が起きるのか、どうしたら良いのかということを研究して、その研究成果が公表されたのである。それは反省するということではなく、研究対象として自分を見つめるということであって、そこにこの活動の面白さがある(石原2013 p.15f.、向谷地・浦河べてるの家2018 p.53ff.)。

そのことの意義については、すでにいくつも本や論文が出ている（向谷地・浦河べてるの家2018、石原2013、熊谷2013、2020）。まず浦河という過疎地で、精神障碍者は社会に復帰することが求められていたのだが、しかしそれは容易ではない。そこで取り組みがなされたのは商売をすることで、昆布加工品の製造販売や、ドキュメンタリービデオの販売などが試みられた。彼らは地域の活性化と同時に社会復帰をしなければならなかったのである。それは人として当たり前の苦労をする機会を奪われた人々に、「苦労を取り戻す」ための試みである。そしてこの「苦労を取り戻す」というキャッチフレーズは、浦河べてるの活動を特徴付けるものとして知られるようになった（石原2013 p.13ff.、向谷地・浦河べてるの家2018 p.26ff.）。それは人生を、また生きる主体性を取り戻す作業である。

　そこからさらに熊谷晋一郎は、誰でも生きていればたくさんの苦労に直面するのだが、この苦労に直面し、そのことを自覚している人を、その苦労の当事者と呼ぼうと言う（熊谷2020 p.2f.）。ここから一団体の運動は、大きく広がることになる[注4]。

　またこの当事者研究とは、共同的な行為である。研究の内容が個人を超えた意味を持ち、他者に向かって発表されてこそ、研究の意義があると石原は言う。べてるの家の当事者研究は、「自分自身で、共に」というキャッチフレーズで特徴付けられている（石原2013 p.22）。研究を通じて、人と人との繋がりが模索され、その回復がもたらされるのである。

　ひとまずここまでまとめておく。

　以下、具体的にその研究の広がりを追っていく。まず、2004年からは当事者研究全国大会が毎年開かれて、べてるの家の研究成果が報告され、それに触発された試みが紹介され、大きな影響を与えている。

　また2008年には、アスペルガー症候群当事者の綾屋紗月と脳性まひ当事者

で小児科医の熊谷晋一郎が『発達障害当事者研究』を出す。当事者の視点から障碍の理論的把握を試みようとしたもので、ここで一地域の試みから全国的に発展したと言うことができる。

とりわけこの本の綾屋の当事者としてのはじけ方は凄い。「体中がどくっどくっと脈打っている。頭髪の生えている部分がかゆい。首筋から肩にかけて重い……」とまず本人の身体感覚の描写から本文は始まる（同 p.13）。このような感覚の中を生きざるを得ない自分は何者なのかと著者は問う。そしてこの問いに対して、当事者研究という「時代の波」が、「私に千載一遇のチャンスを与えてくれた」と書く（同 p.14）。自らを「子持ちバツイチ出戻り無職」と自嘲する綾屋の感情の爆発で本書は書き上げられている。一方の熊谷は控えめに、この本において、小児科医としてではなく、脳性まひ当事者として綾屋と共同研究をしたいと書く（同 p.190）。

ふたりはさらに2010年には、『つながりの作法』という本を出す。そこでは、少数派がどう繋がりを作るかということについて、治療の観点からではなく、当事者研究ということを明確にすることで説明する。つまり当事者研究がその特徴として、本来共同的なものであり、それぞれの研究を通じて見出された多様性を互いに認め合いながら連帯することを目指しているということが確認される。

そこからさらに、薬物やアルコール依存患者の自助グループ「ダルク女性ハウス」の活動にも、この運動は生かされている（石原2013 p.52f., 綾屋・熊谷2010 p.136ff.）。そこでは順に参加者が自らを語るのだが、周りはその話に相槌を打ったり、頷いたりすることを求められない。「言いっぱなし、聞きっぱなし」がモットーである。そのことによって、聞く人は聞くことだけに専念し、話す方は話すことだけに集中できる。そのような人と人との繋がりが模索されている。

ここで私は、当事者研究が、精神障碍者のためのものから、発達障碍者や

薬物やアルコール依存患者にまで広げられたと言うことができると思う。

　このように広がりを見せる当事者研究について、石原孝二は次のように言う。すなわち、ここで大事なのは、自分の問題に向き合うことにより、終わりのない研究に取り組み続けさせること、自分を語ることのリスクを減じること、自己を再定義すること、コミュニティを形成すること、以上が当事者研究の当事者にとっての意義だとまとめている（石原2013 p.64f.）。

　しかしさらに話を広げられるのではないか。とにかく「ニーズを持った人物が当事者」であるとするならば、もっと様々な運動に、この当事者研究を当てはめることができるのではないか（中西正司・上野千鶴子2003）。

　私自身、３人の子どもが小学生時代に登校拒否であったという経験があり、また周りにも似た境遇の親子が多く、そのために地元で親の会を組織して、その世話役をやっていた。そしてその経験をもとに、本を書いている（高橋2004）。これも私としては当事者研究だと思っている。

　学校に行かない子を持つことによって、親は様々な経験をする。なぜこの子は普通の子ではないのかと親は悩む。教師は自分の責任を棚上げにして、ひたすら家庭環境や親の教育方針を糾弾する。近所からの冷たい視線も感じる。つまり親は苦しみの当事者であったのである。

　もちろん子どもが本来の当事者である。しかし学校に行かれないという事態の中に子どもはいて、その原因を子どもの性格だけに帰す訳にはいかず、制度の問題も含めて、複合的な要因が社会の側にあるのなら、その社会を変えていかねばならない。それができるのは親である。まずはこのように考える。しかし現実的に社会を変えるのは大変で、社会が良くならなくても、何とか親は子育てをしなければならない。すると学校に行かないで子を教育することを考えねばならない。そして実際に体験的に、子どもは家にいるだけでも、きちんと育つのである。家にいればそれで十分だということになる。

この経験を私は多くの人に伝えたいと思う。つまり自らの悩みとそこから得られた経験を研究したいと思う。私のやってきたことを、当事者研究だと見做す所以である。

　また、私自身が実際に当事者研究をすることで見えてきたものがある。それは親と子とどちらも当事者だが、しばしば互いの利害は異なるのである。子どもは学校に行かれないことで苦しみ、親は我が子が学校に行かないことで苦しむ。しかし親は子どもに学校に行ってほしいと願い、子どもは理由は様々であるのだが、とにかく学校に行かれないという事態の中にある。相互の利害の対立に敏感にならないとならない。

　このことは上野千鶴子も書いている。上野は、家族当事者と障碍者当事者を区分し、より立場が弱いのは障碍者当事者なのに、その苦しみが無視されて、家族のパターナリズムが支配してしまう危険性に触れている（上野2015）。不登校児は障碍者ではなく、置かれている状況は異なるのだが、この危険性は不登校児にもあり得る話である。

　またしばしば、親も子も当事者は特権であるということにも気付く。親に話を限って言えば、この悩みは不登校の子を持つという経験をした親でないと分からない。それで同じ悩みを持つ親同士が定期的に集まって、互いに愚痴を言い、自ら体験的に得た知恵を出し合う。かくして「親の会」が始まる。それはしばしば専門家によるアドバイスよりも、悩みを減じるという点で、当事者にとっては効果的である。そして話し合いの最後に必ずこう言うのである。「経験者でないとこの苦しみは分からない」と。

　しかしただ単に当事者の悩みを特権化して、それで良いものではない。それを他者にどう伝えるのか。そこが求められる。つまり、この当事者にしか分からないだろうという、ある種の優越感を協同作業にしていく。閉塞的な個人の体験談を、共同的なものにして、言葉や知を立ち上げていく。多数派に振り回されずに、主体性を取り戻すことと同時に、繋がりも回復する（池

田2013 p.132f.)。

　このことについて、熊谷は、自分のことは自分が一番良く知っていると思うのだが、しかし実は自分のことは自分が一番良く分かっていないという面もあると言う(熊谷2013 p.218f.)。自分のことは自分で決めるという精神とともに、本当は自分のことは良く分からないので、仲間とともに方針を探っていくことが必要なのである。

　当事者研究は従って、上述のような世の無理解に晒される少数者の運動に拡張されるだろう。例えば、フェミニズムやLGBTにまで広げられるはずである。障碍者としての苦しみから、少数者の苦しみへと話は展開していく。

　もうひとつ例を挙げておこう。H.ヒューズは、その論稿の冒頭に「私はゲイです」と書く。そして自らの体験を語る。日本は多様な性にオープンだと思って、イギリスからやって来たのに、来てみれば、そこで強い異性愛規範を押し付けられる。そういう話から始めて、規範とアイデンティティ構築の問題や、セクシュアリティの再考へと話を展開する(ヒューズ2020)。

　すると最も狭義の当事者研究は、浦河べてるの研究を指すのだが、しかし苦しみの中にいる当事者が、自らを研究対象とするものを当事者研究とするのなら、上述の少数者による、自らを語った研究はどれも当事者研究と呼ぶことができるだろう。

　しかし私が考えているのは、もっと一般化できるということである。さらに話を続ける。

　三部倫子は、レズビアン、ゲイ、バイセクシュアル(以下、LGB)の性的少数者の子どもからカムアウトされた異性愛者の親たちのインタビューをもとにして、膨大な量の質的調査をし、本にまとめている(三部2014)。私はこの著書は当然、当事者研究なのだと思って読んだのだが、事態はそれほど単純で

はない。著者はまずこの調査では、調査者の私が当事者であるか否かが調査に要求され、協力者との相互行為上、重要視されると書く（同p.23f.）。実際著者も何度も参与観察のために足を運ぶうちに、LGBの子のいる親たちからはご飯をおごってもらい、愚痴を聞いてもらうという体験をする。また同世代の人たちからは、相談を持ち掛けられたり、友だちとして付き合うこともあると言う。そしてその際に、「私はいったい何者なのかを頻繁に問われた」と書く（同p.26）。

　しかしそこで著者は、自らが当事者であるとは書かない。研究者と協力者は「いかに多くの共通した問題経験があるように見えても、両者の関係は非対称的であり、同じ当事者にはなり得ない」と書くのである（同p.27）。

　さらには書き手が当事者であることから得られる特権は慎重に排除したいとも考える。もちろん、当事者であることで、貶められたりすることも避けたい（同p.27f.）。

　するとこの著書は、狭義の当事者研究ではないということになる。あくまでも、ひとつの学術研究だということになる。

　また補足的に書いておきたいのだが、先の不登校の子と親の関係と同じく、LGB当事者と家族当事者との違いにも注意を払うべきだと著者は言う。様々な場面において、本人がニーズを感じていない場合もあることから、当時者を、ニーズがあるかどうかではなく、問題経験を抱えている人を指す名称だとする。そして社会から賦与されるスティグマを直接被る人と、間接的に被る人を分ける必要があるとし、LGBを当事者とし、カムアウトされた親を家族としての当事者としている（同p.24f.）。

　こういうことをわざわざここに書いたのは、不登校の場合、子はまだ幼く、親が教育の主体だと思うからで、つまりこの場合は、子だけでなく、親もやはり当事者本人なのである。それに対してLGBの場合は、主体性が求められるのは本人である。そこは区別されるべきである。しかし親が世間から、

育て方が悪かったのだろうと言われたり、夫婦で責任を擦り付け合って、離婚したりということが起きるのなら（不登校の場合は、しばしば見られることであるが）、問題の在り処は同じである。

　文化人類学者の菅原和孝は、ブッシュマンの社会のフィールドワークをし、そこにおける精神障碍者や知的障碍者に注目する。そして自らの子が知的障害を伴う自閉症者であることと重ねて考察をする。

　1982年にカラハリ砂漠の狩猟採集民族グイの調査を始めたときに、菅原の子は4歳で、すでに自閉症であることが判明し掛けており、著者は、日本とカラハリ砂漠とを往復しながら、グイの人々の生き方に共感することと、我が子に対する思いが相互に反響していたと書く（菅原2010第1章）。

　また1993年には、15歳になった息子を、グイの定住地であるガナに連れて行く（管原1999）。菅原はその時に、グイの調査を手伝ってくれた現地の助手から、その自閉症児を指して、「彼は人を殺すことを知らない子」だと言われ、衝撃を受ける。それは「定型発達者たちが創ってきた歴史にひしめく途方もない愚かさと残虐さから逃れる、かぼそい経路を私たちに指し示すように思える」と書く。またフィールドで出会った、知的障害のひとり息子を持つ女性から、菅原は「仲間」として扱われたとも書いている（菅原2019 p.130f.）。

　自ら障碍者を持つ親として、つまり自ら当事者として研究に関わり、同時に研究者でもあって、研究対象としてブッシュマン社会で、発狂したり、知恵遅れであったりするケースを、またその本人と親族との関係を調査する。ふたつの立場が融合している。

　これらの研究を広義の当事者研究と、私は呼びたいのである。つまり自らが当事者であったり、または親として当事者である研究者が、必ずしも自らを研究対象とするのではなく、自分とは別の調査対象を研究するのだが、し

かしそこに、自らが当事者であることが大きな影響を与えていると言えるものがそれである。

　そしてここまで来ると、研究というのは、その程度は異なるのだが、どんな研究も当事者性を帯びているのではないかと思うのである。

　熊谷は、当事者とは「決してマイノリティだけを意味するのではない。専門家も多数派も、すぐに妄想にとらわれてしまう脆弱な存在としての当事者なのである。ゆえに当事者研究は、皆に開かれたものなのだ」と言う（熊谷2020 p.215）。

　つまり、学問研究をする際に、その研究の主体性が常に問われるべきではないのかと私は思う。そもそもなぜそのテーマを研究対象として選んだのかということが、意識化されるべきである。その問題を何としてでも解決したいという、研究主体の強い意志がそこにあるはずだ。要するに、すべては当事者研究であるというのが、本節の結論である（注5）。

　一体資本主義社会の中で、大きな格差に苦しみ、環境破壊の犠牲になり、社会保障の脆弱さに不安を覚える人は当事者ではないのか。そのことが、社会の様々な問題を研究する際に大きな影響を与えているのではないか。つまり研究の主体性ということを繰り替えし強調したいのである。

　補足的に以下のことを書いておく。池田喬は、現象学と当事者研究を結び付ける。「体験の研究において、当事者は第三者よりもある優位な基盤の上に立っている」と池田は言う（池田2013 p.122）。「当事者研究は、障害や困難の当事者による現象学の実践である、と言いたくなるほど」で、「逆に、当事者研究の営みを知ることで哲学や現象学がそもそも何であったかを次々に再発見させられているという実感もある」と書く（同P.114）。

　どうしてこういうことが言えるのかと言えば、現象学的に顧みるということは、まさしく当事者が自分の体験を研究することだからである。人は他人

の経験を客観化することはできない。他人の経験の外側に立って、それを分析することはできない。できるのはあくまでも自分の体験を自分で研究することしかない(注6)。そしてそのことを共同作業で行うのである。これはまさに先に書いたように、当事者研究が、当事者本人によって行われるものなのだが、それを共同の知の営みとして行うということと同じである。

　しかしここまで書いておいて、私の本心を言えば、何もこれは現象学を出すまでもないように思えるのである。そもそもフッサールの現象学はまさしくカント的であって、私たちは主観と客観の相関の外には行かれないということである。私たちはこの相関の内部で、自らの能力を吟味し、その自らの主観が構成した客観を考察することになる。研究は客観的でなければならないとされるのだが、しかしこのことは学問の主体性が大事だということと矛盾しない。主体と客体の相互作用で世界が成り立っている以上、徹底的に主体的であることを突き詰めることと、客観的であることを追求することとは重なるのである。

　先述のヒューズは、その論稿の中で「日常を問う現象学」という言い方をする。世界は客観的に存在するものではなく、その世界を生きる人々が経験するものとして、人びとの相互作用を通じて成立するものであって、そのことをそのこととして記述すべきだと言う(ヒューズ2020 p.103)。

　また「フェミニスト現象学」という言葉を中澤瞳は使う。彼女は「フェミニスト現象学の基本的視点は、反自然主義、反本質主義にある。これは人々を社会的、経済的、文化的条件の相互作用の中で、生成されるものとしてとらえる観点」であると言う(中澤2020 p.11)。

　さらに、「自閉症の現象学」、「治癒の現象学」と村上靖彦は言う(村上2008, 2011)。その際の現象学とは、人間の経験を扱うものであり、「新たに発見された経験構造の節目節目に目印となる旗を立ててゆく共同作業」だと村上は言う。世界の中の個別的な事象から出発して細部の骨組みを捕まえる。そ

して現象学者は客観的な視点を取らずに、対象に巻き込まれ、その巻き込みの中で追体験をしていく。その追体験とは、経験を作り出す構造の再作動であると言うのである（村上2011 p.176ff.）。

　とりあえず世界が主客の相互作用で成り立っていることと、研究の客観性とともに主体性が大事であることとを、ここで確認する。

注

(1) ラカンのカテゴリー分けに、鬱がないということに気付かれるだろうが、鬱はふたつのタイプに分かれ、ひとつは神経症的な鬱、もうひとつは精神病的な鬱である。

(2) このことは拙著（高橋2021第二章）で書いた。また本書3‐1でも、この加速主義は批判される。

(3) 『分断社会と若者の今』という本で、松谷満は、若者は保守主義者になったのではなく、ひとつには経済を重視する物質主義者になったのであり、第二に、高学歴者を中心に新自由主義的になってきており、そして全体に長い物には巻かれよという、これは権威主義ではなく、宿命主義というべきものになっているという分析をする（松谷2019）。それは私の感覚でも極めて妥当である。それに対して私は憂うべき現象だとは思わない。この若者が変革の主体となるしかないからである。

(4) 当事者主権という言葉が定着しつつあると思う。中西正司・上野千鶴子『当事者主権』では、「障害者、女性、高齢者、患者、不登校者、そしてひきこもりや精神障害者の当事者」（同p.2）など、ニーズを持った人を当事者と考え、当事者が自分の身体と精神を自ら統治する権利を当事者主権と呼ぶ。また上野千鶴子『ケアの社会学』は、その副題に、「当事者主権の福祉社会へ」とあるように、ここでも当事者主権がテーマである。上野は「ニーズの帰属先を当事者と呼び、そのニーズへの主体化が成り立つことを当事者主権と呼ぶ」（同p.7）と書き、主として、高齢者介護を扱う。かくして当事者という言葉が使われるようになったところに、さらに本節では、当事者が自らを研究対象にするということがテーマとなる。

(5) 野尻英一は、定型発達者の当事者研究を自覚的に実践することが必要だと言う。

障碍者は自らの障碍について考えるために、定型発達者の視点を仮設的に経由する。これと同じく、今度は定型発達者が、自らのことを考えるのに、障碍者の視点を経由する必要があるのではないか。今までは学問のすべては、無意識に、定型発達者による当事者研究としてなされてきた。それを今度は、非定型発達者の知見を視野に入れて、学問のあり方を反省し、構造変動を起こす。そういう実験として、この本は編まれていると、自閉症に関する9つの論文と9つのコラムをまとめた本のあとがきに書く（野尻他編2019 p.365ff.）。ここで言われているのは、定型発達者という多数派こそ、当事者研究が必要だということである。当事者研究は少数者のためのものではない。なお、この本には、熊谷の、松本卓也と國分功一郎との鼎談も収められており、そこでも当事者研究について語られている。

(6) 人は他人の経験を扱えないということではない。他人の経験を扱う客観的な視点がないということであって、経験を作り出す構造を再作動させることで、他人の経験を追体験することはできる（村上2011 p.177f.）。

第2章

脱‐脱構築論

　本章 2 - 1（高橋2021）で述べたジジェクテーゼを繰り返す。これは S. ジジェクの解釈するカント、ヘーゲル、J. ラカンの関係を示すものである。これをここに再度展開したのは、ジジェクが M. ハイデガーに絡めながら、このテーゼを説明しているからである。それを受けて、2 - 2 からは、ジジェクのハイデガー論が主題となる。ハイデガーはその独自のヘーゲル解釈を通じてジジェクにもラカンにも、また他のフランス哲学者にも大きな影響を与えている。しかしそのハイデガーに対してジジェクは、その功績を認めつつも、批判的である。そして最後 2 - 5 において、J. バトラーの S. フロイトとラカン論を扱う。フロイトを称揚し、ラカンを批判するバトラーの論調から、ラカンの意義が浮かび上がってくるのではないかと思う。

　ジジェクはヘーゲルの理論から否定性を抽出し、またラカンからは不可能性の理論に影響を受け、その否定性と不可能性からどのように主体が生成するかという議論をする。物自体と現実界を巡る理論は、言葉を換えて反復される。

2 - 1　物自体を巡るカントからヘーゲルへの移行

　前著（高橋2021）で「物自体を巡るカントからヘーゲルへの移行は、ラカンの前中期から後期への移行である」というジジェクテーゼを扱った。本節はそのことを再度確認するものである。

ラカンの概念は難解だが、しかしカントやヘーゲルの言葉でそれを説明すると、少なくとも哲学に馴染のある人には分かりやすくなるはずである。

　もっとも本書ではラカンの説明は、すべてジジェク経由のものである。ラカン自身に即して説明することは、大変な仕事で、いずれ取り組むつもりではあるが、本書ではできないからである。

　2-5でバトラーの性的主体理論を扱う。そこで最後にジジェクの『厄介な』におけるバトラー批判に触れている。バトラーはラカンを激しく批判するが、それはラカンを誤解していて、両者は本当は対話ができるはずであるとジジェクは言う(『厄介な』2-第5章)。そのことに私も同意する。そうすると、ラカン理論とはどういうものかということを説明する必要が出てくる。同書第1章でジジェクは、カントの構想力論を挙げ、ハイデガー、ヘーゲル、フィヒテと論じているのだが、その背景にラカン理論が控えている。同書第1章を使い、カント構想力論、ヘーゲル否定論、フィヒテ障碍論を取り挙げて、ラカン理論に繋げたい。このジジェクの論稿のメインのテーマは実はハイデガーなのだが、これは次節(2-2)で取り挙げる予定である。ここで哲学的な主体論を展開することになるが、それは事実上、ラカンの主体論になるだろう。

　カント構想力論は以下の通りである。カントは『純粋理性批判』(Ⅲ-4)(以下『純理』)「演繹論」で次のように書いている[注1]。

　まず認識には感性と悟性とふたつが要る。悟性は知性と訳しても良い。そのまったく異なるふたつの能力が合体することが必要である。感性と悟性とふたつがまったく異なる能力であるということと、そのふたつが合体することで認識が成立するというところに『純理』の根本があるということをまず押さえておく。

　ここに構想力が要請される。認識が成立するためには、様々な表象がひとつに総合されることが必要だ。この総合という作用が重要だとカントは断っ

た上で、「総合というのは、盲目ではあるが、心の欠くべからざる機能である構想力の働きによるのである」と書く(A78=B103)(注2)。総合する能力こそが構想力である。そして「この構想力を介して我々は、一方にある直観の多様と、他方の純粋統覚の必然的統一の条件とを、ひとつに結合する。感性と悟性という両極端が必然的に連関するために、構想力の超越論的機能を媒介としなければならない」(A124)。

　ここで第一版(1781)ではこの構想力が根源的な役割を担っている。しかしその能力を第二版(1787)では著しく減じる。第二版では、「構想力は、対象をその対象が現前していなくても直観において表象する能力である」(B151)と規定しておいて、直観は感性の能力だから、構想力は感性的であるとし、しかし構想力は総合する能力であって、それは自発性を持つということであり、しかし自発性は悟性の能力だから、「構想力の超越論的総合は、感性に対して行う悟性の作用のひとつである」(B152)として、構想力を悟性の能力の一部分にしてしまうのである。

　ここにハイデガーが着目した。カントは『純理』第一版で構想力の能力を高く評価しておいて、しかし第二版でそこから退却したとし、その上で、ハイデガー自身の構想力論を展開する(ハイデガー『カントと形而上学の問題』)。

　ジジェクのこの本の第 1 章は、このカント構想力論から始まるハイデガー論なのだが、そのテーマは次の節で書くことにして、話を先に進める。ジジェクはカントの構想力論をこれ以上展開しないし、またなぜカントが第二版でその役割を減じたのかということについても言及しない。それは大きな問題であって、その考察は必要なことだと私は思い、それは本節の後半部で行う。しかしとにかくまず、ジジェクの論理の展開に即して、それを順に追ってみたい。

　ジジェクはカント『純理』を引用し、そこで言われている構想力を「総合する力」だとし、それに対して「否定する力」を重視すべきだとし、そこからヘー

ゲルの否定性に話を持っていく（『厄介な』1 -p.50f.）。これはかなり強引だ(注3)。つまり、カントは構想力の否定的な面を見ていないが、ヘーゲルはそれに対して、否定的なものこそ根本であると考えたとして、ジジェクは次のふたつのヘーゲルの著作の引用をする。

　まずひとつ目は、あちらこちらでジジェクが言っている、「世界の闇夜」である（高橋2021第四章第四節で詳述した）。これはジジェクが随所でヘーゲルの否定性を表すものとして取り挙げている。否定性がヘーゲルの論理にとって、根本であるということだ。それはすでにヘーゲルが30代前半に確立している。

　またもうひとつは、ヘーゲル『精神現象学』の序文にあるもので、「否定的なもののもとへの滞留」として知られているものである。「精神が己の真理を勝ち取るのは、ただ自分自身を絶対的分裂の内に見出すときのみである。この否定的なもののもとへの滞留（金子武蔵訳では「否定的なもののそばに足を止める」という訳になっている）こそ、それを存在へと展開させる魔法の力なのである」（『精神現象学』p.36=p.31）。ジジェクの著書『否定的なもののもとへの滞留』（以下『滞留』）というタイトルはここに由来する。

　ヘーゲルの否定性について、ジジェクの引用する「世界の闇夜」は構想力の否定性であり、もうひとつの「否定的なもとへの滞留」は悟性の否定的な作用だとされる。カントは構想力も悟性も総合する力であるとするが、ジジェクは、この両者が持つ否定的な力を強調する。両者は総合する力と否定する力と両方を持っているのだが、それがヘーゲルによって、否定する力が重要視されたと見ている。構想力と悟性がどのような関係にあるかということについて、ジジェクは『純理』の第一版と第二版の違いに言及していないから、このあたり生産的な議論ができていない。しかしここでは、このふたつの能力がどちらも総合する力と否定する力を持ち、それらが「相互関係にある」ということ、それがヘーゲルによって、その根本はどちらも「分裂をもたら

す否定的な力」(『厄介な』1‐p.58f.)であるとされている。

　つまり構想力は両義的である(同p.50)。カント自身は構想力をまとめる力だと考えている。しかしカントが重視しなかった、構想力のもうひとつの面、つまり否定的な力を重視したい。それがヘーゲルの否定性に繋がる(同p.52f.)。ジジェクはそのように考えるのである。

　この否定性こそ、ジジェクの捉えるヘーゲル理論の、かつジジェク理論の根本でもある。

　以下ジジェク理論をまとめる。ここも前著(高橋2021)ですでに詳述しているところである。すなわちそれはジジェクの「無以下の無」理論である(高橋2021第四章第六節及び本書1‐3を見よ)。

　これはジジェクが現代物理学や生物学からヒントを得て考えたものであると同時に、ヘーゲル論理学の冒頭部分、存在‐無‐成の議論に始まり、ヘーゲル哲学の根本を成す否定性をより分かりやすく説明したものであると私は考えている。それは具体的には、以下の物質の生成、生物の発生、精神の出現という進化論に良く現れている。

　まず宇宙はビックバンから始まる。そこに光があり、その光は素粒子となるのだが、その素粒子は質量がないから、それはまだ物質とは呼べない。つまり物質が存在しない宇宙に、どのように物質が存在するようになったのかという議論が1‐3のエーテル論であった。

　同様に、生物が存在しないときに、物質はエントロピー則に従って、秩序が崩壊する方向に進むのだが、その中で高度に秩序化された生物が発生する。ジジェクはアトラクターという概念を使う。全体としてエントロピー則に従う系の中で、局所的にアトラクターの周りでは動的な秩序形成ができ、それが生物の発生に繋がるのである。

　三番目の議論は、精神がどのように発生するかという話で、これもまだ精神が発生していないときに、生物が持つ死の欲動から、すなわち生とは反対

の方向の中で、精神が出現する。

　これがジジェクの捉えるヘーゲルの体系である。それは否定を根底に置き、否定の力を推し進めることによって、強引に成立する体系である。

　物自体も現象の否定的な自己関係から生じる。

　以下、カントとヘーゲルの物自体の考え方の違いについて説明する。これがジジェクテーゼである。

　カントは『純理』では悟性の能力を中心に考え、悟性が認識できるのはこの現象の世界だけであり、その背後に物自体の世界があるとする。カント自身によって、物自体は「認識する（erkennen）ことはできないにせよ、しかし少なくともこれを物自体として考える（denken）ことはできねばならないという考えは依然として留保されている」とされるのである（BXXVI）。つまり物自体というのは何だかは良く分からないけれども、存在するということだけは要請されているのである。そして『純理』では話はここまでで、そのあとは『実践理性批判』（Ⅶ＝7）（以下『実践』）において、物自体の世界は道徳的世界であり、自由の問題として実践的にそれを構成し得るとする。物自体は理論理性を超えているが、実践理性の自覚の問題として再度取り挙げられる。ジジェクが批判するのは、この点である。このことを以下で取り挙げるが、先にヘーゲルの物自体論を説明しておく。

　カントの物自体論は、ヘーゲルによって、次のように批判される。『小論理学』から引用する。ヘーゲルはまずカントの物自体を空虚な抽象物、蒸留の残滓だと批判する（『小論理学』44節）。カントは中途半端である。現象の外に認識できないものとして物自体を設定し、それを本質だとする。しかし本質というのは現象の背後に留まっているものではなく、「世界を現象に引き下げることによって、自分が本質であることを明らかにする」ものである（同131節補遺）。そこからさらにジジェクは、そのような空虚な抽象物、滓とし

て存在しているものこそが、物自体なのだと持っていく（高橋2021第一章第三節、第四章第一節、第四章第六節を見よ）。

　ここまで説明しておいて、このカントとヘーゲルの考え方の違いが、ラカン理論とどう関わるのかということを説明しないとならない。

　まずラカンの想像界、象徴界、現実界について、ごく簡単な説明をしておく。想像界というのは、イメージの領域で、それに対して象徴界は言語の領域である。私たちは言語とイメージで構築された世界を生きている。しかしこの言語とイメージをはみ出す領域があり、これを現実界と言う。これはちょうどカントの言うところの物自体が現象の向こうにあり、私たちに悟性では認識できないとされたことと並行的に考えることができる。

　しかし1960年以降のラカンは、この現実界を重視するようになり、この領域は単に象徴的なものでは捉えられないものとするだけでなく、そもそも不可能性そのものであるというように考え、以下にジジェクの引用をするが、それは象徴界の裂け目として存在し、主体は象徴界からの問いかけに対する現実界からの応答であるというように考える。これがまさしくヘーゲルの考える、否定性の極みとしての物自体に対応する。これが本節の冒頭に書いた「物自体を巡るカントからヘーゲルへの移行は、ラカンの前中期から後期への移行である」ということの意味である。

　ジジェクは次のように書いている。『症候』から引用する(注4)。まず物自体は到達不可能で、それは現象世界の穴である。到達不可能な物自体という空虚は、幻想によって埋められ、それを通して、超現象的な物自体は現象の世界に入る。それは否定性である。また主体は非実体である。それは主体と内界的対象との距離を保っている非実体的自己関係としてのみ存在する（同p.208ff.）。

　このことをどう考えるか。ジジェクの最初の本である『ヒステリー』(1988,2011)には、次のように書いてある。「カントはものという概念を、負

の形式で、不合理な不可能性としてしか示すことができなかった」(同p.152)。「現実的なものについてのラカンの問題系と、物自体に関するカントの問題系の間の本質的な相容れなさが生じており」、ラカンをカントを参照して読むことはできないとしているのである(同p.153)。カントは現実的なものとの外傷的な出会いを回避している。それは真理を前にしての恐怖であり、真理との出会いを回避している(同p.154)。ジジェクはこのように書き、このあとヘーゲルの話に進む。

　ジジェクの２冊目の本と言っても良い『イデオロギーの崇高な対象』(以下『イデオロギー』)(1989)では、『判断力批判』(X＝9)(以下『判断力』)の崇高概念が検討され、カントは現象の崩壊を通じて物自体に到達しようとしたとしている。それは肯定的なものとして存在している。しかしヘーゲルにとって、物自体は根源的な否定性である(『イデオロギー』p.307f.)。

　『身体なき器官』(以下『身体なき』)(2004)になると、ジジェクテーゼについて、もっと明確な説明がある。1950年代初頭、ラカンはフロイトの物とカントの物自体を結び付けて、それを現実的なことだと考えた。それは象徴界の統合に抗うものとし、そこに直接的に近接することはできないが、象徴秩序を介して、近接は可能だとした。しかしこのようなカント的地平を、ラカンは1960年代に超克した。それは欲望から欲動への軌跡でもあるし、物自体を巡るカントからヘーゲルへの移行でもある。ラカンはヘーゲル的な普遍性の概念で象徴界の分析をし、現実界については、カントの物自体の概念を踏襲していたのだが、しかしそこから物自体概念に捻りを加えることによって、その内在的迂回へと進んだのである。それは物自体を滓であると把握するヘーゲル的な理解に至ったのである(『身体なき』p.200f.)。

　先の『症候』の物自体論に再び着目する(『症候』p.92)。ヘーゲルの否定性とは、カントの現象と物自体を隔てる深淵のことだとそこで言われている。ヘーゲルは物自体に到達したのではない。視点をずらしただけなのである。

　同様に言葉と物との間に深淵があり、その深淵を克服するのではなく、問題はその深淵を如何に捉えるかということなのである。その深淵を開く暴力的な行為を問題にする。それは現実界の中の裂け目を明るみに出すことである。

　『厄介な』第1章の読解に戻ろう。

　ジジェクはこの物自体に接近するという考え方を構想力批判の問題として展開する。つまり構想力は自発性であり、そのために私たちは物自体に接近できると考えることの危険性が指摘される（『厄介な』1 -p.46ff.）。これはしかし、構想力の問題なのだろうか。カントは『実践』で構想力理論を展開していないから、超越論的自由の問題を構想力に結び付けて議論するのはいささか無理がある。まずはそういう指摘をしておく。

　しかしハイデガーは、カントの実践理性と構想力の関係を論じている。ジジェクはここに依拠して、自発性と自由の問題を論じる。つまり構想力は、『純理』で扱われ、またこのあとで書く予定だが、第三批判で復活する。『実践』では扱われない。しかしハイデガーは、「実践理性もまた必然的に超越論的構想力に基づく」（ハイデガー2003 p.155f.）としており、ジジェクは構想力概念を拡張して、この実践理性の自由概念を問い質している。

　そこで議論されるのは、カントの物自体は超越論的対象ではないということである。この読解が一番重要なところだ。

　まずカント自身は超越論的自由を物自体と見なす（『厄介な』1 -p.45）。しかし超越論的自由は現象の世界に属している。それは物自体ではない。もし主体が物自体の世界に到達したら、その主体は消滅してしまう（同p.47）。

　超越論的対象は物自体ではなく、無そのものだとも言われる（同p.78）。ここでカントの物自体が批判され、代わって、それはヘーゲルの理解するもので捉えられるべきだということになる。このことは今、ラカン理論と照らし

合わせて説明してきたことである。

　そしてここからフィヒテに話が移る。つまりカントの物自体からヘーゲルの否定性と話が進展したのだが、その間にフィヒテを入れると、繋がりが良く分かるとジジェクは考えている。

　まずフィヒテが出てくるのは、彼がカントの物自体を否定したとジジェクは考えているからだろう(同p.68)。物自体を否定したという点で、フィヒテはカント理論を進展させて、ヘーゲルに近付くのである。

　そこで出てくるのが、フィヒテの障碍(Anstoss)という概念である。これがラカンの言葉で言えば対象aであり、現実界に繋がっているものだとされている。つまりカントの物自体は消去されたのだが、代わって障碍という概念が出てくるのである。

　フィヒテ知識学は、「自我はまず自己自身を定立する」(第一原則)、「自我は自我に対して、非我を反定立する」(第二原則)、「自我は自我の中に、自我に対しての非我を反定立する」(第三原則)と進展する。自我も非我も自我の中に互いに限定し合うものとして定立される(フィヒテ1986)。

　乱暴にフィヒテの主張をこのようにまとめて、それはカントの物自体を否定したもので、ヘーゲルに近付いたものだと考えられるのである。

　ここでジジェクはフィヒテの引用をしていない[注5]。フィヒテのどこを参照しているのか分からないが、私は引き続き『全知識学の基礎』から引用してみたい。まず自己と非我が上述のように定立される。そこに自我の外にある客観は存在しない。すなわち「除外されるべき客観は存在する必要はまったくない。いわばただ自我に対する障碍が存在するだけで良い」(同p.154)。「この障碍は自我の助力なしに存在するのではないであろう。むしろ障碍はまさに自己定立における自我の能動性によって生じるのであろう。いわば自我のますます外へ向かって努力する能動性が自己自身の中へ追い返される」(同p.156)。このように考えられる。

　ここからジジェクは「あらゆる現実を還元して絶対的な主体が自ら媒介することにより、概念的なものを外在化する」というまさしくヘーゲルのやり方にフィヒテは近付いたと言っている（『厄介な』1-p.68）。

　さらに続く。「フィヒテは主観主義のまさに核心にある不気味な偶発性というものに初めて着目した」（同p.76）とある。これが障碍である。

　さらにカントの物自体は他者である、つまり主体の措定する行為に還元されることのないものであると考え、それをフィヒテは消去するのである。つまりフィヒテは「あらゆる現実を還元して、絶対的な主体が自ら媒介することにより、概念的なものを外在化する」というヘーゲルの理論に近付いたとしている（同p.68）。ここからさらにジジェクは、物自体の代わりに出てくる障碍を、ラカンの言うところの対象aだとする。

　フィヒテがカントの物自体を否定して、代わりに障碍概念を出し、それが対象aだということがポイントだが、それは物自体は現象世界の滓だという、ジジェクの考えるヘーゲル理解があって、このあとに引用するように、それを後期ラカンの、現実界は象徴界の裂け目としてあるということと対応し、それが対象aとして現れるということなのである。

　ここで対象aの説明が要る。これは一般に欲望の原因のことである。前期ラカンにおいて、それは想像的な自我の対象であるが、後期になると現実界に関わるものとなる。ここを少し説明しよう。まず私たちは生まれてすぐに原初的な満足体験をする。それをものの体験と言う。それは死の欲動に突き動かされた享楽の追求のことだとされる。このものの享楽の残滓が対象aである。この死の欲動、享楽、ものとすべてが後期ラカンでは、現実界に結び付けられて議論されている^(注6)。

　『斜めから見る』（以下『斜めから』）にも晩年のラカン理論が説明されている。「ラカンの晩年は標準的なラカンと随分と異なる」（同p.256）という言い方がさ

れる。また「物自体は近付くには熱過ぎる」（同p.314）とある。この物自体は
現実界である。しかしこれは近付くには熱過ぎる。カントが物自体に接する
ことができる、道徳的に実践できるとしたことに対してジジェクは批判的で、
そのような物自体だと、これは現実界とは異なるという話である。

　そしてここからさらに、「他者は現実界の本質的偶然性を隠ぺいする遡及
的幻想に過ぎない」（同p.138）ということになる。享楽がまず存在し、他者は
あとから作られる。そしてその他者から幻想が生じ、人は生きていかれるの
である。

　『ラカンはこう読め』（以下『ラカン』）から引用する。ここに「ラカンの現実界
はカントの物自体とは一切無関係である」と言われている。カントの物自体は、
知覚によって歪曲される前の、我々から独立したものである。つまり永遠に
象徴化を擦り抜ける固定した超歴史的な核心である。それに対してラカンの
言う現実界はそれよりももっと複雑なものなのである（同p.115）。そしてその
現実界とは、「象徴的ネットワークそのものの内部にある割れ目」であると
されている（同p.126）。

　象徴界を現象の世界とし、現実界を物自体とするならば、カントなら、物
自体を現象の向こうに設定し、感性と悟性、それに両者を繋ぐ構想力を持っ
た主体の認識対象としての現象の客観的妥当性が主張される。それがヘーゲ
ルに至ると、現実界＝物自体は象徴界＝悟性の司る現象の割れ目としてのみ
存在し、しかしその現実界が根本的に主体を規定する。

　そうなるとジジェクによれば、物自体の世界に到達したら大変なことにな
るのである。「主体が物自体の世界に接近してしまったら、その主体は消滅
してしまうだろう」（『厄介な』1 -p.47）ということをジジェクは言う。超越論的
自由の自発性は物自体であると誤読したのがカントの陥った行き詰まりであ
る。

　このことと、「主体は、大文字の他者すなわち象徴秩序が発した問いに対

する現実界からの応答である」(『イデオロギー』p.271)ということを併せて考えたい。そして対象aとは、主体の中にあって、主体の対象であり、象徴化されえない意味作用の残滓である。そしてその対象aを内部に持っているために、主体は最初から、主体を引き付けると同時に撥ね付ける対象に対して分裂している。以上がラカン理論である。

　徹底した否定性、または無以下の無という理論に基づいて、世界は出来上がっている。これは徹底した偶然性に基づくものだと言っても良い。そこにあるのは事後的な必然性だけである。これがヘーゲルの否定性から得られるジジェクの主張である。

　このことは、私たちの反省作用の外部に客観的現実があるという、通常の唯物論の発想を拒否することでもある。現実の外に何かが存在するとなると、それを見詰める何かしらの精神が必要になり、それこそ観念なのであるとジジェクは言う。私たちの精神は現実の一部である(『ジジェク自身によるジジェク』)(以下『ジジェク自身』p.137f.)。それは現象の世界の向こうに物自体の世界があるという発想を拒否するということであり、そこからさらに、物自体は現象の滓だということも導かれる。

　このカント、フィヒテ、ヘーゲルの読解から導かれたジジェク理論と、今までジジェクを参照することで説明してきたラカン理論が接続されるのである。

　以上は、ジジェクを補足しつつ説明してきたが、以下はジジェク批判である。

　ジジェクとジジェクの考えるヘーゲルは、構想力を重視していない。一応そう言うことは可能だ。しかし本当にそうなのか。

　黒崎政男はイェーナ期ヘーゲルが、構想力を根源的一元論的に捉えていることを評価している(黒崎2000 p.163ff.)。これはヘーゲル研究者には良く知ら

れていることだ。

　イェーナ期の著作『信と知』で、「超越論的構想力は、それ自身まったく直観的悟性そのものである」(p.325＝p.46)とヘーゲルは書く。直観的悟性とは、神のみが持つ能力だとカントが考えていたもので、人間は持つことができず、従って、カントは超越論的構想力の概念を消してしまったのだが、ヘーゲルはこれを構想力の能力だと言うのである。構想力を直観的な悟性、つまり悟性であって、直観＝感性でもあるもの、すなわち両者の根源とみなすのである。さらにはそれは超越論的なもの（神のみが持つ）と経験的なもの（人間の能力）の根源だとみなすのである。

　一方で、ヘーゲルの否定性概念は、初期の頃からヘーゲルの中に明確にある。『信と知』が書かれたのは1802年で、ヘーゲルは32歳である。そうすると、カント読解における構想力は感性と悟性の根源性として捉えられ、しかしヘーゲルの理論の中ではそれは否定的なものとなると考えるべきではないか。その否定する力は、否定性、または無以下の無として、ヘーゲル理論の根本となったのであろう。

　まず構想力には、総合する力と否定する力がある。カントは前者を重視し、ジジェクは後者を重視する。一方ヘーゲルは、それを根源だと捉える。そしてヘーゲル理論では、根源にあるのは否定性である。通常ヘーゲル論理学は、根源にあるものが分割され、さらにその分割されたものが統一されるということになるが、根源にあるのは否定性であり、それが事物や認識を生成させ、さらにそれが否定作用によって、分割されて多様な世界ができる。その多様性が維持されたまま、つまり一元化されず、統一がなされる。ジジェクによって示唆されるヘーゲル理論とはこういうものだ。そうすると、実は総合する力と否定する力は同じもので、構想力の場合も、カントとジジェクと力点の置き方が異なるという話になる。さらにまた構想力には、『信と知』で指摘されているように、感性と悟性の根源という役割がまずはあり、それはヘー

ゲル理論において否定性と言い換えられ、さらにその根源が分割して感性と悟性が生じたあとは、三者並んで人間の能力の多様性を示し、そこで構想力は感性と悟性を媒介するという役割を持つ。今まで展開して来たことをまとめるとこのようになる。

　そして実際、ヘーゲル『精神哲学』を見ると、そこでは構想力が感性と悟性の間にあるものとして位置付けられている。

　カント理論における構想力は、『純理』第一版において感性と悟性の根源と捉えられ、第二版では両者を繋ぐ媒介となり、より高次の悟性に吸収されていく。ヘーゲルによって、構想力の根源性については、それは否定性と言い換えられ、その媒介性の方は、そのまま構想力として残り、『精神哲学』の中に位置付けられた。そう考えることができないだろうか。つまり構想力は、『信と知』で考えられたように、感性と悟性の根源であり、かつ以下で述べる『精神哲学』で考えられているように感性と悟性を繋ぐものである。構想力の持つ、否定性と同時に総合力でもあるという根源性と、多様な能力のひとつとしての、感性と悟性の媒介性と、そのふたつを見ていきたいのである(注7)。

　実際に、『精神哲学』の目次を見ると、そこではまず、魂が論じられ、感覚する魂となり、それは必然的に病に陥り、精神錯乱や夢遊病が論じられる。つまり精神は否定的なものとして生じている。しかしそれは習慣によって克服される。それは魂から意識へ、さらに精神へと進む。その発展の段階の中に、構想力も位置付けられている。それは直観と思惟の間にある。そこでは無意識も論じられ、それが記憶され、記号化されて、思惟の段階に入っていくものだとされている。ここからさらに本書1-1で示したように、この構想力とラカンの構想的なものを結び付けて考察すべきだとジジェクは言う(『性と頓座』p.469f.)。ただしそれは具体的には深められていない。

次にカントについてもまた、ジジェクが飛び付きそうなテーマがある。

　ヘーゲルの「世界の闇」は狂気に至り、深淵を垣間見るのだが、カントにその観点がないとジジェクは見ている。しかし『人間学』（XII＝15）には、空想や妄想、夢や予知、鬱と躁に錯乱が論じられる。それらが構想力にとって本質的に関わりのあるものとして扱われる。このあたりは、意外にカントはヘーゲルに近いのである（これも高橋2021のテーマであった）。

　私のカント論は以下のようになる。まずカントは、『純理』第一版で出した構想力概念を第二版で引っ込めたが、その後『人間学』などで狂気概念とともに育んでいき、年を取ってから、『判断力』で再び取り挙げたのである。それはこの否定的な力である構想力でしか、物自体に近付き得ないとするヘーゲルにかなり似ているものと見ることができる。

　構想力をイェーナ期ヘーゲルのように、感性と悟性の根源に据えることはできない。あくまで純粋理性を論じたいカントにとって、感性と悟性の二元論を維持して、悟性の優位を説くしかない。とりあえず、『純理』ではそのような結論を出し、そしてその悟性では物自体は認識できず、『実践』において、実践的に物自体に近付くしかない。それが公式的なカント理論である。

　しかしもうひとつのカントの道がある。ジジェクは先の『厄介な』で、ヘーゲルが「世界の闇夜」を経験することで、狂気に辿り着いたとし、それはそもそもデカルトのコギトが持つ狂気に由来することを示唆しているが（『厄介な』p.60f.）、カントもまたこの『人間学』で狂気を論じ、そもそもこの狂気は構想力の産物であるというようなことを言っている。これはまさしくジジェクの言う、構想力の否定的な面なのではないだろうか。ジジェクはまったく言及しないが、カントには、このような構想力の否定的な側面への言及もある。

　この道はカントの余技ではなく、間違いなくカントのもうひとつの側面なのである。カントは狂気に迫っていたのである。また、そこで構想力概念が育まれなければ、いきなり第三批判で構想力が復活する訳がない（高橋2021第

三章第二節で展開した）。

　フィヒテの構想力論もここで触れたい。ジジェクは本節で取り扱ったこの論稿をカント構想力から始めて、フィヒテに至っている。しかしなぜフィヒテの構想力論にそこで言及しないのか。フィヒテ構想力論こそ、自我と非我を合一するものである。「自我と非我という反定立者を合一することこそが我々の課題であり、それらは矛盾を合一する構想力によって完全に合一されることができる」とフィヒテは『全知識学の基礎』で言う（同p.162）。対立物はこの構想力で結び付く。フィヒテの面白さは構想力理論にあるのではないだろうか。フィヒテはこの構想力を「揺動する能力」と呼んでいる（同p.160）。この揺動する能力であるところの構想力によって自我と非我は対立しつつ結び付く。

　ここでフィヒテ論を展開することは、時間と能力が不足しているために私にはできないのだが、しかしジジェクの言わんとしていることを十全に述べるためには、「構想力の揺動理論」に触れない訳にはいかないだろう。それは矛盾するものを矛盾したままで合一すること、すなわち揺動（Schweben）という言葉でしか言い表せない理論である。先の障碍概念はこの「構想力の揺動」として提出される概念である。

　再びフィヒテを引用しよう。「障碍は自我が能動的である限り、自我によって生ずる。従って障碍は自我が能動的である限りにおいてのみ、障碍である。障碍の可能性は自我の能動性によって制約される。すなわち自我の能動性がなければ障碍もない。さらに自我の自我自身による限定の能動性は障碍によって制約されているだろう。すなわち障碍がなければ、自己限定もない。さらに自己限定がなければ客観もない、等々」（同 p.156）。

　木村博は、これを「絶対的に反立したものをその反立という動性において統合する、そうした根源的動態に他ならない」としている（木村1994 p.81）。否

定性は安易に肯定性となるのではなく、対立する二者は、それぞれ否定性を維持したままで動的に統一される(注8)。

　ジジェクはカント構想力論を扱っておきながら、構想力そのものはあまり論じていない。上述したように『性と頓座』にわずかにあるだけである。構想力概念は深められていない。単に構想力という言葉を出して、結局いつもジジェクが言っていることがここでも繰り返される。
　では構想力を評価しないジジェクを批判すべきだろうか。構想力概念を主張したカントを、その総合する力のみを重視し、否定的な面を見ていないとしてジジェクは批判するのだが、しかし今度はジジェクが、否定的なものばかり重視して、その否定的なものを徹底することで得られる肯定的なものを評価していないと批判されるだろう。
　確かにジジェクは、構想力の否定的作用だけを評価する。しかし否定を徹底すると肯定になるはずだ。と言うより、そもそも否定の徹底を肯定と言うのである。否定の否定が肯定だということ、悪無限の過程を繰り返す内に、その中にすでに真無限が胚胎しているということ、意識の過程はそれ自体すでに自己意識であるということ(『快楽の転移』(以下『転移』)p.311)、これらは皆同じ論理である。現象と物自体の深淵を見ることがすなわち物自体に達するということであり、ふたつの対立物が徹底して対立しているが故に結び付けられるということでもある。これらはすべて同じ、ジジェクが強調するヘーゲルの論理ではないのか。

　実際、ジジェクの社会についての考察はいつもシニカルである。ジジェクの強調する否定性からはシニシズムしか出てこないのか。先に書いたように、ジジェクにおいて、カントの自由概念は徹底的に批判されている。そしてカントの『実践』は現代の政治哲学に大きな影響を与えているが、ジジェクは

それらをも批判する。例えば、J. ロールズの正義論がもし実現されたら、「そうした社会は必ずや怨恨の爆発の諸条件を生み出すだろう」と言い、「平等としての正義は羨望に基づいている」と断言する（『ラカン』p.68f.）。ユートピアは馬鹿にする。連帯だとか、アソシエーションといった、国家を超えようという模索も冷笑する。しかし希望は否定性からは出てこないのか。

　ジジェクは構想力よりも現実界を重視する。先に書いた、現実界への応答としての主体、すなわち「主体とは大文字の他者、すなわち象徴的秩序が発した問いに対する現実界からの応答である」という文言がジジェク理論の根本になっている。主体が問いを発するのではない。主体は他者の問いに答えられないという不可能性の空無である。またそこでは、対象 a は主体の一番の核心にある現実界の点であり、絶対に象徴化されず、あらゆる意味作用の残滓・遺物として生み出される。

　構想力を内に秘めて象徴的世界に立ち向かう主体ではなく、現実界によって成立させられてしまった主体をジジェクは論じる。まさに「厄介なる主体」である。

　ジジェクはこのように否定性を強調するが、しかしその否定の徹底を通じて肯定性は現れないだろうか。そこは戦略の問題なのではないか。資本主義を否定する運動こそが脱資本主義であるという結論を私は導きたい。つまり否定を徹底することで、次の世界が見えてくるはずである。このことはさらに第3章で論じたい。否定性、不可能性から私たちのすべきことが見えてくるはずだと言うのが、本書の提言である。

　次節（2-2）で、ナチスに加担したハイデガーを参照して、この問題をさらに考えたい。そこでは「政治的主体」、「資本主義を変革する主体」がテーマとなるはずである。

注

(1) 黒崎政男2000を参照した。また拙著（高橋2021第三章第二節）にも書いた。

(2) カントの引用について、カント業界では、第一版の原文のページ数をＡとし、第二版をＢで表すのが慣例なので、私もそれに従う。

(3) もっともジジェクはここで『純理』第二版を引用する。先のB151f.の箇所である。この引用部では、構想力は総合する力だとされつつ、しかしそれは悟性に吸収されるということになっている。だから第一版を使った方が、もっと積極的に構想力の意義を訴えられたはずである。そもそもジジェクはこの第一版と第二版の区別を重要視していないようだ。

(4) 『厄介な』p.78の注47に『症候』を参照せよとある。『症候』はジジェク本人が言うように、『厄介な』と内容が重複する。前者はラカンの側から、後者はカントとヘーゲルの側から同じものを見ている。

(5) 『神話・狂気・哄笑』（以下『神話』）において、フィヒテ論はより詳しくまとめられている。さらにそこでは、フィヒテの前期と後期の理論の違いや無限判断論も扱われている。

(6) ラカン論は、ジジェクのすべての著作にあるが、とりわけ『斜めから』は重要である。その第一部には、現実界と対象ａの説明があり、有益である。ここで脇道に逸れるが、ジジェクはカオスを対象ａだとしている（同p.80）。カオス数学と複雑系進化論は、私の知る限りジジェクだけが認めている。皆、デリダやマラブーに倣って、数学や進化論と聞いただけで、それは支配の学問、強者の論理だとしてしまう。しかしカオス数学と複雑系進化論は、これこそ偶然性を認める立場だということを、ジジェクを援用しつつ強調したい。このことはヘーゲルと聞いただけで、すべてを体系化する形而上学だとか、国家中心の全体主義だとかと決め付けてしまうこととまったく同じなのである。

(7) この問題については、野尻英一2018と池松辰男2019を参照せよ。

(8) 木村はAnstossを「撥ね返し」と訳す。フィヒテの隈元忠敬訳と『神話』では「障害」という訳語が使われる。ジジェクの『厄介な』では、「障碍」と訳される。私はこの訳語を使う。

2-2　ハイデガーの政治的主体論

　1933年、43歳のハイデガーはフライブルク大学総長に選出されるとすぐに
ナチスに入党した。これは歴史的な事実である。この問題をどう考えるか。
つまり20世紀最大の哲学者とも言われる人物が、なぜこのような大きな政治
的判断の間違いを犯したのかということは多くの人が論じてきたことである。
本節はこの問題について、ジジェクがどう考えているのかということを扱う。
　ジジェクの著書『大義を忘れるな』(以下『大義』)第3章は、まさにこの問題
についてのジジェクの考えを要領良くまとめている。本節の見通しを先に与
えておくと、まずハイデガーのこの問題を整理したのち、前節で扱った『厄
介な』の論点を再度整理し、ふたつの著書におけるハイデガー論を繋げたい。
また先に書いておけば、ジジェクはこのほかに*Less than*でもハイデガー論
を書いている。これは先のふたつの著書と少し様相が異なるので、これにつ
いては、本書2-4で扱う。
　まずハイデガーがナチスに関わったことは、一時の気の迷いということで
はなさそうである。少なくとものちにハイデガーはこのことに関して、それ
は過ちであったと認めたことはない。しかも2014年に刊行された「黒ノート」
と呼ばれる覚え書き集を見ると、ハイデガーが終生反ユダヤ的な言説を残し
ていたことが分かる(注1)。ここまでは事実である。そしてそれに対して、い
ろいろな反応がある。
　まずナチスに加わったという政治的判断と哲学の業績とが密接に結び付い
ているとしたら、政治的にどうしようもない判断をする人物の哲学など評価
に値しないということになる。そしてハイデガーから学ぶことは何もないと

いう結論になる。そう考える人は結構多いだろう。

　それに対して、何とかハイデガーを擁護しようとすると、まずは彼がナチスに加担したのは、大学の役職上、表面的な妥協をしたに過ぎないとか、この一時的に過ちに対して本当は心の中で反省をしていたのだとか、当時の状況を考えれば、やむを得ない判断だったのだとかということになる。ハイデガーは愚かな政治的判断をしたが、しかしそれにもかかわらず、哲学的には偉大であるということになる（注2）。本節でこのあとに詳述するが、膨大な研究がこの立場で書かれている。そしてそれらはそれなりに説得的である。私自身も、そう考えるしかないという気がしていたのである。

　しかしそれに対してジジェクは、ハイデガーはナチスに関与したからこそ偉大なのであり、ナチス関与がハイデガーの偉大さを構成していると言う（『大義』p.185）。つまりハイデガーにおいて政治的判断と哲学的業績は、やはり密接に結び付いているのである。

　論理的に考えて、ハイデガーにおいて、政治的判断と哲学的業績は密接に結び付いているのだとして、その哲学的業績の方を拒否するか、逆に哲学的業績を受け入れるためには、それが政治的判断とそれほど密接に結び付いている訳ではないとするか、どちらかしかないように思われるが、しかしもうひとつ残された考え方として、ハイデガーはナチスに加担したからこそ、偉大だったというものはあり得る。もちろんこれはナチスが偉大だったという話ではない。そう考える人もいるだろうが、ここではそういう立場については考慮しない。ここで言っているのは、あの極悪非道のナチスの行為と、哲学史上の偉大なハイデガーの仕事を結び付けるという立場なのである。

　ジジェクはさらに続ける。ハイデガーは後年、政治に関与しなかったが、それはナチスに加担したことを反省したからではない。ナチスはハイデガーにとって終生正しい問題に取り組もうとした唯一の政治運動である。ナチズムの失敗は、政治的なもののそれ自体の失敗であるとハイデガーは考える。

それは失恋したあと、生涯二度と恋愛をせず、メランコリックにその初恋に固着し続ける男に似ている（同p.186）。

　ではその初恋の内実は何か。これが結論になるのだが、ハイデガーはリベラル民主主義を批判する。リベラルな政治参加や民主主義の政治体制を拒否する。ハイデガーは後年、決してリベラルな流儀で政治の提言をしないし、現代のテクノロジーの本質に民主主義はふさわしくないと考えている。ハイデガーはその点で、ナチスに自らの政治的信念と共通するものを見出して、それに加担することを決意したのである。

　この点においてハイデガーは正しい方向へ歩みを進めたとジジェクは考える。しかしジジェクの考えはもちろん、リベラル民主主義を拒否して、ラディカルな左翼による政治変革をすることだ。ただこれはハイデガーがまったく考えようとしなかったことなのである。つまりハイデガーは正しい選択をしたが、しかしそれは同時に大きな間違いであったのである。哲学的には正しい仕事をしたが、政治的に間違っていたというのではなく、哲学的にも政治的にも正しいことをし、しかしそれは同時に間違っていたのである。そしてそれこそがハイデガーの偉大さの証明なのだとジジェクは言うのである。

　このことを説明するのが本節の目的である。

　そもそもナチズムは十分にラディカルではなかったとジジェクは言う。ナチズムは現代の資本主義社会の空間を支える基本構造をかく乱するつもりなどなかったのである。そうであればこそ、ただ単に、外部に捏造した敵であるユダヤ人を殲滅することに集中したのである。ヒットラーは真の変化を引き起こす勇気を持っていなかったのである（同p.233）。

　その無能なナチスの運動に参加したハイデガーもまた無能と言うべきで、自身の中に見出した理論的な行き詰まりを解決できずに、暴力的に噴出したのが、ナチスへの関与なのである（同p.235）。

　繰り返すが、ジジェクは革命が必要だと考えている。ハイデガーは革命的

な行為を可能にする構造を組み立てていながら、間違ってしまったのである。ハイデガーは最も大きな過ちを犯すと同時に、真理に最も近付いていたとジジェクは言う。そのハイデガーを反復することが私たちの課題である（同p.214f.）。革命は反復を必要とする。新しいものは反復によってしか出てこない。

　さて、この『大義』の主張と、前節で扱った『厄介な』のそれとを繋いでいきたい。以下、引用しつつ、考察していく。まず「歪んだ方法ではあったが」と前置きして、ハイデガーがナチスへの関与したことは正しい方向への第一歩であったとここでもジジェクは書く。ハイデガーの目には、ナチスの革命は政治や歴史の本物の出来事だと思えたのである（『厄介な』1 -p.39）。

　するとこの２著でジジェクは同じことを主張しているのだが、扱い方が少し異なる。まず『厄介な』でも、ハイデガーが革命派マルクス主義者とその思想が近いということは指摘されている。両者は資本主義のシステムの真理は、その過剰から現れると考える。両者は、ファシズムを資本主義からの逸脱と考えるのではなく、資本主義が発達してきたその必然的な結果であると見ている（同p.25）。

　問題は、政治的にハイデガーは、少なくとも最初は正しい認識を示したのに、なぜ間違ってしまったのかということである。「ナチス関与について、哲学的レベルでの原因は何だったのかという問題を検証する」（同p.22f.）ことが必要である。またここではこんな風にも言われる。「哲学のレベルとナチスに対して「存在的」レベルで熱烈に政治関与したこととの間にある共犯関係をつかむこと」（同p.28）。つまり哲学的にハイデガーは正しいが、政治的に間違っていたという単純なものではなく、哲学の業績と政治の判断は密接に絡み、政治的に間違った判断は、そもそもその哲学に起因する。しかもさらに厄介なのは、同じ行為が、正しい選択であり、かつ間違った結果になると

いうことである。その機構を明らかにしたいとジジェクは考える。

　先に書いておくと、ジジェク自身が若い頃にハイデゲリアンだったということが『厄介な』では披歴される。そのためにスロヴェニアのマルクス主義者から散々非難されたという話が書かれている（同 p.26）。自分の研究の出発点であるハイデガーの功罪を書いておきたいとジジェクは思う。しかもその場合、その功と罪は実は同じものなのである。

　『厄介な』でそのことは、ハイデガーのカントに対する評価を巡って説明される。

　まずジジェクは、ハイデガーの1928年の『カントと形而上学の問題』を使う。構想力の話をしたあと、カントは実践理性を論じる際に、超越論的自由を物自体と見なすという過ちをした。これは前節で書いた通りである。カントは物自体に直接アクセスできるとしたのである。「ハイデガーの大きな功績は、カントのこうした行き詰まりをはっきりと認識していたことである」（同 p.47）。つまり「ハイデガーはカントの実践哲学を低く評価する」（同 p.79）。しかしカントの言うように、物自体の世界へアクセスしてしまったら、その主体は消滅してしまうというのがジジェクの考えで、ハイデガーもそのことに気付いていたとジジェクは考えている。

　それは人間の自由という深淵があるために引き出された帰着点を公然と認め、それを受け入れることだとジジェクは言う。ラカンの言葉を使って言い直せば、それは、現実界の中で無意識に行動を起こしたということであり、ハイデガーが象徴界への果てへ行こうとしなかったことを証明すると言う（同 p.39）。カントのように、物自体の世界が現象の向こうにあると考えて、それを実践しようとするのではなく、象徴界の割れ目に現実界を見出そうということである。

　その後ハイデガーは、1930年の『人間的自由の本質について』でさらにカントを論じる（注3）。ここでハイデガーはカントを評価しようとする。カントの

実践理性によって、伝統的な形而上学の存在論の束縛を超えた自由概念にカントは達したとハイデンガーは言うのである（同p.82）。ところがその際に、今度はカントの方はその自由の深淵を見ていたのに、ハイデガーは、特に転回後の彼は、それを見ることができない（注4）。ハイデガーはそこから退却してしまったとジジェクは言う。「カントの道徳律とは空虚であり、ひとつの純然たる形式であり、怪物的なものという状態に根本から影響を及ぼす」（同p.84）。さらにカントの怪物的なものはヘーゲルの「世界の闇」だとまで言われる。ここでカントはヘーゲルに極めて近いのである（注5）。ハイデガーはそれらを見ていない。

カントの革命的な倫理の捉え方には破壊力のある可能性が潜んでいるのだが、ハイデガーはそれを否定した（同p.83）。カントが超越論的構想力について問題を組み立てる際に、そこに深淵が潜んでいたのだが、ハイデガーはそこから退却した（同p.82）。このようにジジェクは言う。

つまりカントは道徳的行為を実践し、物自体の世界に到達し得ると考える点は批判されるが、しかしその自由概念において、カントは闇を見ており、それは評価される。ハイデガーはそれを見ていないということになる。ハイデガーはこのカントの見ていた狂気を見ていないということになる。

さらに今度は『判断力』の崇高論で、ジジェクは構想力の暴力性を論じ、怪物的なものを挙げる。ハイデガーはカント解釈において、この崇高概念を除外する（同p.86）。ハイデガーは崇高なるものを避けたのである（同p.84）。

コギトに内在する狂気をハイデガーは解き明かすことができない。ハイデガーは狂気を見ない。フロイトの無意識も理解しない。それはハイデガーの理論の外側にある。つまりフロイトが指摘した無意識や死の衝動は存在論以前の次元にある。ハイデガーは具体的な存在から、さらにその根底にある存在論の領域へと進んでいくが、しかしそれ以上には進まない（同p.105ff.）（注6）。

以上を整理すると、カントの道徳と自由概念をジジェクは強く批判し、そ

れを同じように批判するハイデガーをジジェクは高く評価する。しかしカントは同時に、すでに『実践』においても、また『判断力』になると明白に闇を見ており、それはハイデガーには見えなかったのである。

　ハイデガーはコギトの持つ狂気を理解しない。それはハイデガーがカント構想力論の意義を掴み損ねたからである。構想力には、「破壊をもたらす力を秘め、総合に抗う特徴」があり、それは「自由に備わる深淵」を見詰めさせるものなのに、ハイデガーはそれを見逃す（同p.12）。こういうまとめがなされる。

　政治的にはリベラルデモクラシーを批判し、革命を志向する。その点でナチズムとハイデガーは、最初は正しかった。しかし結局両者ともに、資本主義を変革することなく、その内で権力を維持し、ブルジョアの自己満足としての行為しかしていない。ユダヤ人殲滅もそのひとつだ。

　ここではさらにそのことが形而上学から抜け出せないということに繋がる。それを突き抜けること（同p.23f.）。「構想力はまさに存在論的な存在の体系にある裂け目を表すので、存在論的にきちんと位置付けることができない」。だからハイデガーは超越論的構想力に潜む深淵から手を引いた（同p.44f.）。また、現実界は存在論的に構成されている現実に先立つものであって、存在論的な現実の捉え方では理解できない（同p.93）。このようにジジェクは言う。

　先に書いたように、ハイデガーが誤った政治的判断をしたからと言って、その哲学的業績を認めないという立場についてはここで取り挙げない。そうすると、ジジェクの考え以外にあり得るのは、ハイデガーの政治的な判断の誤りをできるだけ少なく見積もって、その哲学的業績を目一杯評価するということだけである。世にある膨大な先行研究を、あまりに雑だと言われることを覚悟してまとめればそうなる。それらを少しく見ていこう。

まず竹田青嗣を参照する。彼はその入門書の最終章をこの問題の解明に充てている。そこで取り挙げられた著作を順に追う（竹田2017 第5章）。

　V. ファリアスの『ハイデガーとナチズム』が出たのが1987年で、このハイデガーの政治的形成過程を詳細に追った大部の著作が、ハイデガーが紛れもなくナチスの熱烈な闘士であったこと、しかもそれが一時期に限っての話ではなく、若い時からの思想的必然性に基づくことを証明し、以後この事実に言及せずにハイデガーを語ることができなくなったのである。この著作に触発されて、世界各国で論争が生じている。

　またJ-F. リオタールが『ハイデガーと「ユダヤ人」』を出したのは1988年で、フロイトを援用しつつ、ナチスのユダヤ人殲滅は、西洋の無意識的な動機に支えられており、そのために西洋はそのことに触れたがらないと言う。しかしファリアスの著作が出たときに、以下に取り挙げるデリダもP. ラクー-ラバルトも、すでにそのことを知っていたのである。ハイデガー問題は、そこから身を守らずには近付くことができない無意識的な触発である。

　デリダは1987年の講演をもとに『精神について』を世に出す。この講演のすぐあとにファリアスの著作が出版されることになる。つまりデリダはファリアスの書が世間に論争を引き起こす以前に、この問題に取り組んでいる。

　精神とは何かという問いをハイデガーは発しなかったとデリダは言う。しかしその精神にデリダはこだわる。ハイデガーの読者は、ハイデガーの言うところの存在の思惟の問題系に精神は属さないと考えてきたのである。しかし精神こそハイデガーのキーワードである。

　まずハイデガーは精神の名のもとにナチスに加担したのである。そこは確認されねばならない。しかし同時にハイデガーは現実のナチズムから精神の本質を救い出そうとしたのだとデリダは考える。ハイデガーが現実にナチスに加担した以上、ハイデガーを全面救出することはできない。デリダはこのように、精神にこだわらないのにそれが重要であるという、この両義性とナ

チスとハイデガーの関わりの両義性を問う(注7)。

　ラクー‐ラバルトの本『政治という虚構』の初版は1987年で、しかし同年出版されたばかりのファリアスの書について、補遺を設けて長々と論じている。ハイデガーの思想形成の資料は細かく調べているが、しかしハイデガー哲学そのものについてはファリアスは理解していないと言う。ハイデガーの政治責任を矮小化してはならないが、しかしハイデガー哲学のテキストを厳密に読むことが重要であるとしている。

　その上でラクー‐ラバルトが重視するのは戦後のハイデガーの詩や芸術論である。これらを高く評価し、しかもそれらは政治的なものからの隠遁ではなく、それらこそが政治的なものであると持っていくのである。

　先に挙げた竹田は、それらの思想家をまとめて、彼らはハイデガー的な思考方法に巻き込まれていると言う。ハイデガーに対抗すべく、しかしハイデガー的思考でそれに向かっている。それでハイデガーと戦えるのかと言うのである(竹田2017 p.238ff.)。

　さらに竹田は次のように言う。すなわち1927年に世に出た『存在と時間』のハイデガーは、存在と時間の問題を人間の実存感覚の内に持っていたのだが、しかし後期ハイデガーは本質的なものから頽落し、悪しきイデア論的な概念にこだわっているのではないか(同p.18ff.)。つまり竹田は前期ハイデガーは評価するが、後期ハイデガーは評価しない。こういうハイデガー論もあり得る。しかし後期ハイデガーは本当に評価できないのか、前期哲学との一貫性はないのか。あるいは、ハイデガーは若い頃から反ユダヤ的だったということを示す証拠は、先の研究が示しているのではないか。この点で私は竹田と別れることになる。

　というのも私の関心事は、ハイデガー哲学そのものだけでなく、以下のことにあるからである。つまり、とりわけデリダを念頭に置き、ラカンや次節に出てくるC.マラブーも含めて、フランス哲学にハイデガーは多大な影響

を与えており、特に彼らの間では後期ハイデガーは高く評価されている。すると彼らはその哲学とナチス問題をどう考えているのかということが一番の関心事だからである(注8)。

　次にT.ロックモアを参照する。彼は、『ハイデガー哲学とナチズム』という分厚い研究を1992年に出した３年後に、今度は『ハイデガーとフランス哲学』という本を出す。そのロックモアによれば、ハイデガーはフランス哲学の祖なのである。とりわけデリダをロックモアは取り挙げ、デリダはハイデガーの弟子であると言う。

　さてフランスにハイデガーがどのように受け入れられたかということは興味深い問題で、特にハイデガーがヘーゲルとともにフランスで受け入れられる事情は、次節以降の課題とすることにして、ここではデリダとラクー-ラバルトを中心としたフランスの哲学者がハイデガーのナチス問題をどう見ていたのかということに絞って論じる。

　それは先に私がごく短くまとめたものに他ならないのだが、もう少し詳細に言えば、デリダとラクー-ラバルトは、前期ハイデガーの形而上学的なヒューマニズムこそがナチスへとの関わりの背後にあるもので、ハイデガーは後期になって、形而上学を超越するようになって、ナチズムに対する関心は克服されるのであると考える(ロックモア2005 p.300ff.)。

　このあたりのハイデガー理解は、ちょうど先の竹田の理解と正反対になっているということに注意すべきである。しかし前期を評価するか、後期を評価するかという点で正反対でも、両者は、実はどちらもハイデガーを自分の関心に引き付けて読み込み、その自分の関心事に近いところは、ナチズムから免れているとする点で共通する。

　もちろん、すでにハイデガーのナチズムへの関心は生涯続いていたものであり、その哲学と政治的立場は密接に関連するということを膨大な資料を基

に考察してきたロックモアは、そういうフランス哲学を批判する。ロックモアは、デリダたちはハイデガーのナチス問題を過小評価しているのではないかと言っている。私もそう思う。

　しかし逆に今度は、ロックモアがハイデガー哲学を過小評価しているのではないかとも思う。ロックモア自身は、その著作の末尾で、ハイデガーをハイデガー自身に抗う形で読解することによって、初期ハイデガーの中に、人間存在についての示唆に満ちた考察があると考えている。ハイデガーはその初期の思想においてすでにナチスと結び付いていたということは押さえた上で、しかしハイデガーに見るべきものはあったと書く（同 p.352）。それは先の竹田の説に似ている。ただ問題は、ハイデガーの影響下にあるフランス哲学が、ロックモアの主張とは異なって、後期ハイデガーを高く評価しているという事実なのである。そしてそれは、ハイデガーが終生ナチス的であったという事実を見落としているのではないかという指摘こそが、ロックモアの主張するところである。

　さてそこまで説明して、ジジェクに戻る。世に膨大な量の「ハイデガーとナチス論」があることを書いてきたが、しかし基本的な論点はジジェクの先のまとめで尽きており、それらに対してジジェクは意表を突く対案を出してくる。そこは評価して良い。

　つまりハイデガーとナチズムの結び付きを過小評価せず、かつハイデガーの哲学的業績を正当に評価するという相反するベクトルを同時に認めるには、ジジェクの解決案しかないと私は思うのである。

　デリダから F. ジェイムソンに至るまで、ポストモダンはハイデガーと関係があるという文章から、『厄介な』第 1 章は始まる（同 p.1-20）。このことは、ポストモダンの一翼を担うとされるジジェク本人にも当てはまる。ハイデガーはまさにポストモダンの創始者である。

またロックモアは、リトアニア生まれのレヴィナスも、長くフランスで思索を続けたという点で、フランスの思想家に数えている。私はジジェクもフランスで学位を取ったという点で、フランスに関わりのある思想家だと考える。すると彼らフランスの哲学者は多くがハイデガーの弟子なのである。弟子が師匠をどう評価するかというのが、本節の解明すべきことである^(注9)。

　最初に書いたように、*Less than* のハイデガー論は、ここで取り挙げた2冊のハイデガー論と少し様相が異なる。ヘーゲルの否定性をハイデガーは見ていないということに対して、ハイデガーの側から再批判はあるだろう。実際にはハイデガーは、ヘーゲルの否定性を論じているのである。ヘーゲルこそ、否定について論証していないとハイデガーは言っている。それはこのあとの課題である。

注

(1) 「黒ノート」については、例えばトラヴニーの言うところを見よ(トラヴニー)。2014年以降、ハイデガーを論ずるものは、このノートの存在に触れない訳にはいかない。

(2) ハイデガー全集*Martin Heidegger Gesamtausgabe* はVittorio Klostermann 社により、1975年から全102巻を予定して刊行が開始されている。2019年12月の時点の情報で、96冊が刊行されている。「偉大である」ことのひとつの例証として挙げておく。

(3) 同名のシェリング論(Bd.42)があるが、ここで取り挙げられているものはカント論(Bd.31)である。

(4) 『存在と時間』の出版が1927年。その後、1930年くらいから「転回」が始まる。ここでハイデガーはその主張を変える。本稿では多くの論者に従って、それ以前を前期、それ以降を後期とする。厳密には中期を設けるべきという意見もあり、私はそれに賛成するが、しかし本稿の趣旨を伝えるためには、そこまで区分を厳密に考え

る必要はない。また「転回」の中身にも踏み込まない。

(5)「世界の闇」については前節(2‐1)に書いた。またカントがヘーゲルと同じように、闇を見ていたことについて、ジジェクはここでカントの『実践』と『判断力』の前半の崇高概念を引き合いに出して論じるが、私は同じことを『人間学』と『判断力』の後半の議論を使って示している。

(6)ハイデガーの用語について説明する。存在的(ontisch)とは存在者の規定であり、具体的な事物について、その属性は何かという議論であり、存在論的(ontologisch)とは「〜が存在する」というときの「存在する」とはそもそもどういうことかを議論するもので、つまり存在者の存在の規定である。存在者一般を超越して、その存在意味を問うものということになる。具体的な存在の規定を超えて、存在論的な議論をハイデガーはするのだが、しかしなおその向こうには達していないとジジェクは批判する。

(7)この点はジジェクも指摘している。つまりデリダは、ハイデガーにとって精神が徴候的核心になっているということを指摘しようとした(『大義』p.220)。しかしその精神では闇を見ることはできない。これは言い換えれば、ハイデガーの宇宙にはトラウマという概念がないということにもなる(同 p.225)。

(8)さらに本文の中に入れることができなかった日本での研究がある。どれも先の1987年のファリアス以降の研究を押さえて出てきたものである。

中田光雄(2002)は、ハイデガーとナチズムという問題を、その大部の著作において正面から考察している。ハイデガーとナチズムに関するあらゆる論争が網羅されている。

小野紀明(2010)は、ハイデガーをファシズムを経験した20世紀を体現する思想家であり、時代の子として捉えて、その思想を政治思想史の中に位置付ける。哲学の普遍性でなく、政治思想が、特定の時代の文脈の中で生まれたものであると捉えるのである。

小林正嗣(2011)は、ハイデガー哲学の基本概念に民族を見出し、それがナチズムの提唱する民族とは決定的に異なるものであることを示す。

轟孝夫(2020)は、存在の問いがそもそも内在的に政治性を持っており、そこを問うべきであるとする。そのことはさすがにこの一連の、つまり先の1980年代後半からのハイデガー研究で確認されたことであるが、しかしそののちに出てきた資

料も活用してあらためて問うべきであるとしている。

(9) 念のために書いておけば、ジジェク、デリダ、レヴィナスと皆ユダヤ系である。

2‐3　ハイデガーを経由する、フランスのヘーゲル受容

　C.マラブーの『真ん中の部屋　‐ヘーゲルから脳科学まで‐』の第2章は、フランスにおけるヘーゲル受容がテーマである。それは、ハイデガーによって開かれ、J.イポリット、A.コイレ、A.コジェーブによって織り成されたヘーゲル哲学の注釈の系譜学であるとマラブーは言う。つまり彼ら3人はフランスにヘーゲルを伝えたが、それは最初からハイデガーによって解釈されたヘーゲルであったということである。

　マラブーは問う。ヘーゲルには、時間性、正確に言うと未来への問いがあるのだろうか。あるいはその反対で、あらゆる超越性を解消する閉鎖的な体系しかないのだろうか。

　マラブーはイポリットの分析から始める。ヘーゲルの中にふたつの読解があり、それを和解させられるかというのがイポリットの課題である。それは歴史哲学と絶対知という二重性である。時間性と永遠性と言い換えても良い。イポリットはヘーゲルにふたつの方向を見る。

　コイレは、このふたつの傾向に歴史的弁証法と神学的弁証法という表現を与える。否定と超越に力点を置く読解と、歴史が停止し、概念の非時間性が前提となる読み方のふたつである。言い換えれば、永遠に未完成としての時間と時間の停止としての死＝絶対知である。またそれは否定性の持つふたつの意義に対応させられる。つまりひとつは、否定性が現前の不安を構造化し、超越のエコノミーを展開する。もうひとつは、否定性が論理的な意味を持ち、弁証法的な過程はその総体において、非時間性を前提とする。

　コジェーブは、以上のふたりの問題意識を受けて、ヘーゲルが念頭に置く

時間は、歴史的で未来が優位に立っている時間であると考え、このようにヘーゲルを解釈することで、もうひとつの解釈、つまりヘーゲルが論理的な過程、すなわち絶対知を重視していることとを結び付ける。コジェーブは、ヘーゲルにおける未来と差異性の力を思考しようとして、しかし同時に、時間の終わりとしての絶対知を認めている。ここにハイデガーのヘーゲル解釈の二重性、つまり本来的な時間化の運動と未来の終結の両方が認められる。

　上述のように、この３人の主張をまとめた上で、彼らに対してマラブーは次のような批判をする。彼らはまず、歴史的な時間性と論理的な永遠という対の、その形成過程を問わない。つまり前者の未来の優位は、ヘーゲルの考えではなく、ハイデガーのものなのに、彼ら３人はそのことを明確にしていない。つまり前者の考え方はハイデガーがヘーゲルを解釈する際に自らの思想を持ち込んだものなのであるのだが、彼らはそのように理解していないのである。これが第一点である。

　またこの時間は通俗的な時間であり、ハイデガーが主張する、到来するものと主体が関係付けられるという性格のもの、または超越という自己の外に脱しようという運動ではない。さらには意識と人間を同一視して、その思想を人間主義的に還元しているとマラブーは批判する。つまり彼ら３人のハイデガーの理解は不十分だというのである。しかし私は本稿で、ハイデガーの理論を解明することを目的としていないので、この点については、これ以上は踏み込まない。ただマラブーの目から見れば、そのハイデガー理解は物足りないのだが、しかしとにかく彼ら３人はハイデガーによって脱構築されたヘーゲル解釈をフランスに持ち込んだのである。

　マラブーの読み込むハイデガーのヘーゲル解釈は以下のようになる。まずハイデガーはふたつのタイプのヘーゲル読解を示している。それは一方では本来的な時間化であり、他方は未来の終結である。そのふたつの読解の亀裂がヘーゲルにおいて浮き彫りになる。それは言い換えれば、本源的な有限性

にその場を持つ存在論的な理解と、抽象的で形式的な論理的理解ということになる。ヘーゲルの弁証法は、ふたつの和解し得ない方向から成り立っていて、その分裂、和解し得ない対立の論理を明確にしなければならないとマラブーは言う。

　ここで３人が主張するヘーゲルの二重性は、ハイデガーの解釈から得られるものだというマラブーの主張は明解だが、しかし前者がハイデガー哲学で、後者がヘーゲルそのものだというほど簡単な話ではない。ハイデガーが、後者の、一般的に解釈されたヘーゲル像に自らの思想を織り込んで、前者の像を作り上げ、その結果ヘーゲルの二重性を作っているのである。つまり後者のヘーゲルを脱構築して前者の像が得られるのだが、その脱構築をしたのはまさにハイデガーで、その正確な由来を知らなければならないとマラブーは言うのである。

　私自身のことで言えば、コイレについては翻訳がされたのは最近のことで、私もコイレを読んだのはその翻訳を通してのことなのだが、イポリットとコジェーブについては、ずいぶん早くから読んできて、この分かりにくさは何だろうと思っていた。マラブーの説明を聞いて納得する。それは私がハイデガーに馴染んでいなかったためだったのである。またそれはマラブーのヘーゲル論にもあてはまる。と言うより、マラブーこそ最もハイデガーに媒介されたヘーゲルを論じており、私には感覚的に良く分からないという感じを与えていたのである(注1)。

　まず３人に以上のことを直接確かめてみたい。

　コジェーブ『ヘーゲル読解入門』から読み始める。彼はハイデガーの著作が公刊されていなかったら、『精神現象学』はまったく把握されなかったであろう(コジェーブ1987 p.359)と言う。この文言を見つけたときは、衝撃的と言って良いくらいの驚きを私は覚える。今までの私のヘーゲル理解にハイデガーはまったく存在していなかったからだ。

また『概念・時間・言説』では、コイレの『精神現象学』講義を受け継いで、コジェーブがソルボンヌでの講義を始めたが、それは好首尾を収めたと言い、その際に、「ハイデガーの『存在と時間』を読んでいなかったら、この講義を十分に活用できなかっただろう」と言う（コジェーブ2000 p.27f.）。

　一方イポリット『ヘーゲル精神現象学の生成と構造』の方はハイデガーへの言及は少ないのだが、しかしヘーゲルを説明するのに、ハイデガーを引用し（イポリット1973 下 p.285）、その注で、「ヘーゲルにおいては、否定性や分裂が存在しているが、それにもかかわらず和解が成立している」という点で、ハイデガーとヘーゲルのテキストはまったく異なると言っている。つまりヘーゲルにふたつの方向があるが、最終的には和解の方向が勝るというのである（同 p.425）。こういうヘーゲル像がハイデガーとの比較で語られている。

　さらにコイレの訳者解説には、マラブーとコイレの差異が書かれている（コイレ2020 p.140）。つまり時間の解釈について、マラブーとコイレで少し異なる。マラブーは、コイレが分析するヘーゲルの時間はハイデガーの時間概念と異なると言っている。これはハイデガー自身が『存在と時間』の中で、ヘーゲルの時間を通俗的な時間であると断言していることを受けての話であろう（『存在と時間』第2編第6章82節）。だがコイレは、まさしくヘーゲルの論じる時間はハイデガーの時間と同じだと考えている。この点で、コイレはヘーゲルの中にハイデガーを読み込み過ぎているとマラブーに批判されることになる。読み込み過ぎかどうかはともかくとして、いずれにせよ、ヘーゲルの時間論を、ハイデガーを媒介して読み込んでいるのである。

　ここで、3人がハイデガーの影響を受けつつも、直接ヘーゲルの中に二重性を読み込もうとしているのに、マラブーは、その歴史性、時間性の方は完全にハイデガーのものであって、ヘーゲルのものではないと断言するのである。

　しかし以下、そのマラブーに対して私から反論をしたい。まず一方で歴史

哲学があり、他方で絶対知に収斂するという方向があり、その対立し合う二重性がヘーゲルにある、ないしは本来的な時間化の運動と未来の終結という二分法があるのは確かだが、後者こそがヘーゲルの強調するところだというのは、ヘーゲルの絶対知の考え方を捉え損なっていないだろうか。そもそも運動と運動の止まった絶対知とふたつは別のものなのか。絶対知とは静止した状態になることではなく、永遠に運動をすることなのではないか。

　また実際に存在するものの運動は有限なもので、その認識は最終的には絶対知に終結するというのもヘーゲルの理解としてどうなのか。ヘーゲルにおいては、存在の運動と認識の運動は同じで、常にそれは運動を続けるものなのではないのか。

　つまり歴史性、時間性と絶対知の違いは、動的と静的の対比ではない。それは有限と無限の理解に関わるのだが、ヘーゲルにおいて、無限とは運動であり、生成である。そして絶対知は運動であり、永遠の運動である。このことは『精神現象学』だけの問題ではなく、「論理学」も含めて、ヘーゲルの体系全体にとっての問題である。

　さらに日本のヘーゲル研究においては、ヘーゲルの論理に歴史性と総体性を強調するという二面があり、前者をマルクスが重視し、その結果、ヘーゲルに中に前者を見出すという読み方がされてきたのではなかったか。

　ここでそのことを確かめるために、マラブーを参照しつつ、実際にハイデガーのヘーゲル解釈を読んでいこう。ハイデガーは、結構多くの本の中でヘーゲルに言及している。それを逐一追うことはここではできず、本節は以下のみを使う(注2)。

　マラブーは次のハイデガーの文言に着目する。それはハイデガーの「ヘーゲルの経験概念」(『杣径』所収)に見られるものだ。この論稿は、『精神現象学』の「緒論」、すなわち最初の章である「意識」における方法論を記述する箇所

を扱う。その短い文章をハイデガーは詳細に分析する。まずハイデガーは、「絶対的なものが我々のもとにあり、かつあることを意志する」という文言を強調する。そしてこれをパルーシア（同1988 p.152f.）と言う。パルーシアは「臨在」と訳されるのだが、それは現前（Anwesenheit）のことだと言って良い。ハイデガーは、『存在と時間』でもパルーシア概念を活用している。これは彼の哲学を説明するキーワードである（『存在と時間』序論第2章第6節p.164ff.）。

マラブーは、『存在と時間』ではヘーゲル主義は未来の終結として解釈されており、ハイデガーは基本的にヘーゲルをそのように読んでいるのだが、しかしここでハイデガーはパルーシアを持ち込むことで、ヘーゲルに時間化の運動を認めようとしているとする（マラブー2021 p.45ff.）。さらにマラブーはパルーシアを、「真理の主体的な地平」、「未来の事前の明け」、「出来事の可能性そのもの」とも言う（同p.46）。

マラブーが先に引用した個所に黒崎剛も着目している（黒崎2012 p.599ff.）。しかし彼の解釈は先のマラブーのそれとまったく異なっている。黒崎は『精神現象学』を詳細に分析した上で、以下のようにハイデガーを引用する。まず、ハイデガーの「ヘーゲルの経験概念」から、先のマラブーの引用と同じ個所を参照する。さらに続けて、次の箇所も引用する。「現象学とは、精神が自分のパルーシアとの間で行う対談という対話の自己集成である」（『杣径』p.225）。また「精神の現象学は絶対的なもののパルーシアである。パルーシアとは存在するものの存在である。……絶対的なものの「我々のもとにある」ということが支配している限り、我々はすでにパルーシアのなかにある」（同p.229f.）という文言も引用する。

ここでハイデガーは、「絶対的なものの意志」が「自然的な意志」を引っ張っていくという風にヘーゲルを読んでいるのだと黒崎は考える。ハイデガーにおいては、絶対的なパルーシアがすでにあって、それと即自的な意識とが相互作用をすると考えられる。意識は「その運動が目標、すなわち絶対的なも

のの意志の強制力から規定されているところの歩み」を辿るのである（同p.186）。

　ここのところで、つまりパルーシアについて、黒崎とマラブーで解釈が正反対になる。黒崎は、ヘーゲルの叙述では、このあと詳述するように、意識と対象が相互作用をし、さらに対象が二重化して自らの内に吟味の尺度を持ち、そのことによって意識と対象が進展するのだが、つまりヘーゲルは有限の運動をここで強調しているのに、そこにハイデガーはパルーシアを持ち込んで、絶対化していると批判する。

　ここでもヘーゲルの二重性が問われている。ハイデガーは、絶対知に収斂してしまうヘーゲルに何とか時間化をもたらそうと、パルーシア概念を導入して、ヘーゲルを解釈しているのだと、マラブーは考える。つまりマラブーの解釈するハイデガーは、パルーシアを単純に絶対知だと考えるのではなく、そこに未来性を見出して、絶対知に収斂してしまうヘーゲルを脱構築する。

　しかし黒崎は、そもそもヘーゲルを読めば、そこで絶対知が支配している訳ではないということはすぐに分かるのに、ハイデガーはパルーシア概念を使って、そちらの方に持っていってしまうと批判する。

　ヘーゲルがそもそも二重性を持っているのである。ハイデガーは、ヘーゲル哲学は最終的には絶対知に収斂してしまうのだが、そこにパルーシアという自らの思想を持ち込んで解釈し、未来に切り開かれるヘーゲル像を提出する。しかし黒崎によれば、ヘーゲル自らは「意識」の章で、意識と対象の運動に即して論理を進展させているのに、ハイデガーはそこにパルーシアという絶対知を持ち込んでしまう。ヘーゲルに即して解釈すれば、絶対知に導かれるのではなく、意識と対象自身の運動が考察されているはずである。

　さらに『精神現象学』について説明する必要がある。目次を見る。まず意識が対象であり、それが自己意識となり、さらに理性を経て、精神となり、最終的には絶対知になる。まずそういう目次を頭に入れておく。

「意識」の章から見て行く。ここは３-１でも扱う。全面的に黒崎の説明に依拠する。ここでは、「感覚的確信、あるいはこのものと思い込み」、「知覚、あるいはものと錯覚」「力と悟性、現象と超感覚的世界」と三段階で進んでいく。

　ここで最初に確認すべきは、意識とその対象とがともに進んでいくという構造になっているということである。意識と存在の同一性が、ここにおけるテーマである。意識は自らを分析することで、自らの中に自らの対象が内在していることを確信している。それを解明することで、自らを超えていくのである。

　第二に、意識が対象を吟味するのだが、その吟味が正しいことを確証する尺度が必要になる。この尺度はどこから得られるのか。

　まず意識とは対象と自己とを結び付けるものである。それは同時に、意識が対象から独立していることを前提にしている。対象には、知として意識と結び付くという側面と、意識から独立しているという面と、二重性がある。ここで自体存在（Ansichsein）という考え方をヘーゲルは提出する。意識に関係付けられる存在と、意識の外にある存在とふたつがある。後者を自体存在と呼ぶのである。そしてこの自体存在が意識と対象が合致するかどうかを決める尺度となる。

　ただ単に、意識と対象が合致するかどうかということが問題になるのではない。もしそうなら、その場合、意識と対象が合致するかどうかを判断する尺度は、超越論的に意識の外にあることになる。しかしヘーゲルの記述では、意識の中に、対象への知とその真理性を吟味する尺度とふたつがあり、そのふたつの契機を比較するのである。すると意識の中にある知と尺度である対象がともに進展するということになる。

　このように意識の経験は運動する。意識と対象とが一致するとき、それは意識が意識を超える新たな視点を見出した時にほかならない。つまり知の真理性を吟味し、それは知の尺度である対象を吟味することであり、それは意

識に対して現れた対象が概念としての自体存在であることと一致するかどうかの吟味である。このようにして意識が知と対象の運動を経て、再び意識に戻ってくると、今度はそこに新しい対象が発生している。意識が真理性を獲得したときに、その意識は新たな対象を求める。つまり新たな意識は対象を新たに変え、新たな対象が今度は意識に迫ってくる。意識と対象はこのような相互運動をするのである。

　『精神現象学』の方法論においては、尺度が自ら変わっていくのである。マラブー式に言えば、超越論的であるはずの尺度もまた変化するのである。この時点で、絶対知を持ち込む必要はまったくない。意識と対象に任せておけば、事態は進展する。

　その後は、意識は自己意識となる。「意識」の最後の段階で、意識は現象とその法則である内なるものとを対象とするのだが、ここでこの三者が連結する。つまり意識と対象、思考と存在の同一性が姿を現す。この同一性が無限性である。ここで意識は対象が自己構造を備えていることに気付き、自らも自己意識となる。

　その後この自己意識は、自己関係的な思考をしつつ、他者との相互承認を経て、理性となる。この理性はさらに、対象が自らの存立根拠になっている共同の世界であることが理解されると精神になる。精神は対象性を克服して、つまり自己意識は対象意識ではなく、自分が自己意識であることを完全に自覚して、絶対知に至る。その際に、ここは黒崎が簡潔にまとめているのだが、無限性、無限判断、推理というトリアーデが出てきて、無限判断で分割された意識と対象が、推理的に連結されて、絶対知に至るのである。かくして絶対知が成立する。そしてこの絶対知をどう解釈するかということが問題になるのである。

　『精神現象学』の前半の「意識」の章（全体の分量から言うと 1 割強）の原理は、意識と対象があり、また対象は二分化され、その結果、尺度を自らの内に

持っていることである。そのあとは「自己意識」の章（全体の1割程度）になる。そこで対象は自己になり、無限性が生じる。さらに「理性」から「絶対知」まで（分量は8割弱）が論じられる。

　この『精神現象学』の後半の原理は、つまり理性の運動を駆動するのは、無限性、無限判断、推理のトリアーデである（黒崎2012 p.513）。ここでは無限判断論が重要な概念である。無限判断論は、ジジェクの十八番とも呼べる概念である(注3)。黒崎とジジェク、及び私においては、この無限判断が意味するところが異なっている。しかしその差異はここでのテーマとはせず、以下のことだけを言っておく。

　つまり『精神現象学』の無限判断は、対立する二項を無理やり結び付けるものである。その強引な結び付きをジジェクは重視する。それが「論理学」では、推理論的に三項が連結され、つまり対立する二項に媒介項が加わり、その媒介項のために、連結が十分な根拠を持ってなされるということになる。しかし黒崎は『精神現象学』においても、推理論的連結がなされていると言う。つまり媒介項が働き、連結は十分な必然性を伴ってなされる。私はしかし逆に、「論理学」でも三項になったとは言え、対立する二項は無理やり結び付けられていると思う。媒介があろうがなかろうが、変わらない。つまり『精神現象学』と「論理学」の発想は変わらないのである。

　このことは、『精神現象学』において、対立する二項が止揚されて絶対知に至るのだけれども、そこで運動は終わるのではなく、続けられるのだと解釈されることになる。「論理学」においても、媒介の止揚によって、絶対理念に至るのだけれども、しかし対立を克服しようとする運動は続けられているのである。

　ここで絶対知ないしは絶対理念はいずれも無限と称されるのだが、それらをどう解釈するかという、ヘーゲル解釈の根本が問われることになる。ここでの仮の結論として、絶対知は運動であり、それは永遠の運動であると言っ

ておく。そしてまた無限は運動であり、生成であると言っておく。このこと
は次節でヘーゲルの否定性概念について説明し、それによって如何にして無
限が生まれるのかということが十分説明されれば、納得してもらえると思う。
ここで言いたいのは、この否定性こそがヘーゲルの論理だということである。

　もうひとつの論点として書いておくべきは、『精神現象学』の「緒論」と「序
文」の違いである（同 p.472）。

　「緒論」は意識の経験を叙述するものである。それは有限な意識が、その
意識に現象してくる対象と相互に進展し、そのことによって、意識の無限構
造を明らかにし、存在学を位置付ける。それに対して、「序文」は理性が対
象の無限性構造を自覚して、絶対知に至る過程、つまり精神の現象学を叙述
する。そこでは完成された統体性が議論されている。

　黒崎は、この両者の方法論が矛盾していることを、「意識 - 対象の相関関
係を超えた絶対知の立場からの認識を求めたヘーゲルの試みが破綻したこと
を示している」とし（同 p.474）、またハイデガーのパルーシア論は、「緒論」を
現象学的に解釈することによって、「序文」の思想、つまり意識と対象の分
裂は絶対知の境地で解消され、現象する絶対的なものを追えばそれで良いと
する考えと接合させたものだと言う（同 p.611）。

　つまりヘーゲルの中に、ふたつの対立する考え方がある。ハイデガーのヘー
ゲル解釈は、「序文」の立場から「緒論」の意識経験学を解釈しようとするも
のであり、すなわち『精神現象学』は、完成された絶対的なものが世界に対
して自己を啓示する神学であるという立場を作り出したとしている（同 p.612）。

　すると先のマラブーの言い分と繋ぎ合わせれば、ハイデガーは、ヘーゲル
『精神現象学』は、絶対知による神学であるという解釈で固定しておいて、そ
こに自らの考えを混ぜて、未来に開かれた像をもうひとつのヘーゲル像とし
て対置するということになる。しかし本来ヘーゲルが二重性を持っていたと

いうことは忘れられてしまう。

　ヘーゲルの二重性というのは、『精神現象学』の読解に限らず、研究者の間ではしばしば指摘されているものだ。

　許萬元は、ヘーゲルの弁証法は、その特徴として内在性、歴史性、総体性の３点があると言う（許1972 第二篇）。

　内在性は分かるだろう。先の『精神現象学』の「意識」の章における意識と対象の進展を考えても良いし、「論理学」のカテゴリーの移行を思い出しても良い。事物や認識の進展は、内在的な矛盾が自ずと現れて、それに対処することによって、次の段階に進むのである。

　また歴史主義的見地とは、この内在的手法が徹底されたものである。この見地の重要性は特にここで詳述するまでもなく、ヘーゲルにとっては有限なものはすべて変化するものとして、歴史的な存在なのである。

　問題は最後の総体性である。確かにヘーゲルは、体系を完成させると、歴史的な見地が克服されて絶対的な総合に達すると、自らの哲学を規定する。通常ヘーゲル哲学はそのように考えられているし、ヘーゲルの文言を読めば、実際にその通りなのである。

　しかしまず、この内在性、歴史性、総合性の３つは、方法論として考えると、内在的方法を前提にして、歴史的方法と総体主義的な方法とが統一されたものである（同p.154）。そしてそこに理論と実践という観点を加えると、歴史主義は実践を重視し、総体主義は理論を最終的には重視するという立場になる。ヘーゲルの立場は後者であるのだが、前者の立場に立つのがマルクスである（同p.178）。ただここで注意しなければならないのは、ヘーゲルは最終的に総体主義、理論重視になるとは言え、その叙述に満ち溢れているのは、歴史主義的、実践重視の立場であり、それこそがマルクスがヘーゲルから学んだものなのである。

　これは世間で言われるように、ヘーゲルの観念論とマルクスの唯物論は正

反対であるとか、発想がまるで異なるというものではなく、後者はほんの少し前者の力点をずらしたに過ぎないと言うべきものである。

　ここで私が1972年に出版された許萬元の本を敢えて出したのは、私がヘーゲルを読もうと思ったときに、最初に出会ったのが、この種の本だったからである（注4）。そこではマルクスの意義は、そのほとんどがヘーゲルに由来すると考えられている。

　そういう風にヘーゲルを読んでいると、歴史性の重視は当然の話であり、それこそがヘーゲル読解の魅力だと私は思ってきたのである。

　黒崎もまたマルクスに影響を受け、マルクスが『精神現象学』を労働論として読んでいることに着目する（黒崎2012 p.651f.）。つまりマルクスに影響を受けて、ヘーゲル解釈をしてきたことを明らかにしている。先にマラブーが言うところの、「未来に向けて」「歴史性」を重視するのは、マルクスによるヘーゲル受容の一番の重要なところである。

　本節はハイデガーに脱構築してもらわなくても、十分ヘーゲルは面白いという話である。『精神現象学』にしても、「論理学」においても、絶対知や絶対理念が、当事者の意識やカテゴリーを絶対知や絶対理念に向けて引っ張っていくのではなく、当事者がその都度、自らに対応する対象とともに運動し、その運動を通じて、次の段階に至るという仕組みを持っているのである。その運動を駆動するのが否定性である。そしてそこからもう一歩踏み込んで、さてそもそも絶対知や絶対理念、または無限に到達するというのはどういうことかということに迫りたい。そこで次節ではヘーゲルの否定概念を検討する。さらにヘーゲルの論理においては、この否定性から主体性が出てくる。またマルクスなら、そこから労働する主体を導き出す。さらにマルクス主義者は、歴史における変革の主体性が出てくるとヘーゲルを読み込んできた。そこにも否定性の論理がある。

注

(1) マラブーのヘーゲル論(『ヘーゲルの未来』)を以前私は扱っている。拙著(高橋2014 第5章)を参照せよ。

(2) またさらにもう数冊を次節(2-4)で使う。

(3) 無限判断こそ、ジジェクの専売特許である。私はこの10年余り、口を開けば、この無限判断のことを言い続けてきた。このことを1-4と1-5で詳述した。

(4)「この種の」と言ったのは、マルクスの理論が全面的にヘーゲルに由来すると考える研究者は多いからである。一例として、許萬元の理論を高く評価している牧野紀之を挙げる(牧野1971)。

2 - 4　ジジェクはヘーゲリアンか、ハイデゲリアンか

　木元裕亮は、ネットに膨大な量のジジェク論「概念を孕むこと。-ある哲学徒の全想念の集積、あるいは「二度寝」-」を展開している(注1)。木元の論稿は、ジジェクの多岐に亘る論点を追っているが、その中で注目すべきは、ジジェクとハイデガーの関係を論じた箇所である。第１部第３章「ジジェクとハイデガー　ハイデゲリアンとしてのジジェク」を読んでいこう。

　まずジジェクは著作の随所でハイデガーに言及する。その参照の仕方にふたつのタイプがある。私は本書2 - 1で、『厄介な』を、また2 - 2で『大義』を、そして本節でLess thanを引用するが、それらまとまったハイデガー論において、ジジェクはハイデガーを痛烈に批判する。そのために私は、ジジェクこそハイデガーの一番の論敵であると位置付けているのだが、しかし実はジジェクは、この３著のほかにもあちらこちらでハイデガーに言及する。それらは上述の３著のまとまったハイデガー論と違って、ごく短い言及なのだが、しかしその短い言及は、概ねハイデガーに好意的である。その落差は不思議なくらいである。

　木元はそこのところで、「さしあたりの印象」だと断った上で、「ジジェクはハイデガーに対して、明示的に立場取りを行おうとするときにはしばしば誤っており、他方でほんのついでといった形でハイデガーに言及するときに多く示唆的である」と言う(木元第１部第３章０)。

　この文言は、木元の大部のジジェク論を最も適切に要約するものとなっている。つまり木元はここから「ほんのついでにといった形で」ジジェクがハイデガーに言及している箇所をていねいに集めて、そこからジジェクのハイ

デガー論をまとめ、かつハイデガーそのものをも詳細に分析して、そのジジェクの言及が適切であること指摘する。そしてジジェクはハイデゲリアンであるという結論を導くのである。そして上述の3著のまとまったハイデガー批判は、誤りであると断定する。

　しかし私は、まずは木元の言うところに従って、ジジェクが断片的にハイデガーに言及しているところを見て、そのハイデガー理解が適切であることを確認し、かくもハイデガー理解が適切であって、その上で意識的にハイデガー批判をするのであれば、その批判は本質的なものであると考える。

　とりわけ『パララックス』において、本の最後に付けられている索引を見ると、60ほども引用がされているのだが、それらはどれもほんの数行で、中には1行位程度のものもある。しかしそれらの多くはハイデガーを適切にとらえて、賛意を示している。ここから考えれば、木元の言うところは正しいと思われる。ではしかしなぜジジェクはまとまったハイデガー論において、彼を批判をするのか。

　ジジェクのハイデガー批判は、ジジェクのヘーゲル理解に基づいている。つまりヘーゲルに依拠して、ジジェクはハイデガーを批判する。とりわけハイデガーのヘーゲル理解が不十分であることを批判するのである。

　とすると問題はジジェクのヘーゲル理解にある。私は一貫して、ジジェクのヘーゲル理解が適切であることを指摘している。しかし木元は、ハイデガーのヘーゲル批判に全面的に基づいて、ジジェクはハイデガーの「ヘーゲル批判をまじめに受け取っていないように見える」と言う（同1-3-8-2）。つまりせっかくハイデガーがヘーゲルを批判しているのに、それを受け止めずに、逆にヘーゲルの罠に嵌って、その立場からハイデガー批判をしていることを「嘆かざるを得ない」（同）と言うのである。

　本節の前半部で私は、この木元の言うところを具体的に示していこうと思う。そして後半部では、再びマラブーのハイデガー擁護に戻り、それをジジェ

クが如何に批判するかを見ていきたい。

　まず木元は、ジジェクの思惟の中心は、主体性に内在する否定性にあるという。これは正しい。この否定性と主体性の理解が問題の根本である。

　本書2 - 1で取り挙げたように、ジジェクはハイデガーがこの否定性を見落としてしまったという批判をしている。まずそのことから検討する。

　ここで木元はハイデガーを詳細に読解する。そして結論を先に言えば、ハイデガーにとっても否定性は根源的なものであること、しかし主体はその否定性に対しては無力であり、ハイデガーは主体性を重視することでその否定性に迫れるとは考えていないのだとする。

　ハイデガーの読解そのものを本稿の目的にはしないので、ここは木元のまとめを追うだけであるが、まずはハイデガーの問題意識は、否定的なものの絶対的に始原的な運動は如何なるものかということであり、これを概念化しようとしたのであるとする（同1 - 3 - 1）。ハイデガーにとっての主題は存在の理解にあるが、その理解は無の理解によってのみ可能となる。存在の絶対的先行性は無の絶対的先行性である。そこで木元は「無の無化」という言葉を使う。これは無が無として働くことを意味する（同1 - 3 - 4 - 1）。そしてこの無を根底に置く存在了解において、主体は無力である。存在了解の形成は人間主体の遂行するところではない。否定的なもの、無を経験することは、人間にはできない（同1 - 3 - 4 - 2）。

　木元はハイデガーをていねいに読み解く。そこのところを私は省きたいと思う。その理解は基本的に正しいと思われる。しかし問題はそこにはないのである。

　つまりこの木元のハイデガー理解は正しいとして、しかしそれはジジェクの否定性と主体性の理解と根本的に異なるのである。ところが木元はそうは考えない。あくまでジジェクがハイデガーと異なるのは、そこはジジェクのハイデガー理解が不十分だからだと考える。そこで必要とされるハイデガー

理解とは、ハイデガーのヘーゲル批判の理解である。問題はそこにある。

　まず先述の「無の無化」とヘーゲルの否定性は連関していると木元は言う。しかしそこからさらにハイデガーはヘーゲル批判を始める。

　ハイデガーは、これは前節（2-3）に書いたように、ヘーゲルにおいては、絶対的なものがすでに存在していると考える。ヘーゲルにおいて、終わりにおいて獲得されるものを始まりにおいてすでに前提しているというハイデガーの文言を木元は引用する（同1-3-8-1）。これがヘーゲルの否定性に内在する根本的な問題だとされる。ヘーゲルは否定性を重視するけれども、その否定性は最終段階で克服されるものに過ぎないし、その最終段階がすでに最初の段階で前提されているのだから、その否定性は実は否定性ではないということになる。ハイデガーはそう考え、その考えに木元も全面的に依拠する。

　ここでヘーゲルの否定作用は、絶対的なものを意識の中に構成するものであるのに対し、ハイデガーの「無の無化」は存在者全体を超える超越であると、両者の説がまとめられる。ここからさらに、ハイデガーはヘーゲルの絶対知を自らの主張する超越と同一視するのである。かくしてヘーゲルはハイデガーの中に位置付けられることになる。

　またその際に、超越は人間の力を離れて、存在そのものの問題群に位置付けられるから、「無の無化」は主体に淵源することはあり得ず、ヘーゲルの方が無造作に否定性の起源を主体に帰していると批判される。

　従ってハイデガーのヘーゲル批判は次の2点にまとめられる。ひとつは、ヘーゲルにおいて、否定性は最終的には克服されてしまうものに過ぎないということ、そしてその否定性の起源を主体に帰したことなのである。

　そのハイデガーのヘーゲル理解に対して、ジジェクはヘーゲルの立場にたって、ハイデガーを批判する。本書2-1に書いたように、ハイデガーこそ、否定性を見ていない。否定性の淵を垣間見て、そこから後ずさりしてしまったと言うのである。また主体概念はこの否定性から出てくるのである。この

ことはこのあとに *Less than* から引用して示したい。

　しかし木元はこれをジジェクの間違いだと断定する。この間違いは、ジジェクがハイデガーの忠告を無視したために、ヘーゲルを踏襲してしまったことから生じたと言うのである。

　さてハイデガーのこのヘーゲル批判はすでに私が書いたように、ヘーゲルを極端に一面化してしまったものであり、ジジェクはそのことを正確に理解していたから、ヘーゲルに依拠してハイデガー批判をしているのである。ここでジジェク＝ヘーゲルの否定性と主体についての理解を示さないとならないだろう。

　前節（2 - 3）で私は、ヘーゲルには、否定性が存在と思考の両方を進展させる原理であり、ヘーゲルの記述におけるその否定性の論理を追うことこそがヘーゲルの魅力であるとし、しかし同時に、ヘーゲルには確かに最終的には絶対知に収斂するという面もあり、そういう記述もまたヘーゲルのするところであると書いた。だから読者がそのどちらを重視するのかが重要だと書いたのである。その点で、ハイデガーのヘーゲル読解は間違いという訳ではなく、後者の面を強調し過ぎるものなのである。それに対して、ジジェクは戦略的に前者を、これもまた極端に重視し、ヘーゲルの体系の中に否定性が徹底されていることを見ようとする。

　ヘーゲルにおいて、まず否定は真に実在するものだと考えられている。思考の中だけに成り立つものではない。それは根源的な存在様式である。また否定は二段階あり、最初の否定でその存在が規定される。つまりスピノザの「規定は否定である」という命題はヘーゲルの取り挙げるものである。次にそれが他者の中でさらに否定される。これが否定の否定である。ここでジジェクは、この否定の否定を否定の徹底であると考えている。否定がさらに否定されることで、否定は徹底されるのである。そして最後に、この否定の否定

を通じて無限性が発生する。それは否定を徹底することで主体を生む。つまり否定性の中から主体性が生じるのである。主体性が先にあって、否定性を根拠付けるのではない。

　ジジェクはこのようにヘーゲルを読み込んで、そこからさらにふたつの独自の概念を提唱する。独自のというよりも、ヘーゲルをよりヘーゲルらしく解釈するための戦略的概念と呼ぶべきものである。ひとつは「無以下の無」である。これは先のハイデガーの「無の無化」とはまったく異なり、まずは何もない宇宙の始原において、否定性を強めることで物質を生じさせ、次いで生命のない物質の中に、エントロピー則という否定性に向かう物質の傾向を利用して、局所的秩序としての生命を生み、さらに「死の欲動」というこれもまた否定的な概念を使って、精神を生み出すのである。この三段階の理論の総称が「無以下の無」である（本書1‐3で詳述した）。

　第二に、ヘーゲルの無限判断論を拡大解釈し、それをヘーゲルにおける最も重要な概念だとする。ふたつの根本的に異なるものを、共に否定することで結合させるのである（本書1‐5で詳述した）（注2）。

　以上、ヘーゲルの否定性と主体性を戦略的に徹底することで、ジジェクは自らの理論を構築し、それに基づいてハイデガー批判をするのである。つまり私の考えでは、ジジェクはヘーゲリアンであって、ハイデゲリアンではない。

　前節（2‐3）で取り挙げたマラブーの著書『真ん中の部屋』の読解を続ける。ここではその第3章を読む。マラブーはハイデガーの *Hegel*（未邦訳）を取り挙げる。マラブーによると、しかしこの本はまだフランスでは系統だって論じられていないということだ。

　ハイデガーの本の中に収められた第一論文は「否定性」と名付けられ、第二論文は「ヘーゲル『精神現象学』の「緒論」の注釈」となっている。マラブーは、

ハイデガーのこの論文の第一のものはアフォリズムに近いと言い、また第二のものは、他のヘーゲルを論じた２冊、すなわち『杣道』所収の「ヘーゲルの経験概念」と、『ヘーゲル『精神現象学』』と比べて、「さほど豊かなものではない」と言いつつも、ここでしかハイデガーが言っていない発言に注目する。

　ここでも否定性がテーマであり、そこから主体性が論じられる。論点はこの２点である。まず否定性については、これは先の木元の分析したものと同じである。そして結論もほぼ近い。しかしここではヘーゲルが持つ二重性が常に問われていて、その限りで話は少し複雑である。この二重性というのは、前節のテーマで言えば、ヘーゲルの理論に、歴史的なものの重視と論理的なものの重視とふたつある、つまり否定性を重視する傾向と否定性を最終的には絶対的なものに収斂させてしまう傾向とふたつあるということで、ハイデガーはヘーゲルのこの二重性に自覚的である。そしてマラブーは、ヘーゲルにこの二重性を見出したのはハイデガーの功績であると考えていて、しかし私たちにはハイデガーの分析を待つまでもなく、このことはすでに自明であろうとした。そういう経緯はあるのだが、しかしハイデガーがヘーゲルの二重性を一応は尊重しているので、議論が複雑になるのである。

　具体的に書いていく。まず、ヘーゲルは拒否(Neinsagen)、否定(Verneinung)、否定性(Verneinheit)、ない(Nicht)、無(Nichts)、無化(Nichtung)といったものを一度も例証しなかったとハイデガーは言う(*Hegel* p.37,『真ん中の部屋』p.64)。否定的なものは根源から問われることがない。そのために隠蔽された状態に留まると言うのである。

　ハイデガーから見ると、あんなに否定性にこだわっているヘーゲルが、何も「例証」していないということになる。しかしハイデガーが言うのは、ひとつはヘーゲルが否定的なものを最初から前提していて、その存在論的な由来を考慮していないということであり、また否定性は論理的な過程ではなく、それは存在の別名ではないかと言うのである。

この点は本書1-3で、ヘーゲルの「論理学」を使って、エーテル論としてさらに検討した。ハイデガーの言うことは分からないでもない。しかしヘーゲルに即してヘーゲルの中にある二重性を指摘することが目的ではなく、ヘーゲルの否定性を不十分なものと見なし、自らの主張を打ち出すということになる。だからハイデガーのヘーゲル批判は、ヘーゲル批判ではなく、そこからハイデガーの主張が現れてくるという代物である。

　もうひとつは主体性の問題である。ヘーゲルの理論に即し、ヘーゲルの体系の中で、否定性から主体性を導く際に、ハイデガーは超越論的な苦痛(Schmerz)という概念を提出する。苦痛とは「否定的なものが特権的な仕方で顕現した状態」であるとマラブーはハイデガーの言わんとすることをまとめている(『真ん中の部屋』p.67f.)。

　ヘーゲルにおいて、経験的なものと超越論的なものは分離していないが、ハイデガーはここから戦略的に、否定的なものは、経験的な苦痛であると同時に論理的であるという意味で超越論的であると、その両者の関係をずらした上で結合させる。そしてその否定性から主体が導かれる。超越論的苦痛を感じる主体がここに要請される。

　これはまた「意識がその本質を自己産出するときに経験する苦痛」であり(同p.67)、「この苦痛は恐らく精神が展開する運動の最良の表現ですらある」とマラブーは言う(同p.69)。

　さらにこれは強力な主体の工作機械のことであるとされる(同p.77)。工作機械とは、ハイデガーの『哲学への寄与論稿』で展開される概念であり、それは体験を生み出すものである(『哲学への寄与論稿』66-68節)。主体は体験を蓄積して、主体となる。主体は自らの力で自らを作り出す。

　そしてこの超越論的苦痛はヘーゲル哲学の圧痛点として、否定性の苦痛として現れる(『真ん中の部屋』p.78)。ここでヘーゲルの否定性から主体が導出されるという考えを、ハイデガーは一旦自分の主張に引き入れて、迂回した上

で正当化する。

　しかしこの「苦痛」という表現は、初期ヘーゲルの『信と知』からハイデガーが見つけてきたものである（*Hegel* p.135,『真ん中の部屋』p.69）。私は以下、ハイデガーの迂回を経ることなく、直接ヘーゲルに当たってみようと思う。

　実際「無限の苦痛」という表現が、『信と知』の最終段落にある。「しかし純粋概念ないしは、その中にあらゆる存在が沈み込んでいる無の深淵としての無限性は、無限の苦痛（Schmerz）を純粋にモメントとして、しかしまた最高の理念のモメント以上ではないものとして示さねばならない。その苦痛は、かつては（精神の）教養過程において単に歴史的なものに過ぎず、近代の宗教がそこに基づいている感情、すなわち「神は死んだ」という感情としてあったに過ぎないのである」（『信と知』p.432＝p.169）。

　1 - 2 と 1 - 3 で引用した海老澤善一は、この「無限の苦痛」とは、確かにヘーゲルが言っているように、「神が死んだ」ということに対する人間の感情であるのだが、その出来事を存在の真理として理解する際の苦痛というモメントが、まさしく弁証法の魂である否定的なものに他ならないと言っている（海老澤2012 p.20）。

　さらにはこの「苦痛」という表現は、『宗教哲学講義』にもある。これはヘーゲルの晩年の10年間の講義録である。「苦痛（Schmerz）とは肯定的なものに内在する否定的なものであり、そうしてそれ自身において、肯定的なものもまたこのように自らに矛盾し、自ら棄損されるものでもある」（*Vorlesungen über die Philosophie der Religion* p.263）。この解釈も海老澤によれば、自らの内にある肯定的なものとは神のことであり、無限の苦痛は、人が神の内で自らを知る、自己反省的な感覚であるとしている（海老澤2012 p.20f.）。

　マラブーは初期ヘーゲルだけを評価し、体系完成後のヘーゲルの中には何も見出せないとするが（『真ん中の部屋』p.52）、否定的なものが弁証法を駆動するという発想はヘーゲルが生涯持っていたものだし、その否定的なものの感

覚が、この「苦痛」という表現に現れている。つまりこの「苦痛」こそヘーゲルの特質であるということを、ヘーゲル研究は示している。

　ヘーゲルの言う主体とは、たかだか「苦痛」を感じる主体に過ぎないというのがハイデガーとマラブーの言うところである。ヘーゲルは大層主体を大事なものだと見做しているが、それはせいぜいそんなものに過ぎないと、ヘーゲルを脱構築するのである。しかしヘーゲルはハイデガーやマラブーに言われなくても、もともと脱構築されている。つまり主体とは「苦痛」を感じるものであり、そういうものとして主体は重要なのである。

　このマラブーに対するジジェクの批判がある。もうここまで論じてくれば、もはやダメ押しに過ぎないかもしれない。

　さて、*Less than* の第13章に、ジジェクのまとまったハイデガー批判が展開されている。すでに書いたように、このようにまとまってハイデガーを論じるときに、ジジェクはハイデガーに対して極めて批判的になる。『厄介な』と『大義』に続いて、3冊目のハイデガー批判である。

　まずハイデガーは、先に書いたように、ヘーゲルは否定的なものを捕らえていないと批判する。しかし否定性とは、現象の秩序における裂け目だとしたらどうだろうかとジジェクは問う。つまりそれは決して現れ得ないのである。それは超越論的な身振りだからと言うのではない。そうではなく、それは逆説的なものであって、考えることが難しい否定であり、いかなる作用因によっても包摂されることのないものであり、それこそヘーゲルが自己関係的な否定と呼ぶものである。それはあらゆる肯定に先立つものであり、その後ずさりの否定的な身振りがあらゆる肯定的なものの空間を開くのである。ジジェクは、ヘーゲル弁証法は否定に始まり、否定の徹底に終わると考えている（*Less than* p.869）。

　また「超越論的苦痛」について、ジジェクはハイデガーとマラブーの主張

をひっくり返し、ハイデガーこそ、超越論的な苦痛を考えることができなかったのだとする。存在を考える際に、主体を捨ててしまったからである。主体がなくて、どうして苦痛が感じられるのか(同)。つまりハイデガーがヘーゲルを脱構築することで見出した概念は、本当ならばハイデガーが持つべきものであって、それを持ち得ないことがハイデガー哲学の欠点なのであると、ジジェクは考える。

　誤解がないように書いておけば、ジジェクは、実存主義的に主体を重視した前期ハイデガーを評価するというのではない。そうではなく、ハイデガーを参照して、デリダやマラブーが主体の脱構築ばかりすることを批判して、如何に脱構築しようとも、それにもかかわらず構築されてしまう主体について、注意を喚起しているのである。

　否定性と主体について、先に木元を扱ったので、マラブーの言うところとハイデガーのヘーゲル批判、及びそれらに対するジジェクのヘーゲルの立場に依拠する再批判が容易に理解されるだろう。繰り返し確認すべきは、ここでもジジェクのハイデガー批判は本質的であるということである。

　Less than 第13章の最初の節には、「ラカンはハイデゲリアンではない」という題が付けられている。ジジェクはここで次のようにラカンの説をまとめる。

　まずラカンは1950年代まではハイデガーの影響下にあったが、次第にそこから離れて行く。そこでフロイトの無意識論を独自の観点で深めて行く。

　ラカンはフロイトの肯定 - 否定概念の検討をする。ジジェクは、ラカンの考えから導き出せるとして、排除(Verwerfung)、抑圧(Verdrängung)、否定(Verneinung)、否認(Verleugnung)と4つの形態を取り扱う。排除は、象徴界から追い出され、現実界に戻る。抑圧は象徴界に留まっているが、意識では接近できず、症状の形を取る。否定は、拒絶されて意識の中に留まる。最後に

否認は、その象徴的な影響は宙吊りになっている。この四段階は、排除の意味合いが次第に弱められているとして、ジジェクが整理した順番である。

　私の説明では、以下のようになる。まず否定はフロイトの短い論文「否定」の中で取り挙げられた概念である。患者の「夢の中に現れたのは私の母ではありません」という言明は、私たちには、「それはまさしく母親である」と受け止められる。フロイトは「否定は抑圧されたものを認識するための一種の方法である」と言っている（「否定」p.296）。これを他の３つと区別して、別格とする。

　あとの３つの否定、つまり排除、抑圧、否認は、それぞれ精神病、神経症、倒錯に対応する。ラカン派はそう考える。それらの概念については、先のジジェクの説明が成り立つ。そしてすべての人は、このどれかの否定的傾向を持っている。すべての主体はこの否定性の傾向から作られている。あとは人によって、その否定の仕方が異なるだけの話だ。

　さてハイデガーにとってもラカンにとっても、否定性は根源的なものだが、一方ハイデガーにとって、主体は存在の開示のための道具に過ぎない。しかしラカンにとって主体は否定性から出現し、しかもそれは捻じ曲げられ、切断されている。

　つまりこの否定性と主体性の考え方は、ハイデガーのものとラカンのそれと根本的に異なっている。つまりラカンはハイデゲリアンではないとジジェクは言う。そしてジジェクはラカニアンを自称する。ゆえにジジェクはハイデゲリアンではない。

　先に書いたように、ハイデガーは、ヘーゲルは否定、拒否、無などを一度も例証しなかったと批判したが、それをもじって言えば、ハイデガーは否定、排除、抑圧、否認を一度も主体と関係付けて論じることはなかったのである。否定を意味する様々な言葉遣いと、それに対応する主体の状態についても考察しなかった。

　否定性は然りによって基礎付けられると、マラブーは著書の第 3 章、つまりハイデガーによるヘーゲル解釈を取り挙げた章の最後に書いている。ノーに対するイエスはイエスの否定であると同時に、ノーの否定である。この否定はフロイトの否定や排除に似ているとマラブーは言う（『真ん中の部屋』p.78）。しかしここでフロイトは唐突に引き合いに出され、その含意はまったく深められていない。単に示唆されているだけだ。ジジェクはこのマラブー批判を意図して、フロイトの否定概念をラカンを参照して展開し、ハイデガー批判に繋げる。

　ジジェクもラカンも若い時にハイデガーの影響を受けている。しかしそれにもかかわらず、彼らがハイデゲリアンでないのは、この否定性と主体性の 2 点の理解が、ハイデガーと異なるからである。

　なお、さらに論じるべきはヘーゲルとラカンの関係だが、とりあえずここではそれはジジェクにおいて結び付いているとだけ言っておく。それ以上については今後の課題である。

注

(1) 木元裕亮のこの論稿は、日本語でまとまったジジェク論としては唯一のものである。
(2) おそらくヘーゲルに親しんでいる人たちはジジェクを読まず、ジジェクを魅力的だと思う人は、本章で展開しているように、ハイデガー経由の現代思想に詳しいことが、ジジェクをハイデゲリアンにしてしまうのだと思われる。

2-5 バトラーの性的主体の論理

　本節は、J.バトラーの『ジェンダー・トラブル』を読解し、性的主体の確立について論じる。

　バトラーはレズビアンであることを公言しており、この書は、まずは同性愛を正当化したいという意図で書き始められたと思われ、その限りで当事者研究であると私は考える。しかしこの書は今やフェミニズム理論において最も評価されている本になっていて、当然のことながら、単に当事者研究であるということだけを売り物にしているということではなく、自らの属性に正当性を与えたいという思いから、さらにそれを原動力として対象に深く入り込んで性的主体の理論構築をしており、本書補遺1で書いたように、実はまさにそれこそ当事者研究であると言うべきものなのである。そのことを本節で扱う。ただし、バトラーはヘーゲルとフーコーを咀嚼して主体論を確立しているのだが、本節ではバトラーのフロイト受容とラカン批判のみを扱う(注1)。それによって、バトラー理論の意義が明確になると思うからである。

　さて『ジェンダー・トラブル』の第2章「禁止、精神分析、異性愛のマトリックスの生産」では、まず第1節でC.レヴィ・ストロースが批判され、次いで第2節でラカンが批判される。バトラーはそこでレヴィ・ストロースとラカン両者の近親相姦禁止理論を批判する。それは異性愛を自然と見なし、男性中心主義をその内に含んでいるとされている。そこが激しく批判される。

　例えば長野慎一は、バトラーを論じた論文の結論部において、以下に本節が論じるように、バトラーは精神分析の手法をうまく活用して主体の成立を論じていると、この論文の意義をまとめ、さらにそこでは同性愛や女性の主

体の確立よりも、それらの脱構築に力点を置いているということを指摘している。そして異性愛者や男性中心主義者が揺るぎないものと考えている自己の境界の脆弱さを甘受すべきだとしている（長野2007 p.71）。

　また藤高和輝は、バトラー自身がこの書はフェミニズムの書であると言っていることを確認した上で、しかしバトラーの目的がフェミニズム内部にある異性愛中心主義批判であるとしている。そしてそれがまた男性的主体を普遍だと考えてしまうことを、フェミニズム内部から批判したかったのだとしている（藤高2018 p.129ff.）。

　つまりバトラーはフェミニズム運動でさえ、この近親相姦の禁止を自明のものとし、その上で異性愛を前提に、男性中心主義を受け入れてしまっているのではないかと批判しているのである。

　具体的にそのことを見ていこう。レヴィ・ストロースの『親族の基本構造』によれば、あらゆる親族組織に交換という構造が存在する。ある父系的な氏族から別の氏族へと女性が花嫁として交換される。それは父の名によって男たちを結束させる。父系性は女性を儀礼的に追放し、受け入れることで安定化する。

　そこでは近親姦タブーがあり、それこそが族外婚の異性愛を生産していく。それは本来は人工物なのに、異性愛を自然のものと見なし、かつ男性に特権を与え、それによって男同士の絆を深め、そうして出来上がった構造を社会に普遍的なものだと見做すのである。それはバトラーによって、男根ロゴス中心主義と呼ばれる（『ジェンダー・トラブル』p.86f.）。

　興味深いことに、この近親姦の禁止と続外婚の規則は、構造主義文化人類学と精神分析学を繋いでいく。つまりレヴィ・ストロースの文化における言語構造を、ラカンは幼児が文化に参入する際の局面に読み替えていく。このことを確認して、バトラーは第2節でラカンの分析を始める。そこではあの評判の悪いファルス論が、つまりペニスを象徴化するファルスを男性が持ち、

そのことで優位に立ち、一方女はファルスを持つことができず、自らをファルスであるとすることよって、男の欲望の貫徹する場を作るという理論が批判される。

　バトラーはここでラカンの前期の論文「ファルスの意味作用」(1958)を検討している。それは正確な理解を示していると私は思う。そしてその男根主義の機構が同時に、異性愛こそが、また異性愛のみがセクシュアリティであるという主張に繋がっていると言う。

　このことは本節ののちに再度取り挙げられる。結論を先に書いておくと、このラカンのファルス理論は、フロイトが作り上げたエディプス・コンプレックス論、つまり男の子が母親と性的に結ばれることを欲望し、父親を殺したいと思うという理論と、去勢理論、すなわち男の子はペニスを切られてしまうことに恐怖を覚えるという理論をもとにし、発展させたものである。しかしフロイトが生涯、ペニス羨望の観点を持ち続けたのに対し、ラカンは前期にファルス理論を立ち上げたあとは、次々と新しい理論を打ち立てて、前の理論を捨てていく。その動きの素早さこそが、つまり刻々と変化していく理論を追うことこそがラカンの魅力なのだが、バトラーは中期以降のラカンには関心を持たず、一方でフロイトの理論の曖昧さの中にこそ救い出せるものが多いと考え、ラカンは徹底的に批判するけれども、フロイトは評価するのである。

　以下、フロイト理論を簡潔に説明し、ラカンの説に繋げたい(注2)。先のエディプス構造の中で、子どもは父親からペニスを取られてしまうという去勢の脅かしを受ける。この脅かしによって、男の子はエディプス・コンプレックスを克服するとされている。一方女の子は、自分のペニス不在に気付き、それは去勢されて失ったのだと考える。それでペニスを失った代償として父親からの贈り物として赤ん坊を授かりたいと思う。これが女の子の場合のエディプス・コンプレックスとなる。そしてそれはゆっくりと解消して、女性

としての性的主体を確立する（フロイト「エディプス・コンプレックスの崩壊」(1924)、「女性の性愛について」(1931)）。

　ここからラカンはこれを次のように、より論理的かつ抽象的に発展させる。まず母親とは最初に出会う他者のことで、それは言語的な存在である。つまり母は象徴界の存在である。子どもはそれを想像的に解釈する。しかしここで母という他者にとって、さらに他者である父が現れ、母に法を与える。この象徴的な父を「父の名」と言う。

　このことがファルスから説明される。ファルスとは母親の欲望の対象である。母の欲望を満足させるはずの想像的対象である。母にはファルスがないので、男の子だと、まずは自らがその欠如を埋めようとする。かくして母はファルスを得て満足する。ここに父が現れる。そして母の欲望の対象は自分ではなく、父であることを子どもは知る。子どもはファルスとしての価値を失う。これが去勢脅迫である。ここから子どもは母の欲望の対象になることを諦めて、父と同一化する。父と同じようにファルスを持ちたいと考える。

　女の子の場合は、まず自分にファルスがないことに気付き、自分もそれを持ちたいと思い、しかしそれが叶わないと分かると、今度は赤ん坊を持ちたいと思う。ここまではフロイトと同じである。さらにラカンの場合は、その子どもはファルスの代理だと考えるのである。

　ここで仮装という概念が出てくる。というのも結局女の子はファルスを持つことができず、ファルスを持つ男性から欲望されることを欲望することになり、女らしさという仮装を身につけて、自らファルスに同一化しようとする。雑駁にまとめると、ファルス理論とはこのようなものである。

　ここにバトラーが噛み付く。猛烈な批判を始める。以下、バトラーはラカンの何が気に入らないのか、具体的に見ていきたい。

　まずはこの女らしさという仮装の概念が攻撃される。仮装とは、「男根主義の機構では常に表象不能とされている先在的で存在論的な女性性を前提と

した女の欲望を覆い隠して否定するもの」(『ジェンダー・トラブル』p.97)である。そして「女から欲望を取り上げてその女の欲望を〈ファルス〉のあまねく必然性の反映や保証になりたいという欲望に変えてしまう操作である」(同p.95)とも言われる。

さらに女の同性愛に対するラカンの無理解が批判される。女の同性愛の基盤は、ラカンによれば絶望である(「ファルスの意味作用」p.160)。しかし絶望とはどういう事態を指すのか。それは欲望を捨てないと追求できないものなのか。そしてそこから、女性の同性愛は「欲望の不在という形となって、出現する拒絶の体内化」という脱性化されたものだろうという、ラカンによる結論が導かれる。「だがこの結論は、レズビアンのセクシュアリティをセクシュアリティ自身の拒絶と見なす異性愛の男の観察視点から必然的に生まれてきたもの」であり、さらにラカンはセクシュアリティを異性愛的なものと考えているために、観察者ラカンの方が同性愛の女性たちに拒絶されているのではないか。ラカンの方が彼女たちに拒絶されて、そのために絶望しているのではないかということになる(『ジェンダー・トラブル』p.100f.)。

このようにバトラーはラカンを鋭く批判する。しかし一方でフロイトは救い出そうとし、そこからバトラー自らの理論を提出する。そのことを具体的に見ていきたい。

『ジェンダー・トラブル』の第2章第3節で、フロイト理論が取り挙げられる。そしてそれを参照しつつ、バトラーは「近親姦の禁止よりも同性愛の禁止が先行する」という、自らの理論を提出する。これをバトラーテーゼと呼んでおこう。

バトラーはまずフロイトのメランコリー論を使う。ここではふたつのフロイトの論文が参照される。まず「喪とメランコリー」(1917)でフロイトは、愛する人を失った時などに、実際に喪失に対してなされる対応を喪と言い、それに対して、何を失ったのか分からず、喪失を受容できずに、対象と同一化

を図ることをメランコリーと言った。ここで失われた対象は、自我の中に内面化されている。それがメランコリーである。

　さらに「自我とエス」(1923)では、このメランコリー構造こそが一般に自我形成に見られるものだとしている。つまりメランコリーは単に病理であるというだけでなく、これこそが誰にとっても大人になるために必要な手続きなのである。フロイトの論理は以下のようになっている。

　男の子の場合を先に考えよう(「自我とエス」p.232f.)。子どもまずは母親に対する対象備給が発展し、次いで父親にも同一化しようという傾向があるのだが、次第に母への性的な欲望が強まり、父がこの欲望の障害であることに気付くと、ここにエディプス・コンプレックスが生まれる。

　しかしこのエディプス・コンプレックスは崩壊せざるを得ない。近親姦は禁止されているからである。これが自我にとって愛の対象を喪失させ、その欲望対象を内面化させる。フロイトによって、メランコリーは、「失われた対象を自我の中に再現し、これによって対象備給を同一化によって置換する行為である」と簡潔に説明されている(同p.227)。ここで男の子は、母への欲望を断念し、そのことによって失われた親を内部に取り込んで、自我形成を図る。

　しかしここのところでフロイトの説明は曖昧である。男の子は、かくして母親と同一化する。同時に元々あった父親との同一化も強化する。しかし近親姦の禁止が同一化を強化するというのなら、ここで失われるのは母親との繋がりであって、それがメランコリーとなって、母親との同一化が強くなるはずであるが、フロイトはなぜか、男の子の場合は、父親との同一化が強くなり、男の子は男らしくなると言う。

　バトラーはここで同性愛こそが禁止されているというテーゼを打ち出す。男の子の場合、「罰せられ、昇華されるのは、母に対する異性愛の欲情ではない」と書く。「文化の認可を受けている異性愛に道を譲るのは、同性愛の

リビドー備給なのである」(『ジェンダー・トラブル』p.117)。父親との同性愛が禁止されると、同性愛という欲望と父親という対象と同時に禁止されて、メランコリーの内面化がなされる。その結果、男の子は異性愛の欲望を強め、しかし近親姦の禁止によって母親との結合も禁止されているから、母親とは別の異性に関心を向けるようになる。そしてまた当然のことながら、母に同一化することによって、その喪失を内面化する場合もあり、異性愛の対象選択が排除される場合もある。母を内面化することによって、男性性を解体させ、女性的な超自我を打ち立てることもある(同p.117f.)。

　このバトラーテーゼ、つまり近親姦の禁止に先行する同性愛の禁止という前提があって、その上でメランコリー理論を接続すれば、フロイトの言いたいことはうまく説明ができるということなのである。

　フロイトは同性愛の禁止が最初にあるというようなことはまったく言っていないのだが、しかしこのあたりの記述が曖昧で、そこにバトラーは自説を持ち込み、フロイト理論に明確な整理を与えている。

　一方、女の子も同じように説明がなされる。フロイトは、女の子については、男の子の説明の後に、「まったく同じように」として、「少女のエディプス状況は母との同一化の強化に進み」、「少女の女性的な性格を強める」と書く(「自我とエス」p.233)。しかしここでも父親との異性愛が禁じられたのなら、父親との同一化がメランコリーとして内面化されるはずである。バトラーはすかさずここでも、同性愛の禁止と近親姦の禁止とが両方働くために、同性の同一化と異性への同一化とのどちらかになると言う(『ジェンダー・トラブル』p.118)。母との結合を禁止されて、母を同一化して父親に向かい、その父親とは近親姦が禁止されているために、父親とは別の異性に対象が移ることになる。しかしここでも女の子の中に、男性性が強い場合と、女性性が強い場合とのふたつの気質が出てくることになる(同)。

　ここでジェンダーアイデンティティは、同性愛の禁止を利用することで、

男女それぞれに、男性気質と女性気質を作り出し、性的欲望を生産することになる。これがバトラーの理論である。

　このことによって、バトラーは異性愛／同性愛を、自然／非自然とみなす考え方を批判する。近親相姦、つまり男の子が母親に、女の子が父親に性的な欲望を抱くのだというのであれば、論理必然的にもうひとつの可能性、つまり女児‐母親、男児‐父親という結び付きの可能性とその禁忌は考え得るはずだ。子が最初の他人として親と接する時の感情があり、また異性愛が自然であるという仮定をすれば、近親相姦の感情は自然に起こり、それをどう禁止することから社会が始まると考えるのは、これも必然的な流れであるが、異性愛が自然だと考える必要はないとすれば、もうひとつの組み合わせの同性愛の感情も、親子間で生じ、それを禁止するということは理論的な可能性として出てくるのである。

　この「自我とエス」の段階では、フロイトの理論は男女対照的である。そしてそれは今述べたように、フロイトの近親姦禁止の理論とバトラーの同性愛禁止の理論は、考えられる組み合わせの問題であり、両方とも納得のいくものである。しかしこのあとフロイトは、男女が対照的ではなく、つまりこのあとで、男女の差異を論じるのにペニスの有無という話があり、ペニスを切られてしまうのではないかという不安の中に男の子がいて、一方女の子はすでにペニスを切られてしまった悲しみの中にいるという去勢理論があって、男女のそもそもの非対称性を、エディプス理論だけで整合的に説明しようとする。「エディプス・コンプレックスの崩壊」(1924)や「解剖学的な性差の心的な帰結について」(1925b)がその説明をする。フロイト理論はこのように先に進む。

　つまりこの「自我とエス」の段階では、男女は対照的であり、そしてここでの理論では、つまり近親姦の禁止だけでは、男の子の説明も、女の子のそれもどちらも不十分である。この不十分性を、このあとフロイトはペニス理

論を彫琢することでより整合的な理論を構築する。一方バトラーは同性愛の禁止理論を提出して解決するのである。

では、この同性愛の禁止という前提はどこから得られるのか。バトラーは言う。「フロイトは明白に断言していないが、同性愛タブーが、異性愛の近親姦タブーに先立つものであるはずだと言っているように思われる。つまり同性愛タブーが異性愛気質を作り出し、この異性愛気質によってエディプス抗争が可能になると言っているのである」(『ジェンダー・トラブル』P.124)。

しかし「明白に断言して」いなくとも、どこかから示唆を受けたはずである。それはどこなのか。そこが分からない。S.サリーもバトラーの業績を解説する本の中で、「しかし奇妙なことに、バトラーはこの発想がどこから来たのか明言していない」(サリー2005 P.100)と言う。しかし明言されていなくても、どこかに暗示されているはずだ。

ひとつ考えられるのは、このフロイトのメランコリー理論、つまり禁止されたものを内面に同一化するという理論だけではフロイトがうまく説明し得ないところを、上述したように、バトラーテーゼを導入すれば、より明解に説明できるということにバトラーが気付いたのである。曖昧なフロイト理論を整理する鍵は、フロイト自身の中に見出せるとバトラーは考えたのである。

もうひとつの根拠は、以下に説明する両性性に拠るものである。十川幸司は、「自我とエス」における両性性について次のように書いている。

まず先に説明したように、フロイトは、去勢の威嚇に出会ったときに、男の子は母親との同一化か、父親との同一化のどちらかを選ばなければならなくなり、多くは後者を選ぶとしている。しかしなぜ後者なのか。また女の子の場合は母への同一化を選ぶとされるが、これもなぜか。ここでバトラーの言う、同性愛の禁止があるからというのは、理由として最も納得のいくものである。つまり禁止があり、そのために同一化が生じ、メランコリーとして、その同性を自己の中に維持するのである。フロイトも実は同様のことを考え

ていて、男女はそれぞれ元々両性性を持っていて、そのどちらかが強いかで、同一化の対象が決まると考えていたのだと、十川は言う（十川2019 p.70f.）。

　この両性性はどこから出てきたのか。十川は、フロイトが多くの臨床経験から、男の子と女の子の両方が、それぞれ両方の性を持っているということに気付いていたのではないかと言う。そしてそのどちらが強いかということから、同性愛か異性愛かのどちらかが生じ、そしてそのどちらもが禁止されるのである。もちろん後者は近親姦だからという理由で禁止される。そうすると、フロイトは自覚はしていないが、すでに同性愛の禁止と、そのあとから起きる近親姦の禁止と、その両方を考えていたことになる。バトラーはそこから、自説をフロイトに由来するものと強弁するのである。

　さらにバトラーの、この同性愛の禁止理論は、バトラーの他の著作でも展開されている。これらを見てみよう。『ジェンダー・トラブル』（原文1990＝邦訳1999）が出た３年後には、『問題＝物質となる身体』（1993＝2021）が出る（注3）。そこでバトラーは、フロイトの「ナルシシズム入門」（1914）を引用する（注4）。

　これは同性愛について書いた論文ではない。実はフロイトには同性愛について書いた論文がいくつかあるが、どれも同性愛については否定的である（注5）。

　この論文は題名の通り、ナルシシズムについて書いたものである。そこで補足的に触れたという感じで、同性愛について３箇所で言及する。まず同性愛などリビドー発達に障害がある人物では、自分自身をリビドーの対象として選択するので、ナルシシズムの選択型と呼ぶことができるとする（「ナルシシズム入門」p.253f.）。このように同性愛を位置付ける。これが最初の記述である。

　二番目は以下の通りである。この論文はナルシシズムと良心の関係を論じており、審級としての良心が番人の役割を果たす自我理想という概念が導入される。「本質的に同性愛的なリビドーの多くは、ナルシシズム的な自我理想のために利用されたのであり、これを維持することに使われ、そこで満足

を見出している」とした上で、この良心というのは、まずは両親の、次いで社会の批判を身体化したものであるとする。そしてその身体化の過程の中で、外部からの禁止があると、病気という形で外に出ていく。そして良心に抵抗する。そこでしかしその本人は、両親や社会から与えられた影響から離れようとして、同性愛的なリビドーを撤収する（同p.265）。

あくまで同性愛を禁じるのは、両親または社会からの圧力が身体化された良心であるというのがフロイトの理論だが、しかしそこに同性愛を禁忌として自ら受け止めるということが記述されている。

そして最後はこの論文の最終段落にある。「自我理想はナルシシズム的なリビドーだけでなく、その人の同性愛的なリビドーは、同じ道から自我に還帰したのである。この理想が実現されないという不満によって、同性愛的なリビドーが解放され、これが罪責意識（社会的な不安）に変化する」（同p.273）。

40ページ余りの長い論文から、この短い３箇所の記述を拾い出して繋げると、あたかもフロイトが、同性愛の禁忌がナルシシズム理論の根本にあるということを論じているかのようになる。

バトラーは、まさしくこの引用文を指して、次のように言う。「同性愛の禁止を含み、一般に禁止は、罪の痛みを通じて機能する。フロイトはこの論文（「ナルシシズム入門」）の最終部で、同性愛の備給の投入として、良心の生成と自己規制的な可能性を論じるときに、この繋がりを提供する。言い換えれば、フロイトが自我の「自尊心」と呼ぶものを司る自我理想が、同性愛の禁止を要求する。この同性愛の禁止は、自己に向けられた同性愛の欲望である。良心の非難は、同性愛の欲望を反省的に別ルートで送ることである」（『問題＝物質となる身体』p.35）。

いささか「ナルシシズム論」のフロイト理論を拡大解釈しているのではないかという疑問は当然出てくる。以下、詳細に見ていきたい。

まず岡崎佑香は、バトラーの身体の問題を論じ、そこでバトラーがフロイ

トのこの「ナルシシズム論」をどう読んでいるのか、克明に分析する。そこで先に私が拾い出した箇所に着目する。フロイトがナルシシズムの代わりに自我理想を作り出して、それを通じてナルシシズムの満足を得ようとしているところに、まさにバトラーが同性愛の禁止理論を持ってくる。それは同性愛の禁止がなければ自我理想とそれを監督する良心が形成されないからである。そしてその点に着目したバトラーの「慧眼」を称えている(岡崎2019 p.161ff.)。しかし私は、バトラーはフロイトを深読みしていると思う。戦略的にそうしているのだと言って良い。

　比嘉徹徳はまったく逆に、フロイトのナルシシズム論では、そこからバトラーの同性愛理論が出てこないとしている。フロイトはそのナルシシズム理論において、主体が他者に全面的に依存していること、そしてそこから導出される超自我は、自我に回収され得ないものだが、バトラー理論ではそうならず、そこでは異性愛が規範となっているという前提で、その異性愛こそが超自我であって、自我はそこで同性愛を禁止されて、自己の性をメランコリーとして内在化するのだが、しかしそこでは自我は揺さぶられていないのである。ナルシシズムの核に根源的な他者が刻まれているとするフロイト理論をバトラーは掴んでいない(比嘉2003 p.276ff.)。

　バトラーは、フロイトに対しては、異性愛が規範になっている社会で、異性愛者は同性愛的他者に取り憑かれていると読み込む。異性愛者は本当は同性愛志向があったのに、それが禁止されてメランコリーになっているとバトラーは考えているのである。そのバトラーのフロイト理解を比嘉は批判する。私はこの批判は本質的なものだと思う。超自我と自我、良心の生成という問題を、異性愛と同性愛の理論そのものだと読み込むことはできない。要するにバトラーはフロイトを自説に引き寄せ過ぎている。

　バトラーの『権力の心的生』(1997=2012)でも、このナルシシズム理論は反

復される。先と同じことがここでも言われている。「ナルシシズム入門」の文言が取り挙げられ、ここで「ある種の同性愛がこの否認を通じて達成され、また抑制される」とバトラーは書く（『権力の心的生』p.99）。

　さらにここでは、フロイトの「文化の不満」も援用される（注6）。しかしここでもフロイトの曖昧さに付け込んで、無理やり自説を持ち込み、それをフロイトに由来すると言い張っているという印象を受ける。

　というのも、フロイトはここで良心について語っている。バトラーはそれを引用し、禁止と欲望の関係を説明する。フロイトはしかしここで同性愛のことを語っている訳ではない。ところが、そこからバトラーは強引に同性愛の禁止テーゼを打ち出す（同p.99f.）。

　フロイトは、「自我の内部に権威が構築され、この権威に対する不安のために欲動が断念され、良心の不安が生まれる」と書いたあとで、「欲動の満足を断念するごとに、良心が強められる源泉となり、新たに欲動の充足を断念するごとに、良心はますます厳格で、不寛容になっていくのである。……良心は欲動の満足の断念によって生まれたものである」と続ける（「文化の不満」p.256f.）。バトラーはこの箇所を引用して、「禁止は禁止された欲望を再生産し、それがもたらす断念を通じて力を増大させる。……禁止は……その欲望によって維持される。欲望は決して断念されない。それは断念の構造そのものの中で保持され、再肯定されるのである」とする（注7）。そしてこの禁止とは同性愛の禁止だとするのである。「良心が制定あるいは分節するとされる同性愛の禁止が、良心そのものを心的現象として基礎付け、構成する」（『権力の心的生』p.99f.）。

　かくして「同性愛の禁忌が近親姦の禁忌に先行する」というバトラーテーゼは、フロイトの言説の中に見出されると、何度でも繰り返すが、これはバトラーによって強引に結び付けられ、そしてそれはフロイトの諸理論、つま

りメランコリー論、ナルシシズム論、良心の理論と接続された。これがバトラーの理論である。

　ここでしかしあらためてバトラーがどのようにして、このバトラーテーゼを得たのかということが問われて良い。つまりフロイトの言説の中にこれを読み込むのは、後付けで正当化を図っているに過ぎないのではないかという思いを禁じ得ないからである。実はこのテーゼは、バトラーが随所で引用するG.ルービンが言っている。まるで種明かしをするかのように、バトラーは『ジェンダー・トラブル』の第 2 章第 5 節に進んで、そこでルービンを引用する。

　ルービンの論文は1975年に発表されている。それは「レヴィ・ストロース、ラカン、フロイトをフェミニスト的に読んだものの中で、最も影響力のある」ものとして紹介される（同 p.137f.）。ルービンはこの 3 人を批判しつつ、同性愛についての理論的基盤を提出する。彼女は次のように言っている。「近親姦タブーが前提するのは、それに先立ち、それよりも分節化されていない同性愛タブーである。いくつかの異性愛の結合の禁止は、非異性愛の結合に対するタブーという形をとる。ジェンダーはひとつのセックスに自己同一化しているというだけでなく、性的欲望が別のセックスに向けられることも、当然ながら意味している。性の分業は、ジェンダーの両面に関与し、つまり男と女を作り出し、異性愛を作り出す」（ルービン p.133,『ジェンダー・トラブル』p.139）。

　禁止は欲望を作り出す。近親姦タブーと同性愛タブーは、「認可される異性愛と、境界侵犯的な同性愛の両方を生み出す」（『ジェンダー・トラブル』p.140）。つまり「同性愛禁忌が近親姦禁忌に先行する」というバトラーテーゼは、実はすでにここで言われている。

　ではこの1975年に出たルービンの論文のあとに、1990年に出たバトラーの本は何を狙って書かれたのか。

　ルービンの論述は、禁止が機能する前のユートピア的な理想の世界を前提

にしているのではないかとバトラーはルービンを批判する。あたかも私たちを抑圧し、かつ欲望を生産する法が存在する前の、「オルタナティブな性の世界」をルービンは思い描いている。しかし「現在のジェンダー関係や、ジェンダーアイデンティティの懲罰的な生産が抑圧的だということを言うために、法の前に存在していた幸福な期間に頼る必要があるだろうか」とバトラーは問うのである（同p.142）。

　ここで、現実を批判するのに、この世界が成立する前に、理想世界があったという考え方は如何なものかということになる。バトラーはルービンに、フーコーの思想を受け入れたあとになぜそういうことを言うのかと問う[注8]。ここでは歴史以前にユートピアがあるという見方が批判される。始原にユートピアを設定してはいけない。歴史以前の世界は、法によって、事後的に作られるものである。

　必要なことは、近親姦タブーによって異性の親への欲望が生産され、かつ否定されるそのメカニズムに同性愛という概念を導入し、それをタブー視することによって、欲望の生産と否定をまたその対象との同一化を論じることではないか。つまり精神分析の理論を活用し、その中に同性愛のタブーを読み込んでいくことではないか。このようにバトラーは考える。

　かくしてバトラー理論が出来上がり、そしてそれは見事に成功していると言うことができる。

　本節での私にとっての問題は、バトラーテーゼそのものではなく、なぜバトラーは自らのテーゼをフロイトから得たと言い張るのかということであり、もうひとつは、バトラーの功績はこのテーゼをフロイトの諸理論に結び付けたことで、それがどのように結び付いているのかということなのである。このことは以上で、一応の解決を見たように思う。そしてまさにここにバトラーの功績がある。

　バトラーとの対談でルービンは次のように言っている。「私はラカンの陥

窄にははまりたくありませんでした」とルービンは話し出す。そして「ラカンの研究は逃れるのが非常に困難な、一種の深い落とし穴を作り上げてしまうような危険性を伴っていると私は思いました」と続け、「ラカンの中の全体化への傾斜や象徴界という彼の概念の非社会的な要素については問題視していました」と語っている（ルービン＆バトラー1997 p.295）。

　一方でフロイトについてのルービンの対応は曖昧である。つまり評価と批判と両方が混ざっている。そしてフーコーは賛美される。その発想をバトラーはそのまま受け継いでいる（注9）。

　さて、バトラーに対する最後の疑問は以下のことである。フロイトはこののち、ペニス理論を先に進めていく。フロイトは生涯ペニスの自然性を疑わなかったし、ペニス羨望と去勢理論を捨てることはなかった。これは本来ならば、バトラーによって、強く批判されるべきものだ。しかしバトラーが批判するのはフロイトではなく、ラカンである。

　刻々とその理論を変化させるラカンに対しては、その変遷を見ないで、前期の理論のみに固定して、それを取り挙げて批判する。一方、多義的で曖昧な点を多く含むフロイトに対しては、好意的にそれを受容する。

　私は本節において、バトラーのフロイト理解に絞って書いてきた。繰り返すがそれは評価に値する。しかしなぜラカンを評価しないのか。

　子どもが最初に接し、かつ大きな影響を与える母親が女であり、その女性性を前提にして、男の子と女の子とどう関わるかということを考えていけば、その非対称性は明らかである。エディプス・コンプレックスですべてを説明しようとすれば、どうしても無理が生じる。その無理を、フロイトはペニス羨望と去勢理論で辻褄を合わせようとしている。ラカンもそこでフロイトと同じ道を歩んでいるように思える。ファルスはどうしたって、つまり抽象的なものだと言ったところで、どうしても男性的なものであって、その理論で

以って女性を語っても、極めて不十分なのである。

　しかしラカンはその後、次々といろいろな説を編み出していく。まずラカンは想像的な自我に対して、無意識の象徴的な構造を説明した。しかし60年代のラカンはさらに進み、想像界に関わるイメージでも、象徴界に属する言語でも扱えない現実界を強調する。それはなぜかと言うと、無意識は言語としての構造を持っているが、しかし享楽などの非言語的な領域とも関わっていて、そこを重視し始めたからである。

　バトラーの性的主体理論を論じる本節で、バトラーのがラカンの前期の学説のみを取り挙げて、それを酷評し、しかし後期ラカンについてはまったく検討していないという批判は、当然しなければならないものであるけれども、それは稿を改めてすべきことであろうと思う。ラカンは後期になると、明らかにエディプス理論を捨ててしまっている。想像的自我と象徴的父または母という話は後景に退く。そこで重視されていなかった現実界の重さに気付き、そこに焦点を当てて、理論を展開する。

　一方でバトラーの現実界理解は曖昧である。多分バトラーは後期ラカンを読んでいない。

　では後期ラカンから何が言えるのか。バトラーの目的が異性愛の主体の脆弱性を指摘することなのだとすると、それなら後期ラカンからも導出できる。異性愛が自然で、同性愛が異常だとする考え方に対してバトラーは批判をしたいのだろうが、しかし異性愛もまた病気であるとしたらどうか。男性中心主義もまた幻想である。もちろんそれは幻想だから、容易に除去し得ると考えてはいけない。幻想だからこそ、私たちを支配しているのである。私たちを頑固に縛り付け、私たちのアイデンティティとなっているものの基盤が、実は脆弱であると指摘し、それを揺るがそうとするのは必要な試みだが、しかしバトラー以外の理論からもまたそういう結論は得られるのである(注10)。

　誰でもエディプス・コンプレックスを持っているということが、このエディ

プス理論の眼目であり、しかしそれを禁止することによって共同体が成立する。同様に誰もが同性愛志向があり、しかしそれが禁止されて異性愛が出てくるのだが、その異性愛はそこでメランコリーを内包している。つまり異性愛者は病理である。そういうバトラーの結論と同じものが、ラカンからも得られる。つまり人は誰でも現実界と遭遇することで、そこで享楽が生まれ、そこから他者が導出され、そこから欲望を成立させて生きていく。その限りで、異性愛者も同性愛者も等しく病気である。

　本書のテーマであるジジェクもまた、後期ラカンを重視する。そのジジェクによるバトラー批判は、『厄介な』の第5章でなされる。それは結構本格的なものだが、その要旨は、結局バトラーがラカンの現実界を理解していないということに尽きる。

　このジジェクの論もまた、その本の題名が示す通りの主体論である。現実界に呼応してどう主体が確立するかということは重要な問題である。しかしそれは2-1～2-4の課題であった。ここで一担話を終え、つまり第2章はここまでとし、第3章でジジェクの実践論に話を移す。

注

(1) このあとに参照する藤高和輝は、バトラーがスピノザのコナトゥス概念に惹かれ、そこからさらにヘーゲル受容に至った経緯をていねいに描いている。本節ではそのことにも言及しない。

(2) 向井雅明2016、松本卓也2015、片岡一竹2017を参照してまとめる。

(3) 原題*Bodies That Matter*のmatterには問題となるという意味と物質という意味がある。

(4) 「ナルシシズム入門」は「ナルシシズムの導入に向けて」と訳される場合もある。

(5) フロイトの同性愛論のひとつは、「嫉妬、パラノイア、同性愛に見られる若干の神経症的機制について」(1922)にある。フロイトらしさが出ている。母親への固着、

ナルシシズム的対象選択がその理由に挙げられ、その背後にはペニスがないこと
を発見したことに由来する女性嫌悪や父親への配慮や不安を挙げている。ほかにも、
「女性同性愛の一事例の心的成因について」(1920)という論文がある。そこでは女
の子が持つ、父親の赤ん坊を生みたいという願望が思春期まで続き、そのために
母親の存在が父親の裏切りと感じられて、男性全体に嫌悪感を抱くようになった
と論じられ、無理やりエディプス・コンプレックスで説明しようという試みがな
されている。

(6)「文化の不満」は「文化の居心地悪さ」と訳される場合もある。

(7) ここでバトラーは欲動(instinct)と欲望(desire)を区別していない。

(8) ルービンに対する批判も、フーコー的視点が徹底されていないということなのだが、
そのことには本節では言及しない。

(9) ルービンは1949年生まれで、1994年のこの対談時、彼女は45歳である。一方バトラー
は1956年生まれで、この時38歳である。対談は「クィア・セオリーはフェミニズ
ムと出会う」というテーマでバトラーによって編集された。

(10) フェミニズム理論・クィア理論においてバトラーと並んで取り挙げられることの
多いE.K.セジウィックをここで説明する。彼女もまた、性的主体の確立を論じて
いるからである。セジウィックは1950年生まれで、クィアな女性を自認する。参
考文献で挙げたように、2冊の本が翻訳されている。そこではレヴィ・ストロース
の「女性の交換」理論が批判され、男性同士のホモソーシャルな欲望が同性愛であ
ると見做されることへの恐怖から同性愛に対する抑圧的言説が生まれたというこ
とを、イギリス文学の代表的な作品を読み解くことによって論じている。

補遺2‐1　観光客の哲学について

　東浩紀『ゲンロン0観光客の哲学』（以下『観光客の哲学』）を参照し、その批判をしつつ、拙論を述べる。

　この本は題名の通り、観光客の哲学が主題である。観光客とは、特定の共同体にのみ属する村人でもなく、どの共同体にも属さない旅人でもなく、特定の共同体に属しつつ、時折別の共同体を訪れる人である。

　しかしここで直ちに疑問が生じる。世界は村人と旅人と観光客の3つから成り立っているのか。ほかにはいないのか。そうではない。すぐに思い付くのは移民である。彼らはある共同体を追われ、または自ら捨て、別の共同体に入ろうとするのだが、そこで正式な共同体の一員だとは認めてもらえない。そういう人たちがいる。いや、そういう人たちがいるという話ではなく、世界は今や移民で満ち溢れている。東は20世紀は戦争の時代であり、21世紀は観光客の時代であると言うが、私は21世紀は移民の時代であると思う。しかし東は移民を論じない。

　ほかにも留学生や海外駐在員がいる。彼らは観光客ではない。国内で単身赴任をしたり、出稼ぎに出たりする人もいる。グローバリズムについての新たな思考の枠組みを作りたいというのが、本書の狙いだと東は書いているから（『観光客の哲学』p.31）、ここでは海外に出掛けることを考えよう。それで上述の、観光、移民、長期短期の海外滞在を全部ひっくるめて、私は移動と言い、それを論じなければならないと思う。しかし東は観光客だけを論じる。それは周到に用意された戦略のもとでそうしているのであり、それを批判するには、こちらも入念な準備がいる。

ひとつの戦略としてまず、不必要なこと、つまり偶然性を重視したいと東は言う（同p.34）。観光はそういうもので、だから観光客に着目したいということなのだけれども、しかし私は人生はそもそも偶然に成り立つのだと思う。偶然とは別様にあり得たということで、そもそも偶然に与えられた選択肢の中で、たまたまある選択をする。そのようにしか人は生きていかれず、私は人生そのものが旅であるという平凡な結論に至るのである。つまり移民も留学も海外駐在も偶然の結果である。ほかの可能性はいくつもあり得たのだけれども、そして必ずしも本人の意志によるのではなく、外的な要因によって、そうせざるを得なかったというところが大きい。要は政治的ないしは経済的な必要性から生じる行動をここに含めたくないと東は言っているのであり、その発想が批判されるべきである。

　東の現状認識は、次の様に示されている。現代はナショナリズムの時代でもなく、グローバリズムの時代でもなく、そのふたつの秩序原理が政治と経済のふたつの領域にそれぞれ割り当てられていると言う。それを二層構造の原理だと言う。

　ここに問題が現れている。政治と経済の二分法が問題となる。東はここでC.シュミット、コジェーブ、H.アーレントと論じるのだが、ここでは分かりやすくアーレントだけ取り挙げる。東の説明によれば、アーレントの考えは次のようにまとめられる。人間は政治的な議論をしたり、社会奉仕をする「活動」と、賃労働に典型的に表れているような、自分の欲望を満たすための「労働」をする。このふたつは、公的な活動と私的な活動と呼ぶことができ、完全に対立している。そして人間が人間として生きるには、「労働」ではなく、「活動」が重要なのだとアーレントは言う（アーレント1994）。

　この考え方が批判されなければならない。現代の大衆社会では、ナショナルなものとグローバルなものが併存するが、その際に国家＝政治は思考の場、市民社会＝経済は欲望の場だと言うことができると東は考える。そのふたつ

を一元論的に繋げていくのではなく、そのふたつからはみ出るもの、つまり観光客を論じることによって、このふたつを繋げられないとかというのが東の問題意識である。もう少し正確に言えば、欲望に忠実に、つまり市民社会＝経済に留まったまま、そこから公共的なものに繋がらないだろうかと問うのである。言い換えれば、グローバルなものが与える快楽を肯定しつつ、また経済的な、ないしは無意識の欲望を否定することなく、なお普遍に至ることができるのではないか。

　私はこの東の問題意識に一旦は同意するのである。しかし何かがおかしくないかと思う。一体、アーレントたち、つまり東の取り挙げる現代の思想家の頭の中なら、政治と経済は対立するかもしれない。しかしそれはただ単に現代思想の欠点を示しているだけの話ではないか。そもそも経済を否定し、政治を称揚するのはごく限られた人たちの間でなされるに過ぎない。

　つまり東はこのように現代思想をまとめるのだが、そうして私はそのまとめ自体は正しいと思う。ただそれは現代思想が世界の問題を矮小化してしまっただけの話で、そのために根本的には資本主義と近代国家という、ここで対象にすべき領域が十全に把握されなくなったのである。観光客の出現は、大衆社会、消費社会、情報化社会と呼ばれる社会が象徴的に生み出したものだから、それを取り挙げて論じることは正しいし、必要な作業である。しかし観光客だけではなく、少なくとも移民の問題も、またその他の移動についても、同時に論じないとならない。東が戦略的かつ意識的に考察の対象から外したものを、私はあらためて取り挙げないとならないと言っているのである（注1）。

　東に対する批判の第一は、上述のような現代思想における政治＝ナショナルなものと経済＝グローバルなものの対立からは、その両方に関わる移民という存在を扱うことができないということだ。経済を批判して政治を重視す

る現代思想を批判すべく、経済を肯定して、それが政治に繋がり得る観光客に着目するというのは、現代思想批判としては十分成立するかもしれないが、現代の問題の本質がそこに集約されているのだろうか。

例えば保守主義者においては、ナショナルなものとグローバルなものは対立しない。グローバルに活躍し、そしてその思想的基盤をナショナリズムに置く。そういうことが平然と行われる。その保守主義こそ問われるべきである。つまり保守主義をきちんと批判することによって、移民の問題が取り挙げられるのではないか。あるいは移民にとって、最も脅威となる思想は保守主義なのではないか。そういう問題意識が東にも、また東が批判する現代思想にもないのではないか。

今ここで問われるべきは、近代国家と資本主義という枠組みなのではないか。それを問う時に、私の戦略では移民は重要な視点である。

もうひとつ東の理論で批判されるべきは、このアーレントたち、現代思想の考えはヘーゲルに由来すると考えられていることである。ヘーゲルこそが人間は国家＝政治の中で成熟するものであると考えたのだと東は言う。そこのところで大きなヘーゲルの誤読がある。そしてヘーゲルの誤読の前にカントも誤読する。正確に言えば、現代思想が皆そうするように、カントは自分に引き付けて読み込み、ヘーゲルに対してはそういうことができないものだから、ここはきちんと読解することなく、拒否する。東にもそのことが顕著に見られる。以下、まずはカントを東がどう分析しているかということから論じていきたい。

まず初めの内、東はカントを正確に読んでいる。『永遠平和のために』（XI＝14）（以下『平和論』）の第2章の3つの確定条項を東は次のようにまとめる（『観光の哲学』第Ⅰ部第2章）。まず各国家における市民体制は共和的でなければならないということ。この場合、共和的というのは、行政権と立法権が分離している政治体制のことである（注2）。第二に、このような自由な諸国家が国際

連合を作るということ。ここで注意すべきは、カントは世界共和国に対しては否定的だということである。そのような組織ではなく、「消極的な代替物」としての連合体をカントは考えている。そして第三に、世界の様々な諸民族は、自由に他国を訪問し合うことができるというものである。

　さてしかし、成熟した市民が成熟した国家を創り、それらが集まって国際連合を作って平和が訪れるという発想では、成熟していない国家を排除するということを意味して、そして現実的に世界には「ならず者国家」がたくさんあり、彼らはそもそも国際的な秩序に入っていくことを拒否しているのに、国際秩序の方が彼らを拒否したのでは、ますます悪循環に落ち込むことになる。つまりカントの理論では平和は訪れない。カントも実はそれを良く理解していて、そこで提出するのが商業精神である。人々は商業精神という利己心を通じてしか結合できず、しかしそれこそが各国家を国際連合の成立へと誘う。

　そこまでは東のカント理解は正確だと言える。問題はそのあとである。カントは成熟した諸国家が成熟した国際秩序を作り、平和が達成されるという道筋を付けるのだが、それとともにそこから外れる利己心と商業精神をも提示したと東は言う。そしてその外れる道こそが、東のここで論じたい観光客を正当化するものであり、利己心と商業精神を持った観光客こそが平和の条件を作るとするのである。

　ここで東は決定的にカントを読み違えていると私は思う。カントの本筋はあくまでも理性的なもので、しかしそれでは平和に至らないから、そこから外れたものを重視するという読み方を東はするのだが、しかしこの利己心と商業精神は、カント『平和論』の中心的な概念なのである。つまりカントはここで意識的に功利主義を説いているのである。戦争は損だからしてはならないと言っているのである。そのことに気付かないとならない。カントは繰り返し、「互いの利己心を通じて諸民族を結合する」とか、「普遍的で理性的

な意志ではなく」、「利己的な傾向を用いて」平和に至らせると言う。さらに
ここで重要なのは、その主体は自然である。つまりここで読み取らなければ
ならないのは、功利主義的な自然の目的論なのである。

　こういうことである。『平和論』の第一補説の議論は次のようになっている。
自然は人類を地球の隅々にまで分散させ、そこで人が互いに集団で争うとい
う傾向を利用して、国家を創らせ、国家は法的な関係を作って、国力を充実
させる。人をそのように向かわせるのは戦争である。つまりここで論じられ
ているのは、戦争の必然性である。国家を成熟させるのもこの戦争であって、
道徳法則ではない。この戦争を好むという傾向によって、「人間は道徳的に
良い人間になるよう強制されないが、良い市民になるようには強制される」
のである。こうして競争の上に力の均衡が作られる。ここで商業精神が出て
来る。「金力こそが最も信頼できる力である」とカントは言う。ここでも道
徳ではなく、とカントは断った上で、また世界市民法の理念だけではできな
かったことを、この金の力が「あたかもそのために恒久的な連合が結ばれて
いるかのように、調停によって戦争を防止する」のである。それが自然の狡
知である。

　つまりここから導き出されるのは、功利主義的なカントであるはずなのに、
東はそう読み取らず、功利主義をカントの本筋から外れたものだとみなす。
そしてカントの単線的な歴史に反抗しなければならないとして、観光客にそ
の役割を担わせるのである。

　人間は利己的で戦争が好きなのだけれども、しかしそこにしか平和に至る
道を見出せない。その戦争を通じて、しかし戦争は得するものではなく、経
済競争によって、それを克服しようと言うのである。むしろここで感じられ
るのは、平和に至り得るという楽観ではなく、人間はどうしようもないほど
に利己的であるという悲観論であり、強調されているのは、戦争の必然性な
のである。その中でどうやって国家間、さらには国家を超えた人々のネット

ワークを作るのかということである。そしてこのネットワークがぎりぎり平和に向かうかもしれないと期待する。漂っているのは絶望である。しかし何とか平和に向かい得るほどの力をこのネットワークに持たせたい。

　ここが誤解されるのである。たかだか国家間の、及び国家を超えた人々のネットワークで良いのに、そしてそれしか望めないのに、なぜか世界共和国が求められてしまう。なぜそこまで至らないとならないのか。どうやらカントを論じるとなると、とにかくまずは世界共和国が想定されていて、しかし上述のカントの論理ではそこに達し得ないけれども、そこから外れるものに着目すれば、何とかその可能性が見えてくるという論法なのではないか。しかし文字通り読めば、商業精神は経済活動を促すものだろう。戦争という競争意識が国家を成熟させるのだけれども、さらにそこに経済競争が加わって、国際的なネットワークを作らせる。つまり経済のグローバルな関係を作らせ、それが政治的にも働いて、平和に至らせると読むべきではないのか。

　また先の3つの確定条項の内、最初のふたつ、つまり共和制になるということと、国連を作るというのは、その主体は国家の話で、最後の人々が自由に他国を訪問できるというのは、主体が市民で、そこには大きな進展があると東は考えている。つまり国家の成熟によっては平和に至り得ず、そこから外れた市民の活動によって、平和が至るのだと考えている。しかしカントは次のように言っている。最初の確定条項において、共和制になるとなぜ戦争が避けられるかと言えば、そこでは国民が損得勘定で、戦争を損だと思うからとカントは書いているのである。共和制においては、独裁制と違って、物事を決めるには国民の賛同が必要で、国民は戦費その他あらゆる戦争の苦難を背負い込まねばならず、「この割に合わない賭け事」に慎重にならざるを得ないと言うのである。共和制において、国民が政治的ないしは道徳的に成熟すべきであるとは書かれていない。最初から『平和論』は損得感情の問題を論じている。商業精神とは文字通り商業の精神である。得するためには、

戦争よりも、経済の競争をした方が良いということだ。

　もちろんカントを批判することはできる。私たちは経済競争が戦争を導くことを知っているからだ。そこは時代の制約で、まだ国家を超えたネットワークがない時代に、それができれば何とかなると考えるのは当然の話で、私たちはその上で、現代的なネットワークを作るべきである。

　東の、第一の共和制の主張と第二の国連の主張は国家の問題で、そのふたつでは実は世界共和国はできないから、第三に人々が自由に訪問できる権利を加えたのだという説は、それはあまりに自分の考えにカントを惹き付け過ぎている読み方である。カントは、『法論』（Ⅷ＝11）で、本来地球は人類が共同で所有しているものであると言っている（同第10節）（注3）。これがカントの出発点である。そして『平和論』第一補説において、自然が、戦争によって地球上のあらゆる場所に人々を分散させ、そこで国家を作り、国家を発展させる。何度でも書くように、カントの『平和論』は実は戦争の必然性を論じた本なのである。そしてその戦争が国家を創らせ、そののちは、戦争は損だから、戦争をやめようという意識が人々の中に生じる。これが共和制の特徴だとしている。つまり損得勘定で戦争に代わるものを見付けていく。戦争に代わる競争として商業精神、経済競争があり、それが国家間を繋いでいく。そして国家を超えたネットワークができると、人々はそこで自由に他国を訪問できるようになる。それで、地球は本来人類の共有財産であったという最初の段階で成立していた理想が、国家の発展を通じて再び実現される。それは壮大な自然の目的論と読むべきなのである。

　カントのこの功利主義的な目的論は、カント第三批判、すなわち『判断力』の後半部で展開されている。ここでの記述が『平和論』に呼応している。しかしこれはカントの第一批判や第二批判の考えとは大きく異なっている。つまりここで問われているのは、カントをどう見るかという問題だ。逆に言えば、カントはいくつもの視点で読み替えが可能だということにもなる。この

ことは本書3-2で論じる。

　ヘーゲルだとこういう読み方ができないから、ヘーゲル以降の思想家はヘーゲルをあっさりと捨て、そして精読することなく、批判することになる。さて本節で次はそのヘーゲルを取り扱う。

　ヘーゲルを論じる際に厄介なのは、世間には通俗的なヘーゲル像が堅固に作られていて、まずはそれを批判しなければならないというところにある。それはまともなヘーゲル研究者たちが懸命にしていることであって、まずは彼らの著作を頼りにそういう作業をしてみる。次いで私は、私自身のヘーゲル像を作りたく、作業を続けてきたので、それを披瀝したいと思う。つまり二段階に分けてヘーゲル像を構築したいと思うのである。

　先に東のヘーゲル観を見ていく。ヘーゲル『法哲学』で問題とされるのは、家族、市民社会、国家という三分法である。そこで東は、家族や市民社会ではなく、国家だけが人を成熟させるとヘーゲルが考えていたと言う。しかしそれは間違いである。つまり経済活動が主たるものとなる市民社会では人は成熟せず、国家において政治的な思考をすることで、人は成熟するという考え方はあり得るが、しかしヘーゲルはそう考えていない。

　ヘーゲルは段階的に物事を考える。人はまず家族で成熟するのである。家族でできることは家族で済まそうとする。しかしそれでは不十分であるとなると、市民社会に進む。市民社会で人がいかに成熟するかということをヘーゲルは詳しく書いている。大部分の人にとって、もう市民社会ですべてが十分であり、この段階で満足する人も多いというほどに、ヘーゲルはこの段階を重視する。そこで仕事に就き、つまり経済活動をする。しかし最終的にはそれでは不十分な面もあり、それを克服するために人は、国家を求める。そういう話である。市民社会で満足してしまう人も出てくるのは織り込み済みだ。

　ヘーゲル『法哲学』の中で、家族、市民社会、国家という順に集団が発展

するというのは確かにその通りである。ヘーゲルの言葉を使えば、普遍と個別が未分化の段階、それが分裂する特殊な段階、両者が克服される段階と三段階であるが、重要なのは、ヘーゲルにとって、特殊な段階こそ、もうほとんどそこに最後の普遍と個別が合致する段階が示唆されているということである。さらに私は、実は最後の段階というのは、二番目の段階とその内実は大きく変わらないと思っている。

　子どもは家族の中で育ち、やがて大人になって、別の家族を作る。各家族が繋がる場として、市民社会がある。市民社会では人々は欲望を持ち、それを満たすために労働をし、財産を作る。ここでは経済活動が重要な役割を果たしている。そしてそこで生じる問題に対処すべく、行政（Polizei）と呼ばれる組織が必要で、また職業団体も必要とされる。そこでさらに政治的にも訓練を受けて国家に進むというのが、粗筋である。

　ヘーゲルの市民社会論は、私はこれは良くできていると思う。つまり個人は欲望を持ち、それを経済法則や法的諸関係の中で実現する。経済はここでひとつの重要な論点である。ヘーゲルの論理では、特殊の段階でかなりの程度満たされる。つまり市民社会＝経済＝特殊の段階が重要だということは強調しておく。

　次の論点は、ヘーゲルの体系は国家で終わらないということである。

　確かにヘーゲルの記述を見ていくと、国家が最高の段階で、そこで人は自由を感じるかのように書いてある。戦争がその最も顕著な場合で、そこで個人は全面的に国家に協力する、つまり国家の犠牲になるべきことが説かれる。しかしそれは国家の段階においてはそうであるということにすぎず、実は国家は人間の集団の最終段階ではない。そもそも国家が戦争をするということは、国家が実体ではないということを示している。つまり国家は他の国家と並ぶ一個別に過ぎない。それは他の国家と関係を持ちつつ、次の段階に進むべき存在である。ヘーゲルの論理に従えばそうなる。

　実際にヘーゲルの記述を拾ってみる。「国家が国家として互いに承認しあうということの内には、<u>戦時においてさえ</u>、……互いに<u>ひとつの絆が</u>失われることなく存続するということが含まれている。……戦争のさなかにおいても、戦争は過ぎ去って行く一時的なものとして規定されている」(『法哲学』338節)。「国家と国家の関係は動揺している。それを仲裁する法務官はいない。諸国家の上に立つ法務官は即かつ対自的に存在する普遍的精神、すなわち世界精神だけである」(同339節補遺)。すなわちヘーゲルは世界共同体を考えているのではないが、しかし国家と国家の間に相互承認する関係があるとしており、それは先の私がカントを説明する際に使った表現をここでも使えば、国家と国家の間にはネットワークがあり、そのネットワークは確固とした組織、つまり「法務官」ではないが、しかし個別の国家を何らかの形で制約するものなのである。ここで私は先のカントの世界観がより動的に規定されていると考えるのである。

　確かにヘーゲルの記述では、国家で個人の自由が完成されるかのような書き方をしている。しかし『法哲学』の目次は国家で終わらない。そのことの意味を考えるべきである。つまり現実的にはヘーゲルは国家の段階までしか考えられなかったけれども、ヘーゲルの論理は、国家を最終段階にせず、さらにその上を示唆したのである。それが短い記述となって残っている。家族、市民社会、国家と論じて、さらにその上で、国家は対外主権として他国に向かい、国際公法を経て、世界史というカテゴリーをヘーゲルは提出する。その世界史を私は、国家を超えたネットワークと読んでいく。

　ここでは個別としての国家が特殊な段階に入っている。人々はその特殊な段階での国家にナショナリズムを感じる。そしてそのナショナリズムで物足りなくなったら、その上の普遍を求める段階に進む。それが世界史という言葉でヘーゲルが言わんとしていることだ。

　実はこの2点で東のヘーゲル理解の不十分さは批判できるのである。ヘー

ゲルは市民社会＝経済を低く見ている。国家＝政治こそ重要なものである。国家＝政治によって、市民社会＝経済は完全に克服されねばならない。このように東はヘーゲルを解釈し、この点でアーレントとヘーゲルは同じだと考えている。しかしヘーゲルこそが、市民社会の原理を詳述し、それがマルクスに影響を与えている。マルクスの労働の哲学を基礎付けをしている。そのマルクスを、アーレントは向きになって批判する。つまりヘーゲルの論理にあって、市民社会＝経済は特殊な段階なのだけれども、この特殊な段階こそ十分尊重されねばならず、その中にしか普遍に至る契機はない。私はこのようにヘーゲルを読んできたのである。

　次に今度はその普遍である国家が個別となって、他の国家と特殊な関係を築く。そしてその上に国家間のネットワークという普遍的な段階がある。そのことはグローバリズムの時代になってやっと十分に気付かれるようになった。そして今度は、その段階においては、国家の役割こそが重視されねばならない。つまり国家は越えられるべき存在であると同時に、その役割もまた十分に尊重されねばならない。ここでも普遍に至る契機は特殊の内にしかないということが確認される。

　さてその上で私自身のヘーゲル像を提出する。まず次のことを指摘する。『法哲学』は『精神哲学』の一部として構想され、またその『精神哲学』は『エンツィクロペディー』つまり「哲学の百科事典」の中に位置付けられ、それはまた『自然哲学』の次に位置付けられる。具体的に言えば、自然が発展して、その中から精神が出現し、精神は最初は個人的なものとして生成し、やがて社会の中で展開される。それが客観的精神、つまり「法哲学」なのである。

　さて『自然哲学』において根本とされる考え方は、ひとつは自然に自己組織的な原理があり、それが生成の原動力になっているということと、しかしそもそもの根本は偶然に基づくということだ。自然は偶然に満ち溢れており、その中から偶然に精神が出てきたのである。精神の歩みもまた偶然性に根本

的に規定されている。

　第二に自然の展開、つまりそれはヘーゲルは論理的な展開と考えているのだが、それを時間的なものと読み替えるとまさしく進化論になる。そして進化の過程において、様々な生物が共存しているという事実を忘れてはならない。最も進化した生物だけが生存を許されているのではない。また進化も直線的でなく、様々に分岐する。その結果、自然は驚くべき程に多様である。また精神の進展において、一時的に停滞することをヘーゲルは病気と称したが、注意すべきは、病気は必然的であること、つまり進展の途中で必ず停滞があることを確認したい。またその病気からの回復は習慣の獲得によってなされるとされているが、それはかなり重要な意味を持ってくる。つまり反復的に習慣を身に着けることによって、何とか精神は病を克服したと思うのだけれども、本質的には完治することなく、私はそれを寛解という専門用語を使うのだが、つまりとりあえず治ったとは思うのだけれども、容易に再発し、生涯その病を繰り返す。そういうものとして考えられている。ヘーゲルの体系は、「偶然の自然哲学」、「病の精神哲学」と呼ばれるべきものなのである（高橋2017 第 3 章）。

　このようにヘーゲルを読むこと、つまりヘーゲル自身によって、ヘーゲルを批判していくという作業は、世界の認識に貢献する。世界は流動化している。そこには大規模な移動がある。観光客は爆発的に増え、移民は既成の秩序を脅かす。留学生や海外駐在員も、短期のものであれば、それは観光客と同じ効果を持っていると考えて良いし、長期の場合、それはもはや移民と考えるべきなのである。世界をグローバルなもの＝経済と、ナショナルなもの＝政治という二層構造で捉えるのではなく、資本主義と近代国家が今大規模に変容している、その様をつぶさに見るべきである。資本主義も近代国家も、高度に発達したものから前近代的なものまで、様々なものがぶつかり合って、漂流している。そして重要なのは、その変化の速さは、私たちの認識を超え

ているかもしれないということなのである。それを論じるのが本節の課題である^(注4)。

注

(1) 拙稿「移動の時代3─移民の哲学─」サイト「公共空間X」を参照せよ。

(2) ここでカントは民主主義を批判していると東は書くが、このことには注意が必要である。カントが批判しているのは、統治としての民主制、つまり古代ギリシアで見られたような、国民全員参加の直接民主制であり、しかし私たちが民主主義と言う時は、代議制民主主義を指しており、それは統治の問題としては一部のエリートが行うが、それを支えるのは国民の総意であるという建前になっていて、つまり正当性としての民主主義を指しているからである。そうすると私はここでカントの言う共和制とは、今の言葉で言えば民主主義のことであると言って構わないと考えている。

(3) 『法論』とは『人倫の形而上学』の中の「法論」を指す。

(4) 本書3-2のデリダの歓待論も参照せよ。

補遺2-2 マルチチュードについて

　前節で、東浩紀が観光客の哲学を、カントとヘーゲルを読解し、アーレントなど現代思想を取り挙げることで正当化してきたことを見た。その上で、今度は東は、A. ネグリとM. ハート（以下、ネグリたちと言う）のマルチチュード論に言及する（ネグリ＆ハート2003 4-3）。

　このマルチチュードについて、ここでも東はまずは正確な理解をしていると思う。その批判も妥当である。さらにそこから観光客を哲学的に正当化しようとするが、それも評価すべきだろう。では何が問題なのか。先の結論で、二層構造という概念でカント以降の思想をまとめているが、その理解が根本的に問題を含んでいる。そのことをここでは論じたい。

　ネグリたちの言うところのマルチチュードに修正を施せば、それは観光客を指すものとなる。東はそう考える。ネグリたちはグローバル化が新しい政治秩序を作ることに着目する。通常グローバリゼーションは経済活動としてしか捉えられていないが、それに対してネグリたちは、国家と企業と市民が作り上げる、国民国家と同じような政治秩序を帝国と言い、世界は国民国家の体制から帝国の体制へと移行していくと考えた。東はそこのところで、これを移行とせずに、先の二層構造論に引き付けてネグリたちの帝国論を考えるから、国民国家と帝国の共存という風に理解している。そして国民国家は人間を扱い、帝国は動物を扱うと、先の理解をこのネグリたちの帝国論に重ね合わせるのである。

　まずこの点が批判されねばならない。国民国家の体制と帝国の体制は、移行するものであると同時に共存するものである。東はこのように理解しない

で、ネグリたちの理論を、先にも書いたように、現代思想の哲学者たちの頭の中にだけあって、現実の世界を説明するにははなはだ不十分な二層構造にしてしまう。つまり一方で、ナショナリズムの層においては、そこでは人間が人間として生き、政治の論理と理性的な思考が貫徹しており、他方グローバリズムの世界では、人間は動物として生き、経済がすべてであり、欲望と無意識が支配していて、そのふたつの層は独立していると考え、マルチチュード論においても、前者が国民国家の体制であり、後者が帝国の体制であると、二元論で考えていく。ここか批判されるべきところである。そしてこの批判は本節において、このあとも繰り返される。

　しかもネグリ理論では、帝国は経済活動の場としてだけ捉えられているのではなく、社会的、政治的な権力とも考えられているのに、東風に理解すると、その意義が見えなくなってしまう。

　しかし以下は、東批判はそこまでにして、ネグリ批判に重点を移していく。さてマルチチュードとは、この帝国の秩序への抵抗運動を指す言葉である（同）。要は反体制運動や市民運動のことだと考えて良い。イメージとしては国境を超えたネットワーク上のゲリラ的な連帯である。このように東はマルチチュードについてまとめ、そしてこれを、二層構造を横断する運動であって、政治と経済を分断しない運動だと捉えている。

　そのような理解の上で、東はネグリたちを批判する。そこには戦略論が欠けていると東は考える。ネグリたちは、マルチチュードが集まり、声を上げ、デモをすれば、あとはネットワークの力によって自然に何とかなると考えている。そのようにネグリたちを批判する。それはほとんど信仰告白のようなものであるとまで言う（『観光客の哲学』p.155）。

　この批判はある程度妥当である。私もそう思うし、以下に書くように、大澤真幸もジジェクも同様のことを言っている。つまり多くの人たちがそう感じている。

　もう少し具体的に書くと、ネグリたちは、最終章で結論として次の３つの
グローバルな権利を獲得することを目標にすると言っている。第一に、移民
の法的承認と移動の完全な自由の付与。つまりグローバルな市民権を与えて、
国籍から解放すること。第二に、あらゆる者にベーシック・インカムを補償
すること。第三に、教育や情報への自由なアクセスと統御の権利を持つこと、
これは新しい生産手段の再領有の権利ということができる。以上のように言
う（ネグリ＆ハート2003 4 - 3）。

　これに対して大澤真幸は、「もっとも過ぎて唖然としないか」と言う。「つ
まり、大部な考察の行き着く先が、結局これらの権利への要求であるとする
ならば、これらはあまりにも普通、あまりにも凡庸でないだろうか」と言い、
さらにこれらを実際に獲得すべく、行動をしようとすると、ナショナリズム
という大きな困難に出会うだろうと言う（大澤2007 19f.）。大澤は、ここから
ナショナリズム論の考察を始めるのである。

　ジジェクもまた、これらの結論は、「形式的な空虚さと不可能なラディカ
ル化の間で動揺している」と言い、とりわけグローバルな権利については、
移民に対するポピュリストの反抗に出会う、つまり暴力的な抵抗に出会うだ
ろうと書く（「『帝国』は二十一世紀の『共産党宣言』か？」（以下「帝国」p.96f.）。ジジェ
クはここからさらに本格的なネグリ批判を始める。これは以下に書く。ここ
ではこのように誰もがたちまちのうちに、ネグリ批判ができるだろうという
ことを確認し、その限りで東の反応もそのひとつとしてあり得ると考えられ
る。

　ただ問題は、東によって、このネグリの欠点が、まさに否定神学に依拠し
ているからだとされると、以下に述べるジジェクとネグリの差異がなくなっ
てしまう。だからただ単に、ネグリには戦略がなく、予定調和的に共産主義
社会に到達できるという信念がそこには描かれているとだけ言えば良い話な
のである。

ジジェクは次のようにネグリを批判する。マルチチュードというのは、究極の資本主義体制の幻想である。つまりネグリの理論では、すでにグローバル資本主義体制が即自的な共産主義なのである。さらには金融資本も、物質的な労働から切り離されているからという理由で、未来の萌芽であるとして称賛される。あたかもすべてがすでに、このポストモダン資本主義体制の中に存在しているかのような言い方をネグリたちはしている（『パララックス』インタールード２）。

　実は先の東のまとめでは、マルチチュードとは、帝国に抵抗する運動体という意味で捉えられていたが、ネグリたちはもっと肯定的に考えていて、つまりマルチチュードとは、労働する主体の能動的な潜在能力を指す。そして帝国とは、これを抑圧する主権的権力なのである。さらにこの帝国はマルチチュードを支配しているのであるが、実はマルチチュードの構成的な力が生み出したものであると考えられている。つまり主体はマルチチュードの方にあると考えられている。それは資本主義の進展とともに、先に述べた権利を獲得するに至るのである。

　ネグリたちはあまりにマルクス主義的であって、つまりマルクス主義の根底にある歴史の進歩という図式を取り入れている。資本主義がその内に自らを超える契機を持っていて、コモン（ネグリたちのキーワードで、資本主義の私的所有、社会主義の国有に対して、現代は知的所有に典型的に見られるように、共有財産が問題となる）を絶え間なく生産している。すでに新しい社会が到来しているのだから、あとはまだ残っている古い形式から解放されればそれで良いとする、そういう理論であると、ジジェクは批判する（同 p.479）。

　ここでジジェクは、資本主義が絶え間なく自己変革をし、生産力を上げているのは、「自らを衰弱させる固有の矛盾から逃れるための必死の飛翔」であると考え、しかもこの矛盾こそが実は資本主義を成立させているものであって、もしこの矛盾を取り除いたら、資本主義を発展させる推進力が失われる

（同 p.479f.）と考えている。要はジジェクの考える資本主義は、破滅に向かって突き進む列車であり、私たちがすべきは、この運動を中断させることだという認識がある。そこがネグリたちの楽観と根本的に異なる。このことは例えば『ポストモダン』でも随所で繰り返される視点である。

　私の考えでは、マルチチュードとは、情報化社会における私たちのことであり、そこではすでに人々が生きていくのに必要な物質的生産がなされ、また知的財産はコモンとなっている。一見すると、それは共産主義に大分近付いているかのような幻想を私たちに与える。しかし実際には格差は非常に大きく、これもあとで述べるように、情報化社会において、格差の拡大は必然的であって、コモンは偏っている。この状況は、工業化社会で私的所有が搾取されている状態よりもなおひどいものだ。さらに私たちは分断されてもいる。高度に発達した資本主義社会に共産主義の萌芽があるとネグリたちは言うけれども、そこに理想の兆候が見られるというよりも、むしろそれは崩壊に向かっていることの証なのではないか。このようにジジェクに依拠しつつ、ネグリ批判を試みたい。

　さて先に述べたように、ネグリはその結論に完全に自由な移民、すなわち「グローバルな市民権」（ネグリ＆ハート2003 4‐3）を挙げる。東はそれを具体的でないと批判する。私もその批判に同意する。しかしそうであるならば、具体的な移民政策を論じるべきだろう。どうして東はそういう方向に話を持っていかないのか。

　まず移民を完全に自由にすべきだということは、これも前述したように、国境をなくせということで、それはたちまち保守主義の側から批判される。近年のポピュリズムの大きなうねりにあっては、むしろ逆に国境に壁を作ることが叫ばれているのであり、移民排斥の運動は今後ますます高まりこそすれ、容易に移民との共存が理解されるようになるとは思えない。ましてや完全に自由な移民など、理念として掲げることすら滑稽ではないか。これも何

度でも書くが、こういう理念を掲げることの非現実さが批判されねばならない。現実がまったく逆の方向を向いており、日本やアメリカなど多くの国で、移民を認めないという主張が政権の側から公言されているときに、そういう観念的な理想主義は、保守主義者とそれを支える多くの人たちとの対話を不可能にするからである。そして今、その移民を攻撃する人の中には、しばしば底辺層と言われる人たちが多く含まれている。彼らに対して、本当はあなたたちの敵は移民ではなく、別のところにいるのではないかと言わねばならないのである。

　ここでネグリたちが国家の役割を過小評価していることが批判されなくてはならない。今の段階で、まずは移民対策は国家によってなされているし、そこに対して私たちは、移民問題に対処する対案を出さねばならないのではないか。しかしネグリたちはそのように考えていない。またそのネグリたちのマルチチュード論を、具体的でないと言う東にしても、同じ批判が成り立つと思う。

　同時にここで、保守主義が国家の役割を過重に評価していることも併せて批判されるべきである。私はまさにこういうときに、カントとヘーゲルが参考になると思う。共に国家の役割をある程度重視し、同時にそれを超えていく視点を示唆しているからである。そのことについては後述する。

　東は繰り返し、ナショナリストになるか、マルチチュードという信仰に夢を託すか、どちらかしかないと言い、第三の選択肢として観光客を語る。そしてこれはマルチチュード論そのものよりは、大分進展した理論だと思うし、かつ観光客の理論そのものは批判されるべきものではないと思うのだが、東理論においては、なぜ二層構造という二者択一しかないのかということが最も批判されるべきものなのである。繰り返し書くが、そんな対立は現代の思想家の頭の中にしかないのではないか。そのふたつは対立せず、段階的に出てきて、かつ現在は共存しており、一方でその両方を巧みに生き抜く人たち

がいて、片やその両者から追い出され、はみ出た人たちが大勢いるのである。そこに関心を向けるべきである。

　続いてネットワーク理論に移る（『観光客の哲学』1 - 4 ）。東はこの理論こそが観光客を説明するかもしれないという期待を抱いているし、ネグリたちも、またそれを批判するジジェクも皆、ネットワーク理論は好きだ。結論を先に言えば、まさしくこれは情報化社会を説明する理論なのである。そして、この理論はそのままでは、脱中心的な資本主義の理論そのものであると思う。しかし上述のように、ネグリたちがすでにそこにもう共産主義が宿っているという幻想を抱いたように、それは資本主義が自らの力で自らの欠点を露呈させる論理でもある。

　具体的に東は次の３つのモデルを上げる。すなわち「大きなクラスター係数」、「小さな平均距離」、「スケールフリー」である。まず言っておけば、ここでも東のまとめは、つまりまとめ自体は適切である。

　最初のものは、ＡがＢとＣのふたりと友だちで、ＢとＣも互いに友人であると、この３人がクラスターを作っていると言う。私たちの社会は、家族や地域や職場や趣味の集まりなど、様々な三角形が幾重にも重なって存在している。それをクラスター係数が大きいと言うのである。

　二番目のものは以下のような理論である。例えば、私にはアメリカ政治を研究する友人がいて、彼にはアメリカの政治家の知り合いがいて、その政治家はトランプ大統領と友だちであるとすれば、私とトランプは距離３で繋がっていることになる。また私の知り合いは皆、トランプと距離４で繋がっていることになる。世界の70億人の人たちは、そのようにして皆、距離６以内で繋がっていると言われている。そういう理論がまずあり、それを上の「大きなクラスター係数」理論と接続させるモデルを考える。それは私たちの社会が、閉鎖的なものだけから成り立っているのではなく、偶然の出会いに開かれて

いることを示すもので、仲間内の閉じ籠もった関係と開放的な人間関係のふたつから成り立っていることを示すのである。

　第三のものについて、私はよく以下のような話をする。ある地域に新しい空港を作ると、その空港は別の地方との便を持つことはなく、必ず羽田や伊丹と繋がろうとするだろう。すると、日本で空港の数が増えて、便をたくさん持つ空港とそうでない空港と格差ができる。ここで x 軸に飛行機の便の数、y 軸に空港の数を書き表すと、圧倒的多数の空港は便の数が少なく、ごく一部の空港だけが便をたくさん持つというグラフが描ける。これをべき法則と言う。規模の大きな地震は頻度が少なく、規模の小さな地震は頻度が高いというような例を出しても良い。収入の分布を考えると、数十年前、日本の大半が中流だと言われていた時代なら、皆が平均値あたりに集中する正規分布が得られるが、格差が今後さらに拡大すれば、圧倒的多数が、ごくわずかな収入しかなく、ごく一部が莫大な収入を得ているという図が描ける。これは情報化社会の格差の必然性を現していると私は考えている。

　この格差はマルクスが言うように、搾取から生まれるものではなく、情報化社会においては、情報が集まる人と集まらない人の格差は必然的であるということから生まれる。情報の多くはコモンなのに、つまり誰もがアクセスできる場合が多いのに、それでも偏りが大きいと言うことができる。

　そしてこのことを先のネグリ理論との関係で言えば、コモンの偏りは私的所有の搾取よりもたちが悪いのである。格差は搾取理論で考えられるよりもはるかに大きく、さらにそのことが私たちを分断するからである。

　さらにこの格差の必然性について言えば、今私たちは、統計についての認識の見直しを迫られている。私たちは今まで、統計と言えば、平均を出し、標準偏差を求めてきた。それが最もきれいにグラフに表せるのは正規分布の場合だ。そしてそこからはみ出るものが少数者として排除される。その機構を批判してきたのである。しかし正規分布は特殊な条件がそろわないと成立

しない。自然や社会の現象の多くは、べき法則によって示され、べき法則では平均や標準偏差を出すことが無意味となる。

　するとべき法則が成り立つ現在においては、例えば貧困者は、移民やスラム難民も含めて、圧倒的多数者なのである。それは平均値からはみ出た存在ではない。私たちはもはや正規分布が成り立たない社会にいる[注1]。

　これらのモデルを私は情報化時代の人間関係の狭さと広がり、情報化時代の格差の必然性を表すものだと思う。だから当然情報化時代の産物である観光客を記述するのにも使えるモデルである。ただここでも私が言いたいのは、それは観光客に限らないということだ。それはネグリたちのネットワーク論を基礎付けるものでもあり、かつそれを批判する際に活用できるものでもある。

　これらのネットワークモデルの他に、実は様々な複雑系のモデルが提示され、それらを使ったシミュレーションがなされている。私が以前書いたように[注2]、研究室の巨大なコンピューターを駆使せずとも、パソコン一台あれば、どんどんシミュレーションを考えていくことができるからで、これらの数学モデルは今や、社会の劇的な変化を記述するだろう。それはまた、解放のイメージを描かせてくれると私は考えている。つまり社会の支配と差別の構造を示すだけでなく、そこからどう脱却するかということを考える際のヒントを与えてくれると私は考えている。数学が発展して、ようやくこの段階に至ったのである。

　ここでこれらのモデルに共通していることは、ひとつは自己組織性の原理を持つということと、もうひとつ、より根本として、それらは偶然性に基くということが挙げられる。前者は、世界には様々な偶然があり、そのごく一部をうまく組織化して秩序化することができるということで、しかし根本はそれは偶然性に依拠していて、また必然化されたように見えるものも、事後的にそうだと考えられるということである。つまり秩序形成がなされたのち

に、そこに必然化への道筋が確認できるということであり、ある状態が未来に向けてどのように変化していくかを予測するものではない。これが後者の原理だ。それは統計的にしかできず、つまり全体として一定の法則はあるが、個々の運動はまったく以って偶然だと言うしかないのである。

この自己組織性の論理と偶然性の論理は強調しておく。一部の人に情報が集まるのは、ネットワークの持つ組織力のせいである。しかし現実に誰に情報が集中するかは偶然である。

最後に家族論について考察する（同第2部）。

観光客がよりどころとすべき新しいアイデンティティは何か。それが家族であると東は言う。個人から出発すると、グローバルな経済に行き着き、集団から出発すると国家に行き着いてしまうから、そのどちらでもない家族をよりどころにすると東は言う。私にはこれがまったく分からない。先刻から何度も書いているが、二層構造で現在の世界を説明することの欠点が集約的に出ていると思う。どうして人は経済か国家か、どちらかを選択しなければならないのか。

家族を重視すること自体は良いだろうと思う。何も保守主義の政治家が言うように、家族を重視することが日本の伝統だとか、福祉政策が不十分だから、それを麗しき家族愛で補おうという意味で受け取ったりはしない。

東はこの家族について、柄谷行人の仕事と突き合せて論じる。東は次のように柄谷を読み解く。柄谷はまず、ネーション、資本、国家という3つの社会構成体を考える。それぞれの交換様式は、贈与、商品交換、収奪と再分配である（柄谷2010 序説）。このネーションを東は家族と読み替える。ネーションがなぜ家族なのかと言えば、それは贈与の交換様式を持ち、しかし商品交換の経済と国家によって解体されたものだからである。ここでのちに詳述するが、ヘーゲルの、家族、市民社会、国家という三段階を思い起こしてほし

い。もちろん東も柄谷も、この３つが段階を追うものとは考えていない。共存する３つの社会構成体である。しかしこのヘーゲルの三段階を出してくれば、柄谷、東、ヘーゲル三者の言っていることはきれいに対応する。

　柄谷はさらに四番目の社会構成体として、アソシエーションを挙げる。そこでは贈与が高次元で回復されるとされている。東はそこで、このアソシエーションを、ネグリたちの言うマルチチュードに相当するものと見て、家族が新しいマルチチュードを支えると読み込んでいく。それは資本と国家によって解体された共同体を想像的に回復するものだからである(注3)。

　私はそれは悪くない主張だと思う。そして東は家族の特性をまとめ、結論として私たちに、象徴的文化的な親となって、偶然の子を産めと呼び掛ける。これが東の本の最後のまとめだ。

　しかしやはり私はこの論理を批判したいと思う。つまり家族、市民社会＝資本、国家という３つのカテゴリーがあり、その最初の家族の理念を回復するものとして、アソシエーション＝マルチチュード＝グローバリズムのネットワークを考えているということに対してである。

　批判のひとつは、家族の理念が、経済と国家の論理とまったく関わらないものであるかのように考えられていることに対してである。ヘーゲルにおいては、家族、市民社会、国家、ないしはさらにグローバルなものは、段階を追うものであり、密接に関係する。しかし東と柄谷は、あくまでも家族＝ネーションは、経済と国家によって解体され、マルチチュード＝アソシエーションで回復すると考えられる。しかし私はそのようには考えない。

　東はE.トッドが家族形態を重視することを取り挙げ、それによって持論を補おうとする。確かにトッドは、家族形態が、各国の社会構造を決定していると考えている。しかしトッドが、移民の受け入れをするのは国家であり、受け入れる各国の家族形態が異なるとまったく対応が異なること、さらには入ってくる各国の移民の家族形態もまた異なるので、さらにそれに合わせて

対応しなければならないという時（トッド2016 第3章）、重要なのは、国民性と家族観の関係なのである。つまり国家と家族の関係が問われている。

　移民は国家が管理すべきであり、家族観が国民によって異なるということをトッドが重視するのは、それは移民政策が国によって異なってくるということを言うためのものだ。様々な家族観を持つ様々な国出身の人々が移動することを考えれば、それぞれ移民対策は異なったものが求められる。だから私は移民を考えるためにこそ、この家族に着目するということを主張したいし、それは国家との関係において考察すべきものなのである。

　さらにここでトッドを出した序でに、さらに彼を参照して、東と柄谷の批判を展開したい。トッドは、イスラム諸国において、女性の識字率が上がり、またそれに呼応して出生率が下がり、確実に近代化が進展していると言っている（トッド＆クルバージュ2008）。

　具体的には、どの国においても、その識字率が50％になること、とりわけ女性の識字率が変化することが大きな要因になり、その社会に変化が起きるとされる。そのことと関連するのは出生率の低下であり、これが二番目の社会の変化の要因となる。女性の家庭内でのあり様が大きく変わるのである。このふたつがイスラム世界にも見られ、伝統的信仰の大規模な動揺を経験していると言う。

　トッドはヘーゲル主義者ではないが、「地球全体を覆う識字率の前進が、人間精神の抗いがたい上昇運動の経験的にして、ヘーゲル的なヴィジョンを示してくれる」と言う（同p.28）。

　ここでも家族がポイントである。テロと難民、移民の元凶がイスラムにあると欧米諸国が考えている内に、そのイスラム諸国の現状はどんどん変化している。そういうことを見ないとならないとトッドは言う。

　近代国家や資本主義は現代思想が論じるような仕方ではなく、ヘーゲルの論理で動いているように見える。そしてそのことが東や柄谷に対する第二の

批判となる。つまり家族の構造や家族関係の変化が、国家の成熟を決めているということである。家族と市民社会と国家を切り離し、国家は政治的な議論によってのみ成熟するものだという訳ではない。家族が発達し、そこから人々は市民社会に入り、そこで国家を成熟させるのである。

　つまりヘーゲルの論理において、家族、市民社会、国家と段階的に進むとされる、その論理の重要性をまずは指摘したい。そして前節でも論じたが、その上でさらに次のように私は言いたいのである。つまりまず、家族、市民社会、国家は段階的に進展するが、しかし家族や市民社会の論理は国家の中で完全に吸収されるものではなく、つまり三者は共存し、言い換えれば、家族と市民社会の論理はいつまでも現実的に残るし、多くの人はそこにアイデンティティを求めるのである。そういう風にヘーゲルを読む。さらには、むしろ積極的、かつ戦略的に「低い」とされる段階に留まる場合も多いということを主張したい。

　このことは国家とそれを超えるグローバルな段階についても言え、ここではむしろ、能力の高い者ほど、国家の中で評価され、そこに安住してしまうということもあると言っておこう。

　ここで先の国民国家と帝国の体制が、推移であると同時に共存するものであるということを思い出してほしい。東は決してそういう理解をせず、つまり物事を一元論的に段階を追って推移するとは考えない。ヘーゲルにおいては、家族、市民社会、国家もまた段階的に移行し、同時にその三段階は現実に共存しており、しかも人は多くの場合、意識的かつ無意識的に、先に進まずに、自分が今いる段階に固執するのである。

　だからあえて家族の段階に留まって、その段階の理念の重要性を主張するのは、ヘーゲルに従って考えても、十分評価されるべき考え方である。

　またその際に、家族とともに考えるべきは市民社会の論理で、その中でヘーゲルの記述から拾い出すと、具体的には教養と享楽というカテゴリーが重要

だと思う。私が観光客の哲学を書くなら、そこに依拠する。

　まずヘーゲルは市民社会論の中で教養を重視する。教養とは解放であると
ヘーゲルは書く。それはより高い解放のための労働である。この労働と陶冶
によっておのれを高め、特殊な段階にあって普遍に達し、自由な主体になり
得るものである（『法哲学』187節注）。一方、享楽は「特殊性が発達するにつれて、
文化によって得られるもの」という短い定義が与えられ、それ以上言及され
ることがないが、私は教養とセットに考えれば良いと思う。市民社会は、こ
の教養と労働によって進展するのだけれども、その負の面として、享楽と貧
困があり、貧困については、ヘーゲルはずいぶんとページを割いて、それは
大きな問題として扱われるのだが、ここで私は戦略的に享楽という、ほとん
ど序でのように言及された概念に着目し、市民社会に留まるひとつの契機と
して考えたい。つまりそれを負の側面とは考えず、教養の積極的な面に対す
る消極的な面と考え、その重要性を指摘したい。

　具体的に言えば、家族的な関係でもなく、仕事（経済）の付き合いでもなく、
国家の中に位置付けられるものでもなく、それは生活世界の論理と言っても
良く、また思想だとか、趣味の集まりと言うべきものである。経済活動の始
まる以前の家族の中に存在するのではなく、経済活動をしつつ、その中で教
養としてさらなる経済活動に資するものもあり、また必ずしもすぐには役立
たないものもあり、さらには明らかに役立たないけれども、人間の活動の幅
を示すものもある。教養と享楽を対にするだけでなく、それらを両極におい
て、その幅を考えたい。

　まとめをしていく。柄谷は、ネグリたちについて、帝国のもとで、国民国
家が消滅し、マルチチュードが対抗するという見通しについて、それでは結
局国家が止揚されるどころか、強化されるのではないかという批判をしてい
る。それはマルクスが簡単に国家が死滅するだろうと考えたために、却って

国家主義的な独裁体制が生まれたことと同じ論理であると言う（柄谷2006 第IV部）。

　私はこの批判は妥当であり、安易に国家が死滅するという楽天に加えて、先にジジェクのネグリ批判にあった、すでに高度に発達した資本主義下で共産主義が胚胎しているという楽観と併せて、ネグリたちは批判されるべきであると考える。

　しかしそののちに、柄谷はカントを参照しつつ、もう一度ネグリたちの唱えるネットワーク的な組織では、それは国家によって妨害されると述べた上で、「各国が軍事的主権を徐々に国際連合に譲渡するよう働き掛け、それによって国際連合を強化・再編成」した上で、「各国が主権を放棄することによって形成される世界共和国」（同 p.222ff.）を夢見ている。私はその非現実性を批判したいと思う。東が観光客の哲学を構想するのは、このネグリたちの楽観とともに、柄谷の非現実性を批判して、そこに偶然的な運動の重要性を指摘したかったからで、その限りで、東の主張に私は同意する。

　さらにネグリたちは家族を批判する。それは「コモンの腐敗した形態の制度化」だと言う。「家族という腐敗した制度、例えば性と生殖に関する権利、セクシュアリティ、親族構造、性別役割分業、家父長的権威……」（ネグリ&ハート2012 下 P.267）と言う。それは古典的左翼の常套とも言うべき論法だ。そしてこれを読むと、私はネグリよりも東に賛成する。

　つまりここで私はむしろ東を批判するより、ネグリたちや柄谷を批判したいと思う。東の言う、観光客の哲学それ自体には賛同する。ただ、その観光客に加えて、移民など、様々な移動の時代について、考察すべきである。

注

(1) 数理モデルを参照する際に東が参照している参考文献は適切である。私はさらに

もう１冊、高安秀樹を挙げておく（高安2004）。ここにはとりわけべき法則について詳しい説明がなされている。

(2) 拙稿「進化をシステム論から考える」(1)-(12)（サイト「公共空間Ｘ」）を参照せよ。

(3) 本書３‐２の大澤の贈与論も参照せよ。

第 3 章

脱資本主義論

　　本書第1章では、S.ジジェクのヘーゲル論理学の解釈の妥当性を問い質した。第2章では、様々なヘーゲル哲学の脱構築の試みに対して、その批判を、つまり脱-脱構築論を展開した。またそれと伴せて、J.ラカンの理論も検討してきた。ヘーゲルの否定性の議論とラカンの不可能性のそれは重なる。第3章では、いよいよその理論的基盤の上に、脱資本主義の理論を構築したい。大澤真幸のふたつの近著『新世紀のコミュニズムへ』(2021)と『経済の起源』(2022)を参照とする。またその際に、ジジェクの、ヘーゲルを応用した理論に加えて、ラカンの精神分析の理論の観点が重要な意味合いを持ってくることを再度確認したい。そのことはすでに第1章と第2章で触れられていたが、あらためて終章で良く議論したいと思う。

　脱資本主義の議論は、加速主義者と呼ばれる人たちや様々なポスト資本主義の論者が展開するものである。本章ではそれらの議論を意識しつつ、とりわけ大澤とジジェクの議論を活用して、話を展開していく。

3-1　脱資本主義に向けて

　キューブラー゠ロスの死の受容に至る5段階論は、ジジェクがしばしば参照するものである(キューブラー゠ロス2001)。これは次のようなものである。人は死に直面すると、つまり助からないとされる病の最終局面を迎えたとき、どういう反応をするのか。まず人は生じた事実を否認するだろう。そんなは

ずはないと思うのである。そしてその事実を否認することができないと分かると、怒りが来る。そして次には、その事実を軽減しようと取引が始まる。しかしそれが無理だと分かると投げやりの段階に入る。抑鬱の段階と言い換えても良い。そして最後は事実をすべて受容するのである。

　例えばジジェクの『終焉の時代に生きる』（以下『終焉』）という著作は、5つの章から成る長大な論稿だが、この5つの章はそれぞれこの5つの段階に対応している。つまり章立てが、1.否認、2.怒り、3.取引、4.抑鬱、5.受容から成っている。そこでまさしく終焉の時代が論じられる。私たちは今まさに資本主義が終焉を迎えているという大きな転換期にいるのである。そこで私たちとはどのような反応をするのかということがテーマである。この本はほぼキューブラー＝ロスに依拠して書かれていると言って良い。

　終焉の時代が様々な観点から説明される。終焉を特徴付ける、つまり資本主義の中にある社会の発展を妨げる4つの敵対性がある。これはジジェクがしばしば挙げるものである(注1)。すなわち環境破壊、情報化社会の富の偏在、遺伝子工学などの科学技術による人間性の変化、社会に見られる様々な排除である（『終焉』p.404）。

　この4つの敵対性に共通する特徴があるとジジェクは指摘する。それは行為者を、財産を持たない純粋な存在にしてしまうことである。行為者から物質的な内容を排除するか、社会的政治的空間から一定の人物を排除するのである。

　こうして排除された人々が現代のプロレタリアートである。このプロレタリアートの概念をよりラディカルにすることが必要なのである。

　というのも、先の4つの敵対性はまさに人類を絶滅に向かわせているものである。この絶滅の脅威をラディカルな再生に繋げられるか。これがジジェクの問いである。滅びゆくものは人類そのものなのか、それとも現代社会を特徴付ける資本主義なのか。ジジェクはそのあたりが曖昧である。というよ

り両者を重ね合わせている。しかし私たちが導き出すべき結論はもちろん、今私たちが迎えているのは資本主義の死であるということ、そしてその死を受容することである。しかしその死を受け入れて、では私たちは何をすべきか。『絶望する勇気』（以下『絶望』）という別の本では、迫り来る危機を受け入れよとジジェクは言う。「真の勇気とは代替案を受け入れることではなく、明確に述べられる代替案など存在しないという事実から帰結することを受け入れることである」とジジェクは書く（『絶望』p.11）。

　ここでは未来社会のイメージは語られない。しかし人類の死を防ぐためには、資本主義の死を確認せよ、グローバル資本主義の危機を絶望して受け入れよと、キューブラー＝ロスの最終段階が強調されているという印象を私は受けるのである。そこにしかし、危機を防げれば、未来は見えてくるはずだ。

　さらに2020年に書かれた『パンデミック』でも、この論法は使われる。この書はまさに私たちがいま苦しんでいるコロナ禍を扱い、しかしそこでの結論は私の知る限り、ジジェクの作品の中では最も結論が明確で積極的なものである。ここでもキューブラー＝ロスの５段階は中心的な役割を果たしている（第５章）。生態系崩壊の危機や、デジタル支配が私たちの生活に与える脅威において、この５段階が当てはまるとジジェクは考える。そしてもちろんこれは、私たちが今なお苦しんでいるコロナ禍に当てはまるのである。つまりコロナをまずは否認し、次いでそれに怒り、またコロナと折り合いを付けるべく取引をする。そしてそれが有効でないと分かると、私たちは落ち込み、そして最後にそれを受け入れる。

　私の感覚では、私たちは2022年を迎えて、今第３段階か、第４段階にいるのではないか。第３段階の取引において、まだ私たちはコロナの本当の怖さを知らない。ワクチンが普及し、感染状況が良くなると、すぐに私たちは外出を始める。その間に、世界のまだワクチンの恩恵に与れない国々で、新たな変異が起き、それが再び世界に広がる。ウィルスは取引をする相手ではな

い。それを受け入れるしかないのに、まだそこまでの段階に私たちは至っていない。

　ジジェクは言う。「ウィルスの流行は私たちの暮らしの究極の不確実性と無意味さを再認識させる。人類がどれほど素晴らしい精神的な体系を打ち立てたとしても、ウィルスや小惑星のような愚かな自然の不確実性は、それをすべて終わらせることができる」(『パンデミック』p.45)。私が良く挙げる例で言えば、しばしば6000万年前に巨大な隕石が地球に衝突し、生態系を完全に変え、あれほど栄えていた恐竜はあっけなく絶滅したのである。今進行している事態は、それと似ていないか。

　さて話はここから始まる。恐竜が滅びたあとは、それまで細々生きていた哺乳類が爆発的に増え、進化をする。そして人類を生み出すのである。人類の出現は根本的にはこの偶然性に拠っている。

　ここで私たちはウィルスがもたらした危機を受け入れるしかない。そしてこのコロナ禍が人類の死をもたらすのなら、話はここで終わる。私はその可能性は低くないと思うが、まだその時期ではない。今私たちが直面しているのは、コロナ禍に拠って、まずは医療の危機があり、次いで経済の危機が起き、また人々の心理的な危機が来ていることである(同p.74ff.)。

　ウィルスを受け入れよということは、この危機を受け入れて、従来のシステムが崩壊することを受け入れよということなのである。まずはこれが主張のひとつになる。このままでは人類の死に繋がるかもしれないという思いを持ちつつ、まずはこの危機を受け入れ、新しいシステムに向かうべく、対策を講じること。そこに人類が生き延びる可能性が見出せるかもしれないのである。

　さらにこのことと関係するのだが、もうひとつの主張は、このまま行くと、社会は野蛮な資本主義の蔓延になり、それこそ人類の死をもたらしかねないということになる。どうするかということだ。

　ジジェクはこれを乗り切るのは共産主義しかないと言う。なぜならこれは、私たちが資本主義では対応できないからである。ここから直ちに資本主義の死を私たちが迎えているという結論にはならないのだが、以下のようにしばしばジジェクが論じる問題点が資本主義にはあり、それでは危機に対応できないのである。資本主義がこのまま続けば、確実に人類の死に繋がる。それは先に書いた敵対性のために、資本主義ではコロナ禍に対応できないのである。

　大澤真幸もまた先だって出版された著書『新世紀のコミュニズムへ』(2021)において、同じように話を持っていく。ここでもキューブラー＝ロスの死の受容に至る５段階が引用される。ここでも人類の死ではなく、資本主義の死が語られる。資本主義の死を受け入れよというのである。それを受け入れれば、次の社会が見えてくる。つまり最終的な破局は同時に新たに始まりであると彼は考える(大澤2021 第１章)。

　しかしここで大澤とジジェクと微妙に言っていることが異なるように私には思える。絶望せよとジジェクは言う。ジジェクにとって、代替案などない。人類の滅亡を防ぐしかない。しかし大澤は、死を受け入れることで、次の段階が見えて来ると、これは明確に言っている。

　さて大澤もまたコロナ禍について語る。そしてこういうときだから人々は互いに連帯すべきだと問い掛ける。ウィルスに対処するには、階級格差と国民国家を超えて、普遍的な連帯が急務である。しかし事態はむしろ逆である。大澤は、現実的に人は連帯できないと書く。コロナ禍が始まって、階級格差は益々剥き出しになり、国家間の葛藤もあまりに露骨である。このような現状認識が語られる(同第２章)。

　ジジェクもかねてからこのあたりの考えは大澤のものに近い。ジジェクのシニシズムはすでに知られているだろう。社会を変えるには連帯が必要だと

いう考えをジジェクは馬鹿にしている。リベラリズムは無力であるとジジェクは考える。

　さらに激しい競争に晒されているこの資本主義社会が変われば、人々は互いに連帯するといった楽観もジジェクによって、容赦なく批判される。例えば『絶望』では、資本主義ののちに来るとされる共産主義社会では、人びとの妬みと怨嗟は爆発する。社会的格差は、現時点では、それは社会がいけないからだと人々は言うことができる。しかし共産主義社会において、なお恵まれない人、失敗をする人は、それを社会の欠陥に帰すことができず、社会の不合理や偶発性のせいにできなくなって、人びとの苛立ちは押さえることのできないものとなるのである（『絶望』p.90f.）。

　ただ未来社会へのイメージは、大澤はジジェクと異なったものを持っているのかもしれない。このあたりのことは、本節でこのあとに述べられる。つまり大澤は最終的には、ジジェクと異なって、連帯の可能性を問うからである。

　差し当たっては、まずは両者ともに、コロナ禍は破局を私たちにもたらしたということ、それに対して資本主義では立ち向かえないことを確認する。そこに真の破局の原因がありそうだということを確認する。そしてこの破局を受け止めるべきであることと、そうすることで、しかしこの破局が新たな社会の始まりを示していることが強調される。

　以下、この大事件をどう認識し、そこにどう対策を立てるのかということが問われる。

　まずジジェクは、コロナ禍の対策として災害共産主義という言葉で表現すべきいくつかの処方箋を列挙する。危機においては、人びとは皆、社会主義者なのである。具体的にはまず国家は市場から離れて、マスクなど必要なものの生産の調整をせよとジジェクは言う。そうでないと人類は破滅する。つまりここで共産主義がいよいよ出番を迎えるのである。さらにベーシック・

インカムが推奨される。トランプでさえ、一時的なベーシック・インカムを検討していたとジジェクは言う（以上、『パンデミック』第9章、10章）。日本でも一時金が配られており、このあとにその財源の話をするが、しかし災害時という特殊な状況ではその制度は可能なのである。

　さらに破滅から人類を守ろうとする努力が新しい人間性を創り出すとジジェクは言う。この人間性は脅威を通してのみ思い描かれるのである（同）。ジジェクにしてはこれでもかなり肯定的な言い方だ。

　一方大澤は、惨事便乗型アンチ資本主義があるのではないかと言う。その際に、政府はいくら借金をしても大丈夫だという現代貨幣理論に乗っかる形で、国債をどんどん発行して、それを財源にベーシック・インカムを確立せよと言う（大澤2021 第3章）。現代貨幣理論を信じているからではない。この方法は確実に失敗するのである。失敗して、資本主義の根幹を否定することになる。だからこそ実行して資本主義を超えていくことができると考えるのである。

　資本主義ではベーシック・インカムは失敗を運命付けられており、だから資本主義を超えるために実現せよという逆説は興味深い指摘だが、しかし資本主義を超えて、なおベーシック・インカムは実現されるべきものである[注2]。

　さてこのような議論の背景にあるのは、私的所有からコモンへと経済システムが変化していることである。

　すでに拙著（高橋2013）で私は、ジジェクの示唆を受けて、コモン論を展開している[注3]。私の言い方では、情報は本来的に共有財産であり、例えば40年前に100万円だったパソコンは、今その性能がさらに上がって、10万円で手に入る。この浮いた90万円はコモンであると考えるべきである。米や卵の値段を100年前と比べれば、劇的に値が下がっていることに気付くだろう。私たちの社会は、生産力が上がって、消費化社会を経て、すでに情報化社会に入って久しく、そこでは知的財産が共有されて、物価は下がっている。

すでに私たちは知的共産主義社会に入り掛けている。しかしそれが疎外されている。格差は著しく大きい。それは資本家階級が労働者階級を搾取しているからではない。知的所有は偏りがあるからである。

　現代において問題は、搾取ではなく、レント（超過利潤）である。ビル・ゲイツがどうして金持ちなのかとジジェクは言う。マイクロソフト社の社員を搾取しているからではない。その会社がソフトウェアの業界でレントを独占しているからである。そしてこのレントの偏りは、マルクスの論じた搾取よりもさらにたちが悪いのである（『ポストモダン』第14章）。

　一方で大澤は、GAFAが莫大な利益を得ているのは、またジェフ・ベゾスが富豪なのはどうしてかと問う。コモンの私有化、コモンの偏りも大澤が論じるところである。彼の表現では、社会的共通資本としての知識の私有化が問題であり、それを誰かが私的に囲い込めば、そこからはみ出された人々が出てくる。それが現代のプロレタリアートである。今こそプロレタリアートの革命が必要だと言うのである（大澤2021 第3章）。

　その際に、加速主義も批判される。拙著（高橋2021）で論じたが、近代哲学の枠組みを抜け出せないと焦る思弁的実在論の相関項として、資本主義は抜け出せないのではないかという諦めの中に加速主義者たちはいる。しかしそこで彼らは、人工知能の技術を活用して、資本主義を加速させることで、脱資本主義に達するのではないかと考える。この考えが批判される。

　ジジェクは、加速主義者は絶望が足りないと言う。変革には先に書いたように、現状に絶望することが不可欠なのだが、加速主義者はどうも本気で変革をする気がなさそうなのである。変革が実行されそうもないという見通しの下で、変革の可能性が語られている（『絶望』p.9f.）。一方大澤は、彼ら加速主義者はキューブラー＝ロスの言う5段階のうち、3番目か、4番目の段階にいて、まだ5番目の段階に至っていないのだと言う。つまり彼らは第3段階の取引の段階で、現在の社会の持つ技術、ないしは今後開発される技術を

以ってして、破局へ向かう運命と取引をする。しかしどうも破局への流れは止まりそうにない。それで非現実的な技術についての夢に埋没し、躁的な楽天性に陥っているのだ。こういう分析がなされる（大澤2021 第4章）。

　大澤はこういう分析をして、いよいよここから自由論を展開する。人は現在のシステムの死を受け入れる。しかしこの次に訪れるべきは脱成長コミュニズムなのだが、どうもこれはまだ多くの人にとって魅力的なものではない。それはどうしてか。

　大澤は資本主義の最大の魅力は自由にあり、それを失わずに、次の社会にどう移行するかということが問題だと考えている。そこでヘーゲル的な「積極的自由」といった複雑な概念に依拠せず、ごく簡単に消極的自由を基準にしようと言っておいて、「善きサマリア人の譬え」話を出す。これは困窮している隣人を救うのは、人の自然衝動であり、相手を助けることは自らの自由の行使だと言う。他者の呼び掛けに応じることがで、他者の呼び掛けを通じて、自らの自由が構成されるのである。

　しかしこれこそヘーゲル的な自由ではないだろうか。ヘーゲルの自由については、他者のもとにあってなお自己のもとにあるというのが定義である。ここで言われているのは、まさにそれである。他者との応答の中で自己の自由が作られるのである。そしてここからさらにその他者を「未来の他者」に持って行く(注4)。

　キューブラー＝ロスの死の受容という考え方を使って、資本主義の死を受け入れよというところまでは、ジジェクと大澤は同じである。ジジェクはさらに絶望せよと言い、大澤はしかし、死の受容の向こうに自由を見出す。

　大澤が著書の中で論じる、もうひとつの問題は内在性である。ここでヘーゲルの『精神現象学』が参照される。ヘーゲルの描く精神の軌跡が資本の運動と類比的であり、精神が成長して内在的に絶対知に達することと、資本主

義が内側から脱成長コミュニズムに達することとが並行的に論じられる。ここは大澤がジジェクの影響下に書いていることを明示している。*Less than* のふたつの章が使われる[注5]。

「内側からの脱出」という言葉は、この本のサブタイトルにもあり、重要な概念とされているが、しかし私の感覚では、内在性の議論は重要ではあるが、それは自明のことなのではないか。すでに『精神現象学』の内在的な超出という議論について、私は本書2-3で詳細に論じている。絶対知は外部にある絶対的な他者であるが、そこに内部の運動を経て達し得るという議論である。

つまりこういうことである。前述したように、キューブラー＝ロスの第5段階に至らなければ、脱成長のコミュニズムは賛同を得られないというのが、この本の結論である（大澤2021 p.159f.）。しかし大澤はこれで話を終わらせずに、次のように展開する。

まず資本の自己運動から始める。ここに本書1-4のテーマである、ヘーゲルの主体-実体論が使われる。資本主義社会は価値という実体である貨幣が主体化して、資本となって自己増殖する。これはジジェクをそのまま下敷きにしていて、それ自体は正しい指摘である。問題はこの主体-実体論が『精神現象学』の方法論であるとして、そこから意識と対象の運動を論じようとする。意識と対象の内在的な運動から絶対知を見出そうとするのである。ここでジジェクの間違いがそのまま踏襲されている。

本書1-4、2-3と本節の話を繋げると以下のようになる。『精神現象学』は当初、意識と対象の同一性という観点から、その両者の運動を論じ、そこから存在を浮かび上がらせようとしたのである。それが自己意識が生成してからは、自己意識と他の自己意識の関係を論じることが主となり、方法論が異なってくる。それは相互承認としての精神の運動を記述するものとなり、そして最終的にそこから絶対知が導き出される。

　主体-実体論は、『精神現象学』の後半の原理であり、かつまたヘーゲル哲学全体の原理となっている。どういうことかと言えば、意識と対象の関係と、自己意識と他の自己意識の関係は別の話である。意識と対象の同一性という方法論の下で、意識と対象の関係を徹底して、絶対知に達するのではなく、自己意識と他の自己意識を論じて、自己運動という主体-実体論の原理で精神の運動を論じ、絶対知がそこから導出される。ヘーゲルはここでふたつの話を混ぜてしまったのである。

　大澤は方法論は主体-実体論だと言いながら、『精神現象学』前半の、意識と対象の同一性を論じる。その分析自体は正しい。「私たちにとっての知」と「それ自体としての知」の関係を論じて、そこから客観的実在と主観的な現われが合致し、私たちに対する現われが客観的な実在として認知する。これこそが絶対知である(同 p.193ff.)。

　大澤はここから結論を導く。この本の最後の2ページは感動的なものだ。少々長い引用をする。

　「絶対知はわれわれの未来が時間的な水平線によって閉じられているのを見ている。その意味で破局は必然だ、と。しかし同時に、絶対知はこの時間的な水平線の内側で、すべてが尽きないことをも直観する。時間的な水平線の向こう側からやってくる者、それこそが未来の他者に他なるまい。絶対知はこのような仕方で未来の他者と出会い、未来の他者に応答する。

　絶対知は超人的な悟りのようなものとして獲得するものではない。むしろ、我々は絶対知へと運命付けられており、絶対知から逃げることはできない。我々にとって希望は、絶対知が、資本の運動と類比的な仕方で変動する精神の成長の最終段階だということである。なぜこれが希望かなのかというと、ヘーゲルの洞察は、資本主義の内側からこそ絶対知の境地に達しうるということを意味しているからだ。」(同 p.201f.)

　しかしこの議論はいくつもの問題点を抱えている。

確かに『精神現象学』は内在的に絶対知を導いている。絶対知が外在的に設定されているのでもないし、最初から前提となっているのでもない。先の大澤の引用で「超人の悟りのようなもの」でもない。そこまでは良い。それはジジェクが詳細に論じているものである。それを下敷きにする限り、大澤の論法もまた正しいということになる。

　しかし内在性から本当に外部の実在が導き出せるかどうか、疑問は残る。大澤は資本主義の向こうに行くための方法論になり得ていると考えているが、そうなのか。

　つまり『精神現象学』の前半の議論は意識と対象の関係を内在的に考察するもので、それを徹底して絶対知を導出したのなら良かったのだが、そうではなくて、途中から自己意識と他の自己意識との関係を考察し、そこから絶対知に辿り着いている。それは精神の内部にあるものだが、十分外部性を担っているのか。つまり客観という外部に達しているのか。

　意識と対象が運動して、その相関の内部にあるぎりぎりの限界に達することはできる。それは『精神現象学』の前半の方法論で可能である。しかしそこから外部、つまり絶対の他的存在に達するのか。つまり絶対知は内部にあって、しかし外部の存在を示唆するものだ。ただヘーゲルの『精神現象学』の前半の議論ではそこまで達することはできない。大澤はそこに、キューブラー=ロスの最終段階と自由論を持ち込むことで、「すべてが終わったところで新しいものの可能性が開かれている」とか、「終末ののちに新しいものが始まる」と言う。

　ジジェクは意識的にヘーゲルを深読みして、『精神現象学』の前半の議論に、主体-実体論を持ち込んでいる。ジジェクは、『精神現象学』の意識の章だけの分析をしているのではなく、ヘーゲル哲学全体の方法論である主体-実体論をヘーゲルの使い方を超えて強引なくらいに活用し、さらに拙著（高橋2021）で扱ったように「論理学」の物自体論も使いこなす。かくして内在的に

実在に辿り着くことできる。「論理学」を読み込むことで、主観と客観の運動を記述できるからだ。

　拙著（高橋2021）でジジェクに依拠しつつ、私は思弁的実在論と加速主義を批判した。前者は現象の世界を超えて、物自体に迫れるかということを、後者は資本主義を超えて、ポスト資本主義社会に辿り着けるかということを議論する。その両者を批判した。両者はQ. メイヤスーの内在性の議論から始まっているのである。つまりメイヤスーは相関の向こうに物自体があると言う。その向こうに相関の内部から内在的に迫りたいと考えている（メイヤスー2016）。しかしそれが不十分だということを、私はヘーゲルの「論理学」を使って批判している。つまり『精神現象学』よりも「論理学」の方法論が役に立つ。それが拙著の結論であった。

　拙著については、あらためて分かりやすくその要約を示すことが必要なのだけれども、ここでは「論理学」とは何かということを示して、その議論に代えたいと思う。

　加藤尚武は次のように言っている。「自然の究極の存在は、根源的流動性であり、これは磁石のような二極性とその同一性、すなわち矛盾の真理性として捉えられるとヘーゲルは考える。根源的流動性から、「存在者＝一者」論にしたがって、存在者の諸相を展開するのが、ヘーゲルの『論理学』である」（加藤2021 P.8）（注6）。

　主観と客観が未分化である一者から両者が分離し、相互に転換するという運動を叙述するのが「論理学」である。

　本書1-4の最後に以下のように書いた。黒崎剛は、『精神現象学』においてヘーゲルは認識主義に陥ってしまい、社会認識の方法論としては失敗したと結論付けている。本当は緒論で展開された方法論に従って、対象と意識が論じられることで、対象自身の存在が展開されるはずだったのに、意識に対

して現象してくる、意識に相関的な世界が議論されることになる（黒崎2012第8章）。

　正しくヘーゲルを理解するとそうなる。ジジェクはそのヘーゲルを救う。ジジェクに言わせれば、認識主義に陥っていることこそ、実在論の証なのである。ジジェクは自らの理論、つまり物自体や絶対知が相関の内部にあるという理論それ自体が実在論なのだと言う。これが拙著（高橋2021）の結論であった。ジジェクはそこから社会理論を創っていく。

　実在に迫るには内在的にしかなし得ない。実在は相関の内部にある。体系は閉鎖的であるという非難は当たらない。それはしかし開放的でもない。そういうレベルを超えている。それを論じているのが「論理学」なのである。

　大澤はこの点、曖昧なまま、『精神現象学』前半の議論における内在性から、存在が記述できるかのように書いている。内在を徹底して、そこから実在を論じるのは相当に厄介なのである。大澤はその厄介さを素通りしている。ないしはキューブラー＝ロスと自らの自由論をここに密輸入している。もっとも密輸入というより、話を接続させて、首尾一貫性を得たというところなのかもしれない。

　私が思うに、『精神現象学』でむしろ取り挙げるべきは、「絶望」の感覚である。これは意識が真理であったと思っていたものが、そうでないと分かったときに意識が感じるとされる。この絶望こそ『精神現象学』の叙述を進展させるものである。この方法論をヘーゲルも、またヘーゲルを援用する私たちも最後まで徹すべきである[注7]。つまり内在性の議論だけでは絶対知に辿り着けないのである。

　これも以前書いたが（本書2-3）、内在性はマルクスの理論の基本である。それはヘーゲルに依拠している。絶対知において歴史が完成するという、体系の総体性に力点を置くか、常に歴史的に進展していくという面を重視する

か、ヘーゲルには二重性があるが、マルクスは後者の方を重視する。そしてそのどちらにせよ、内在性は根本である。

　例えば次のふたつの文言に、マルクスの内在的超出という考え方が出ているように思える。どちらも『資本論』から引用する。「現在の社会は決して固定した結晶体ではなく、変化することの可能な、そして常に変化の過程にある有機体なのだ」(第一版の序文の最後)。社会は有機体であり、それは生成発展し、そののちに死んで、また次の生が始まるというようなものなのである。生物の持つ死と生成という内在的発展の論理がそこにある。

　もうひとつは、「現状の肯定的理解のうちに同時にまたその否定，その必然的没落の理解を含み，一切の生成した形態を運動の流れのなかでとらえる」(第二版の後記の最後部)というものである。実際マルクスがやったのは、資本主義の内在的な分析である。

　マルクス主義の歴史を辿れば、いきなり理想をこの世に実現しようとすることの怖さは、もう私たちが十二分に思い知らされていることである。また小説の中のユートピアは大西洋の孤島にあったり、火星にあったりする。いずれも外部にある。それはいきなりそこに連れて行かれるものとしてある。しかしマルクス主義はユートピアではない。現状の内在的分析と、その克服が問われている。ここでもマルクスの言葉が新鮮だ。「フォイエルバッハに関するテーゼ」の最後の、あまりにも有名だが、しかし最近は耳にすることがなくなった文言である。すなわち「哲学者たちは世界をただ様々に解釈してきた。しかし重要なのはそれを変えることである」。

　つまり内在的な手法の上で、資本主義が今や最終段階を迎えているという現状分析があり、資本主義の中で培われた能力を最大限発揮して、次の社会に移るべく変革をするのが哲学の仕事である。

　大澤は著書の最終章で、絶対知の議論の上で、資本主義に内在するコミュ

ニズムについて議論する。そこで未来の他者と連帯する。それは次のように
なっている。未来の他者からの呼び掛けに応じ、未来の他者と連帯する。絶
対知論がそれを可能にする。そこにおいては、脱成長という不可能なことが
可能になる。それが新世紀のコミュニズムである。真に新しいことが実現さ
れる。

　他者からの呼び掛けを通じて私たちの自由が構成されている。この自由と
いう概念がいきなり出てくるようだが、しかし資本主義の中にすでに自由は
ある。必要なのはそれを内在的に克服するという話だ。だから内在的な絶対
知論が自由を保障するのではなく、内在的にすでに自由があり、絶対知論は
その自由という概念を前提にし、それによって補われる必要がある。「資本
主義は個人の消極的自由を最大化するシステムである」と大澤は書く（大澤
2021 p.163）。その自由を失ってはならないのである。すでに我々は自由を享
受しているのだから。内在性が自由を保障するのではなく、ものごとはすべ
て内在的に進展するしかなく、すでにあるものを失わないよう努力する必要
があるということだ。

　自由論を根底に置く大澤の論は明るい。絶望しかないジジェクと対照的だ。
しかし大澤は賢明で慎重で、その楽観は控えめなものだ。そこでは最低限の
ことしか言わない。それはユートピアではない。しかしそれでもなお、ジジェ
クのシニシズムよりは明るいのである。

　一方でジジェクは繰り返し未来の代替案などないと言う。ジジェクには絶
望しかない。しかしそこから人類の滅亡を防ぐことが模索されるならば、そ
れは自由を求めることになるのではないか。消極的な言い方でしかなく、積
極的な自由は拒否されているのだが。本節の最後に、そのジジェクの自由観
を見ておく。

　歴史は徹底的に偶然に委ねられており、必然性は事後的に見い出されるも
のに過ぎない。世界の存在様式は否定性であり、自由もその否定性に求める

ことになる。歴史法則を理解して、未来を切り開くという自由観ではない。偶然を活用せよというのがまずひとつの前提になる。偶然に翻弄されつつも、しかしそこに可能性はある。それから必然性は事後的にしか認識できないにせよ、過去の必然性を理解して、何かしらの法則性を探ることはできる。もちろん未来は決定論的に決められている訳ではないということは、くどいくらいに確認しなければならない。しかも世界は決定論的に出来上がっており、私たちの認識能力の制限のために、それを理解し得ないというのでもない。認識は不完全なのだが、それはそもそも存在が不完全だからなのである。

　世界に物理法則は支配しているが、しかしそれは偶然の上にしか成り立たない。世界は偶然に出来上がっている。ただそこで、その偶然がうまく働けば、自己組織性の法則に従って、秩序化は可能である。必然性というのはその程度のものであり、しかし私たちはすでに秩序化された世界におり、事後的にそこに法則性を見出すことができるのである。すでに生じてしまった結果を私たちは受け入れるしかない。しかしそこに切り開くべき未来はある。偶然を活用して、思いがけないほどの成果を生み出すことはあり得る。そこに自由はある。

　絶望する能力は破滅を避けることを可能にする。それは人類の絶滅を防ぐという、最低限の、しかし根本的に重要な自由である。

注

(1) 例えば『ポストモダン』ではより洗練された形で、このことが提示されている（『ポストモダン』p.154ff.）。

(2) 拙著（高橋2021）で、ベーシック・インカムは社会の移行期において、一時的に実現されるべきものであるという考え方を紹介している。さらに拙著（高橋2013）では、地域通貨を利用して、月額で数万円程度の給付を検討している。

(3) 拙著（高橋2013）では、私は知的共産主義という言い方をしている。

(4) 環境倫理学では、現在の世代は未来世代の生存可能性に対して責任があると考える。例えば、加藤尚武1991を見よ。

(5) 本書 1 - 4 の注 3 と同じく、*Less than* のふたつの章 Interlude 1:Marx as a Reader of Hegel, Hegel as a Reader of Marx, と 第 6 章 "Not Only as Substance, but Also as Subject" を参照した。

(6) 「論理学」の構造については本書 1 - 2 で論じた。なおここで、加藤は『論理学』という表記で『大論理学』を指している。私の「論理学」という表記は、『大論理学』と『小論理学』の総体を指す。

(7) 「絶望」という文言は、『精神現象学』の意識の章の方法論を叙述した緒論の最後の方にある（『精神現象学』p.72 = p.81f.）。

3 - 2　脱所有の論理

　大澤真幸の新しい本『経済の起源』(2022)を読む。贈与がテーマである。

　大澤は前著『新世紀のコミュニズムへ』(2021)で脱資本主義を論じている^(注1)。
それに対してここでは経済の起源が問われており、それを贈与に求めている
のだが、その問題意識としては、前著と同じく脱所有を求めるということが
あるのではないか。

　まず貨幣を用いての商品交換の起源は物々交換であると考えるのが経済学
の常であるが、それは歴史的にも論理的にも間違っている。贈与こそが先行
する。そのように大澤は論じる。

　贈与は与える義務、受け取る義務、お返しの義務から成る。この考えは
M.モースに由来する。贈与は双方向的、互酬的である^(注2)。

　相手から贈与されたときに、そのお返しができないと、負債の感覚が残り、
そこに支配−従属の感覚ができる(以上、大澤2022 第1章)。

　さて貨幣の本質は借用証書である。これはD.グレーバーを参考にしてい
る^(注3)。このことと、先の贈与に負債の感覚が付いて回るということとを併
せて、大澤は、貨幣とは互酬化されなかった贈与ではないかという。互酬性
へと回収されなかった贈与が負債として残り、貨幣として流通する(同第2章)。

　ここで所有と贈与の関係が考察される。両者は対立概念だとされる。先に
大澤の問題意識を推測すると、脱所有を論じるのに、所有と正反対の贈与を
活用したいということではないか。そういう意図があって、両者の比較がな
される。

　まず所有は能動的なものだが、贈与はそうではない。また上に述べたよう

に、歴史的な事実としても、論理的にも所有に先立って、贈与がある。貨幣もこの贈与の感覚から出てくる。

　ここで考慮すべきもうひとつの論点は他者である。所有に基づく商品交換は人間関係を形成しないと大澤は言う。この点は本節のこのあとで批判されるが、とりあえず、大澤の言うところを追ってみよう。この場合、人間関係は商品を交換するときだけに限られるからだ。それに対して贈与は、与える側と受け取る側に負債の影が永続的に残る。

　所有の概念が出てくるのはローマ時代で、それは奴隷所有から始まる。所有とは能動的な人間と物との間の関係ではなく、主人と奴隷の関係、つまり一方に能動性が独占された状態である。所有の本質は奴隷であると言って良い。

　大澤はまず、歴史的に所有の本質を求めた上で、今度はそれを論理的に考え直そうとする。そこで出てくるのが、ヘーゲルの、有名な主人-奴隷論である。『精神現象学』は、意識と対象の関係を論じたのち、自己意識にテーマが移る。そこではふたつの自己意識の関係が論じられる(注4)。そこからさらにヘーゲルは、主人と奴隷の関係を論じる。大澤はここから、主人の自己意識だけが残り、奴隷の自己意識が完全に否定されたときに、つまり一方に能動性が独占されたときに、所有の観念ができると言う。

　すると所有は、歴史的にも論理的にも能動的なものであり、そこで他者の側の能動性は完全に否定されている。所有は、奴隷の感覚にその本質がある。

　それに対して、贈与は他者とともにあり、本来的には人間関係を対等化するはずだ。この発想が大澤の論稿の根本にある。先に書いたように、お返しの義務が履行されないと、そこに支配-従属の関係が出てきてしまうのだが、所有が本来的に主人と奴隷の関係に基づくのに対し、贈与は本来は支配-従属の関係にない。なぜならそれは能動性に基づかないからだ。そのように大澤は考えている。

　では贈与が能動性に基づかないとすると、何に基づくのか。ここから中動態という概念を大澤は紹介する（同4章）。

　もう一度言うが、能動態が所有の論理であり、かつそこにおいて他者性は本質的でないということであった。これはいささか戦略的な話である。というのは、ここから大澤は、能動と受動の対立の根底に遡って、その起源を問うからである。

　インド＝ヨーロッパ語の動詞のシステムに、もともと能動態と受動態の対立はない。受動態がずっとのちになってから、中動態と呼ばれる概念から派生する。つまり元々あった対立は能動態と中動態であり、のちに中動態が廃れて、能動態と受動態の対立が残ったのである。

　この中動態については、言語学者のÉ.バンヴェニストが着目し、最近ではそれを國分功一郎が展開している（バンヴェニスト1983 12章「動詞の能動態と中動態」、國分2017）。大澤はこの國分の研究を使って議論を進めている。

　中動態の概念において、人間の行為は他者に対して開かれているとされる。それは他者に本源的に依存する。

　ここからさらに中動態が能動態よりも根源的で、その中動態は自らの対立物として能動態を生んだのではないかと、國分の示唆を受けて大澤は問う。そしてその能動態の対として受動態が出てくるのではないか(注5)。のちになって中動態はその受動態によってその地位を奪われる。

　能動と受動の根源としての中動態、他者に本源的に依存する中動態が、まさしく贈与の論理である。するとここからも能動態に基づく所有よりも中動態に基づく贈与の方が根源だということが言えるのである。

　大澤は所有の論理を批判し、贈与の論理を確立したいと思っている。主体が能動的な意志を持ち、そこで他者性が本質的でないというものが所有の論理で、それに対して贈与の論理が中動態である。この話をさらに進める前に、この中動態の論理がどのようなもので、どのように応用できるか3つほど例

を挙げてみたい。

　ひとつは國分が挙げているものである。それは責任を巡る問題である。意志を持った主体が行動すれば、当然そこに責任が付いて回る。しかし國分は次のように言う。人は能動的であったから責任を負わされるのではない。話は逆である。人は責任あるものと見なして良いと判断されたときに、能動的であったと解釈されるのである。意志があったから責任を負わせられるのではない。責任を負わせて良いと判断された瞬間に、意志の概念が突如出現する（國分2017 p.26）。ここでこの能動的な主体が出てくる前の事態を考えるのに、中動態という概念が必要になるのである。

　要するに意志も能動性も主体も事後に成立するのである。もちろん、だからと言って、中動態の理論を責任逃れに使って良いということではない。むしろ中動的なものがなければとても責任を引き受けることなどできないと國分は言う（國分・熊谷2020 p.401f.）。ここから責任は中動態の先にあるのだという結論が出てくる（注6）。

　ふたつ目の事例は言語に関するものである。金谷武洋は、『日本語に主語はいらない』という本の第5章「日本の自動詞／他動詞をめぐる誤解」の中で中動態に触れる。書名と章題をここに示すことによって、金谷の主張が明らかになるはずである。彼は言う。「中動相とは古典ギリシャ語やサンスクリット語に見られる、形は受動態だが、意味は能動態の形態素を持つ動詞グループのことを言う。これは実は日本語で言うところの自動詞なのだ」（金谷2002 p.234）。さらにまた、かつてあった中動相と能動相の対立は、現代では中動相が失われてしまったために、誤解されたままであるが、その対立を今でも残す日本語に立脚すれば、中動相は解明できると言う（同 p.229f.）。

　もうひとつ挙げておく。木村敏は、統合失調症患者の「中動的自己」について書いている。ここで木村は、バンヴェニストの言う能動態と中動態の対立を次のように考える。つまり主体が外部対象に向かう能動性（私は何々を見る、

または聞く）と、行動過程は主体の内部に生起し、主体をこの過程の座として考える中動態（私に何々が見える、または聞こえる）との対立である。受動態（何々が見られる、または聞かれる）はこの中動態から発生する。中動態においては、主体は外部の対象を持たず、また能動的でも受動的でもない。こういう非対象的で中動態的な主体が、統合失調症者の自己意識に生じているのではないかと言うのである（木村2013 p.119ff.）。

　中動態の考え方をここまで広げて確認すると、再度贈与がこの中動態であるということが良く分かる。

　なぜ人は贈与をし、また贈与されるのか。中動態は、私が何かをすることと、私が何かをされることが矛盾なく両立する。人間の行為は他者に本源的に依存するから、人が何かをすることは、他者にそれをしてもらうことと同じである。この他者への依存が贈与である。

　また私が何かをするとき、同時にそれは誰かしら他者に助けられているという感覚を私たちは持っているはずだ。つまり私は他者に本源的に負債がある。そして人はその本源的な負債に返済しなければならないのである。

　先に贈与は与える義務、受け取る義務、お返しの義務から成ると書いた。この最初の贈る義務は、本源的な負債に対する返済である。贈与はすでに負債に先取りされている（大澤2022 4章）。

　中動態の論理を一般化しようと大澤はここでもヘーゲルの理論を援用する。「論理学」本質論の論理が参照される。それは関係性の論理であり、そこでは自己と他者が反照し合う。その関係性の上に自己が成立する。自己は根源的に他者によって媒介されているという論理である[注7]。

　そして贈与がこの中動態の理論で根拠付けられるのであれば、贈与もまた根源的に他者との関係性に基礎付けられる。ここから贈与を歴史的な話としてではなく、共時的な話にしたいと大澤は議論を展開する。外部の他者の存在を前提に、自己は形成される。外部の他者を内化することで自己となる。

それは他者からの贈与を受け入れることである。しかしそれは同時に外部の他者に到底返すことのできない負債の感じを持つことでもある(同4章)。

　贈与は他者とともにあり、関係を対等化する。この発想がこの論稿の根本にあると先に書いた。しかし同時に贈与には、垂直的な不平等も生じる。贈与は与え手が受け手を支配するからだ。お返しのできない受け手は与え手によって支配されてしまうのである。つまり贈与が牧歌的で理想的な人間関係であるかのような楽天を大澤は語らない。

　贈与は他者を支配する。たとえ相手にお返しを期待していないとしても、相手に負債の感覚を与えてしまう。無償の贈与は不可能なのである。贈与は贈る側と贈られる側のアイデンティティをそれぞれ確認するものだ。

　しかしこのアイデンティティを消滅させられれば、贈与の互酬的な論理は消えるのではないか。こう大澤は問い掛ける。人が贈与し、相手のお返しを求めるときに、自らのアイデンティティを他者からの応答において確かめたいのだが、それぞれのアイデンティティを自ら進んで消滅させることはできないだろうか。

　大澤は、キリスト教の贖罪論を独自に解釈して、この互酬性を超える論理を導く。キリストの十字架の上での死とは、一般的に人間が持っている原罪を贖うためのものなのだが、大澤は、キリストが自己消滅をし、超越的な神を消し去り、そのことによって神とコミュニケートしてきたすべての信者たちが、普遍的に参加し得る共同体を実現するという意味だと考える。

　このようにキリストの贖罪を互酬的な贈与という枠組みで解釈せず、その互酬性を超えるものと考えたときに、この神学論を一般化することが可能になるのではないか。そこにおいて、自己と他者との二項分立を否定し、自己の自己への関係という自己準拠に自己を追い込めば、相手を屈服させるという力の論理ではなく、普遍的な連帯に基づくコミュニズムが求められる。

　互酬的な贈与を脱構築したとき、コミュニズムが回帰してくると大澤は言

う。自己と他者の複数性を、個々の主体に内在している差異性と見ることで、アイデンティティが消えるということだ。つまり主体の脱構築も求められている。そこから彼は連帯という言葉を出す。それが論理的に可能だと言う。

　まず大澤の言うところを確認する。それは間違っていないし、本人が言うように、「純粋に論理的に可能」であろう（同p.244）。しかも大澤のヘーゲル理解は正しい。他者との関係に基づいて、そこから自由概念を導出する。さらに脱構築をする。それは紛れもなくヘーゲルのものだ（同最終章）。

　しかし確認すべきことのひとつは、これはジジェク、ないしはジジェクの解釈するヘーゲルなのではないか。これは本書で一貫して書いてきたことだ。つまりジジェク張りの主体の脱構築をしてやっと贈与理論が使えるということなのである。

　もうひとつは、私はしかしそれとは異なった理論を提示したいと思うのである。このことが以下の課題である。

　大澤は他にも随所でヘーゲルを活用している。しかしヘーゲルの所有論は使わない。私は以下、このヘーゲルの所有論を取り挙げてみたいと思う。ヘーゲルの所有論に、ヘーゲルの論理の特徴が良く現れているはずだからだ。

　大澤の理論は間違っているとは思えないし、十分魅力的だが、しかし贈与を称揚する余り、その対立物とされる所有の論理が平板で、その可能性をまったく見ていない。現実に所有に基づく人間関係が、支配 - 被支配の関係を容易に導くというのは事実だが、しかしそれは贈与もまたそうである。後者については、大澤はていねいに論じて、それを克服する道を探っているのに、なぜ所有に対してはそういう手続きを取ろうとしないのか。

　私はここのところずっと、このヘーゲルの所有論を展開し、それを情報化社会に使える理論に仕上げてきている（本書1 - 5にある。また高橋2010、2013、2014を参照せよ）。

まず私の理論では所有は他者性を前提とする。また情報化社会において、所有はコモンになり、脱所有の萌芽がそこに見られる。このことを示すのが、本節における課題である。

　また資本主義社会は所有に基づく。そして現在の資本主義の肯定的理解の内にしか、それを乗り越える内在的な手立てはない。所有の論理を内在的に乗り越えることが必要なのではないか。

　以下、ヘーゲル所有論を展開したいのだが、その前に、ヘーゲルの主体論と自由論を確認する。

　ヘーゲル『法哲学』は意志論から始まるのだが、先に書いたように、國分は意志は事後的に出現すると言う。議論は自己の意志から始まるのではなく、自己と他者の関係性から責任が出てきて、それから意志が出てくる。

　私は別にこのように考えても良いと思う。ヘーゲルも物事を論じるのに、常に自己から始めている訳ではない。確固とした自己がまず存在しているという前提から話を始めるのではない。『法哲学』の議論は、ヘーゲルの理論においては『エンツィクロペディー』の中に位置付けられており、『精神哲学』の主観的精神の発展史が先行しており、さらにそれは死の観念から類の意識が出現し、魂が発生するという話から始まるのである。個と類の弁証法から魂は生まれる。個体の死の意識から原初の精神が生まれる。つまり類という他者の総体と個体との関係から議論が始まり、その中で個体が形成されて、主体としての意識を持ち、それで『法哲学』の議論に入っていくのである。

　ヘーゲルの理論においても、確固とした自己があり、人は能動的に行為をし、その行為に対して責任を負うということではない。自分がここにいるのは偶然である。その偶然性がヘーゲル理論を強く支配している。

　例えば移民の子に生まれるのか、身体障碍者なのかということに始まり、私が今の仕事に就いたのもたまたまそういう状況に置かれたからであって、人生はすべて偶然の賜物であると思う。しかしその運命を自らのものとして

引き受け、周りの人もその人の境遇をその人自身に帰するとき、事後的に主体が生成する。

　問題は、そういう主体の脱構築をするのか、あるいは主体とはそもそもそういうものであって、そういうものとして主体は主体化するのだと、その主体化ということの方に力点を置くかの違いである。私の本稿でやってきた仕事は後者である。主体はその都度主体化するのだけれども、常にそれを脱構築することが重要なのではなく、そういった主体として生きていかねばならないという事態を自ら引き取って、生きていくべきだということだ。

　私は贈与の理論を批判しないが、しかしあまりそれらに比重を置く必要もないと思う。主体性の確立が叫ばれたのは遠い昔のことで、今度は主体の脱構築が主張される。その脱構築の上で、なお生成してしまう主体を、私は見詰めたいのである。

　次にヘーゲルの自由論を確認する[注8]。

　ヘーゲルにとって、精神の本質は自由であり、精神は自由であることによってのみ、精神となる。精神は自由がこの世界で実現されることを見届ける。このことを最初に押さえておく。

　次に言うべきは、自由は自己と他者の関係性の内に成り立つということである。「人格の他の人格との共同は、個人の真の自由を制約するものと見なしてはならない。個人の自由の拡張とみなさなければならない。最高の共同こそ、最高の自由である」という『差異論文』の文言をここで挙げたい（『フィヒテとシェリングの差異』p.82 = p.86）。真の自由は連帯の中にあると加藤尚武は書く（加藤1992b p.215）。

　このことは、論理的に言い直すと、自己が他者と関係しつつ、なおそこに自己の本質を見出すことが自由だということになる。例えば、このことは次のように表現される。「それらモメントの各々は、他と関係しながらも、自分自身のもとに留まり、自分自身と合致する」（『小論理学』158節補遺）。重要な

のは、他者と関係しながら、自己と一致する、他者のもとにあって、なお自己のもとにあるということなのである。

　これも本書1-2で書いたのだが、「論理学」全体が主体性の哲学であるということ、とりわけ概念論がそうである[注9]。本質論の最後のところでは、次のように言われる。「思惟するということは、他のものの内で<u>自分自身</u>と合致することである。この合致は自由になることを意味するが、しかしその自由は捨象による逃避ではなく、現実的なものが必然の力で結び付けられている他の現実の内で、自己を他のものとしてではなく、自分自身の存在及び定立として持つという自由である。この自由は、<u>対自的に存在するもの</u>としては<u>自我</u>と呼ばれ、総体性に発展したもののとしては<u>自由な精神</u>と呼ばれ、感情としては<u>愛</u>と呼ばれ、享受としては<u>浄福</u>と呼ばれる」（同159節注）。ここで「現実的なもの」とは自己であり、「他の現実」とは他者である。そして自我、自由な精神、愛、浄福が同義とされていることにも注意してほしい。

　さらに真無限の論理も自由の論理である。他者において自己のもとにあるというのは、「論理学」の真無限の生成のところにも使われる。「真の無限は他者の内にあって、自分自身のもとにあることにあり、あるいはこれを過程として言い表せば、他者の内で自分自身へ来ることにある」（同94節補遺）。ここで「真の無限」とは自由のことに他ならない。本書1-2では、真無限の生成が自我の生成であると書いた所以である。

　そこではさらに、以下のように書いた。「ヘーゲル「論理学」全般を見渡してみると、定存在－実在性－有限－必然性という系列と、対自存在－観念性－無限－自由という系列があるのにまず気付く。そしてまた、前者の系列に自然が対応し、後者に精神が対応することに気付くであろう。」

　ヘーゲル哲学は全編、精神の生成を扱い、従ってそれは自由の哲学なのである。それはまた他者との関わりからすべてが生じてくると考えるものである。

　自由は他者とともにある。そして所有は他者との関係を作るのである。

　所有には常に他者が纏わり付いている。所有論から『法哲学』は始まる。つまり所有から社会が始まるというヘーゲルの議論をここで強調しよう。

　所有論について、本書1-5に書いたように、私は前著で展開してきた。以下、それを参照し、重複を厭わず、議論したい(注10)。

　まずは、『法哲学』に所有の定義が論じられている。すなわちヘーゲルは、占有取得、使用、譲渡の3つを所有の規定として挙げる。つまり占有取得したものが所有であり、次に使用できるのは所有しているからであり、最後に人に譲渡できるのは所有しているからであるという具合だ(『法哲学』53節)。そこからさらに踏み込んで、以下のトリアーデを得る。

肯定判断　物件を占有取得して所有する。
否定判断　所有した物件は使用しなければならない。溜め込んではならない。
無限判断　所有した物件は譲渡しなければならない。それは社会関係の中で
　　　　　基礎付けられねばならない。

　ここで論じられる所有において、ふたつの点で他者性が前提となっている。ひとつは占有取得する際に、他者に知らせ、承認してもらわないと所有は成立しないと考えられている点である。

　もうひとつは、譲渡が所有だという点である。これは良く考えねばならない。所有の本質は他者への譲渡なのである。ここには当然贈与も含まれる。つまりヘーゲルは、所有の本質は譲渡であり、そこから贈与になる場合もあり、商品交換になる場合もあると考えている。もちろん前者のことは主題にはならない。しかし贈与の論理を引き出すことは可能である。

　第二に、商品交換で要請された他者は、先に大澤は、商品交換が終われば、

消えてしまうとしたが、そうではない。ここから他者との関係が始まるのである。むしろ他者関係を構築するために、所有があると考えるべきである。

　そもそも自己の成立に他者が必要であり、そうやって成立した自己が所有をし、しかし所有の本質は他者関係なのである。これがヘーゲルの論理である。

　さらに所有は占有取得から始まるが、それを使用し、譲渡することが本質的に所有の特質であるならば、所有は最初から脱所有の契機を持っていることになる。すでに脱所有の論理的な可能性は見えている。

　またモノを所有することで人は自由になるのではない。モノを媒介にして、他者と関係を作り、そのことによって自由になるのである。脱所有から自由への道がそこに示されている。

　さらに考えるべきは、つまり本節で書くべきはコモン論である。コモン論こそ脱所有論である（注11）。これもすでに本書１‐５と前節で論じたが、再録する。

　所有論の応用として、以下のような三段階も得られる。

肯定判断　資本主義社会では私的所有が正当化されている。

否定判断　社会主義社会では私的所有が否定される。

無限判断　共産主義社会では所有形態はコモンとなり、私的所有と共有が両
　　　　　立する。

　ここでも肯定判断で肯定された私的所有が、否定判断で否定され、最後の段階は、否定の徹底で、これが否定の否定として捉えるべきものである。そこでは所有という概念が徹底的に否定されており、私的所有と共有が同時に成り立っている。

　とりわけ、このことは知的所有において成り立つ。つまり情報化社会になっ

て、知的所有が本質的になる。そこにおいて他者はますます本質的なものになる。情報のポイントは他者に伝えることだからだ。他者がいないと所有できないのである。

　つまり知的所有になれば、使用することと譲渡とすることとが同じものになり、人のために使用し、人に譲渡することが、自らの占有取得の部分を豊かにするというのであれば、そこにおいて脱所有は完成する。ただし論理的にではあるが。

　知的所有において、人に分け与えることが、自分の知識を豊かにすることであるというのは、まさしくそこに自由が成り立つはずのものである。しかし実際にはそうではない。

　コモンは実際には一部の人に独占される。コモンの偏りは、搾取よりもたちが悪い。マルクスの時代は、労働者階級が搾取されることが問題となったが、情報化社会の根本問題は、コモンの偏りである。これがかつてないほどの格差を生む。そこに情報化社会の問題が集中的に表れている。これをどう解決するか。

　ジジェクが随所で言っている言い方を借りれば、労働力の搾取で生じる利潤から、レント（超過利潤）の形を取った富の私有化が進行しているのである（例えば『ポストモダン』14章）。

　しかしコモンは可能性としては、その名の通り、本来はコモンなのである。大澤が、現実的には贈与は人を支配するものであるが、論理的には連帯の論理になり得ると書いたのとまったく同じように、コモンの論理は現実にはたちが悪いものだが、論理的には万人の自由に繋がるものだと私は言いたい。

　所有から出発したら、いつまでも所有から抜け出せない。所有を超えたい。とすれば、議論の出発点を所有以外のところに求めたい。大澤はそう考え、贈与の議論を展開した。しかし上述のように、所有に基づいて議論を展開し、脱所有に至ることはできるのである。

前節（3‐1）では、大澤の議論を批判しつつ、絶望が資本主義を超えるという結論を出した。本節は、同じく大澤の、しかし別の本を批判しつつ、所有を超える可能性について書いた。

　最後に以下のことを付け加える。

　「贈与の観念と明白な連関で結び付いているのは客人歓待の観念である」とバンヴェニストは、先の中動態概念を提唱した著書の最終章「印欧語彙における贈与と交換」で言う（バンヴェニスト1983 21章）。先に贈与の互酬性の機構を説明したが、それと同じことが客人歓待に見られるということを、バンヴェニストはモースを引用した上で、言語学的に示している。

　この歓待理論はカント『平和論』の訪問権に始まり、デリダが練り上げたものである。歓待は贈与である。デリダは無償の贈与を主張する（デリダ1999）。

　このことを、順を追って説明したい。『平和論』において、カントは平和のための確定条項として、3つの原理を提出する。このことはすでに補遺2‐2で詳細に説明した。第一原理は、各国の体制は、カントの言葉で言えば共和的でなければならないというものである。これは今日の言葉で言えば、立憲君主制を意味し、統治権と立法権が分離して、議会制が成立している体制である。第二原理は、世界共和国とは明確に区別された、自由な諸国家の連合である。私の言葉で言えば、諸国家間のネットワークが確立されていることである。そして第三原理が、すべての人が他国を自由に訪問できる権利の確立である。

　この内、第一原理と第二原理が根本だと私は考える。第三原理は第二原理の付属としてある。このことは以前扱った(注12)。しかしデリダは第三原理を根本と見た上で、それを純化するのである。

　カント平和論は所有論の帰結として得られるものだ。カントは、本来人は

地球の表面を共同で所有していたと考えている。しかし『平和論』の第一補説で考えられているように、人々は世界中に分散して、そこで国家を創り、戦争をする。そしてその戦争が原動力となって、国家体制を充実させ、戦争を防ぐ。それは極めて功利主義的な平和論である。人は利己的であり、所有欲があり、国家がそれを保証する。その国家は戦争を推し進めるのだが、しかし戦争は「割に合わない賭け事」だということになれば、戦争に対して慎重になるのである。その上で第二原理として、自由な諸国家はネットワークを結ぶのである（『平和論』第二章）。

　しかしそこに第三原理の訪問権が出てくる。デリダはそこに着目する。そしてその訪問権を純化して、歓待の概念を作る。歓待とはいかなる代償も求めずに無条件で歓待すべしということである。しかし実際には条件を付けて、計算可能な義務や権利が設定される。両者は相互に呼び合っているとしつつも、前者こそが歓待であり、後者はその堕落態であるとしている。

　デリダはカントを批判する。それはカントの訪問権は、訪問の権利に限定されていることと、法によって守られるものであるからだ。先の堕落態としての歓待に陥ってしまう危険性があるとデリダは言う（デリダ 1999 p.89ff.）。

　デリダはここにアンチノミーを見出す。一方で、無償で、無条件で、無限の歓待がある。他方で、法＝権利や義務といった条件が付いている歓待があり、この条件は、まさしくカントからヘーゲルに至るもので、それは『法哲学』の家族、市民社会、国家を通過するのである（同 p.98）。これがアンチノミーだというのは、このどちらも実現不可能なものとして考えられているからである。

　今までの文脈でこのことを言い換えれば、一方で「論理的な可能性」としての純粋な贈与があり、他方で他者を支配してしまう贈与があるということである。そしてこの前者、すなわち本来の歓待、脱構築した贈与を、能動的な所有の正反対のものとして、抽出できるだろうということである[注13]。

デリダの著作にはバンヴェニストが何度も参照されている。ここに贈与、中動態、責任、歓待と話が進んできて、どれも能動的な、意志を持った主体は事後的にしか生成しないということが論じられる。それはその通りだと私も思う。ただ事後的にであれ、主体は生成するのである。その面を私は見たい。脱構築されて、なお生成する主体、所有し、所有を超えていく主体が私のテーマである。大澤の贈与論もデリダの歓待論もどちらも魅力的な理論だが、しかし所有論で話を解決させることができるなら、それで良いのではないか。無償の贈与、純粋な歓待が未来社会の理念になるのか。それとも所有を通じての脱所有がそれを担うのか。

注

(1) これは前節（3-1）で論じた。前節と本節で、大澤の2021年の本と2022年の本を論じることになる。

(2) モースは、ポトラッチと呼ばれる全体的給付が、この３つの義務を持っていることを論じている（モース2009）。

(3) グレーバーは、彼の著書の副題にあるように、負債の歴史を辿る（グレーバー2016）。大澤の目的が経済の起源の解明であれば、この本の分析は不可欠である。しかし私は贈与の論理だけを追えれば良いので、ここでこの本の分析には入り込まず、紹介だけしておく。

(4) 『精神現象学』については、本書2-3、3-1で論じている。

(5) これはデリダが言っている。哲学は中動態を能動態と受動態に分け、中動態を抑圧したのである（國分2017 p.120, デリダ2007 p.44）。デリダをここに出しておくのは、このあとでこの議論に関わってくるからである。

(6) この問題は当事者研究に繋がる。本書の補論１を参照せよ。

(7) ヘーゲル論理学が、存在論、本質論、概念論から成り、それぞれ移行、関係、発展がその論理であるということは本書1-2に書いた。

(8) 『ヘーゲル事典』を参照した。「自由」の項は加藤尚武が書いている。

⑼ 存在論と本質論が客観的論理学で、概念論が主観的論理学だと言われるが、「論理学」全体が主体的に自己運動するものと考えられている。

⑽ ヘーゲルの所有論は、拙著（高橋2010）の２‐１‐１に書いた。また本書１‐５も参照せよ。

⑾ コモン論は、拙著（高橋2013）の１‐３に書いた。また本書１‐５も参照せよ。

⑿ カント平和論は、拙著（高橋2017）の３‐３に書いた。また本書補遺２‐１も参照せよ。

⒀ 東浩紀はここから「観光客の哲学」を展開する。本書の補遺２‐１を参照せよ。また本書の補遺２‐２では、柄谷行人の贈与論も論じている。これも参照せよ。

3-3 不可能な行為によって、資本主義を乗り越えよ

短い最終章を書く。

本章3-1でジジェクと大澤の絶望論を論じた。資本主義を乗り越えるには、人は心の底から絶望するしかない。それが脱資本主義に至るための唯一の方法である。そういう結論をここで得ている。そしてこの点については私も同意する。

3-2は贈与論と所有論の対比である。大澤は、贈与の論理に脱所有の可能性を見出す。私は、脱所有は所有の論理を通じてなされると考える。

しかしここにジジェクは出てこない。私の所有論はジジェクの影響下で練られたものだが、しかしジジェク自身はそれを論じない(注1)。もちろん贈与論も論じないだろう。ジジェクはあくまで絶望しか論じない。このあたりのことを整理したいと思って、本節を書く。

本書は、ジジェクの『性と頓挫』に依拠して書かれている。この本の最後に以下のような記述がある。すなわち、資本主義の改革は資本主義を有効なものにしてしまう。そこに円環ができ、それは閉じられてしまう。それを超えることはできないのか。「この円環を打ち破ることは不可能である。ということは、我々はこれを「現実的な」-不可能な行為によって打ち破ることができる」(『性と頓挫』p.613)。ここで「現実的な」というのはラカンの用語で、不可能なという意味に取って良い。

すると次のような結論が得られる。資本主義を乗り越えないことには、私たち人類は滅亡してしまう。しかし資本主義を乗り越えることは不可能である。そこでどうしたら良いか。私たちは不可能な行為によって、資本主義を

乗り越えるしかない。

　まずは絶望することが第一である。そして「不可能な行為によって」資本主義を乗り越える。ジジェクの考えをそのようにまとめることができるだろう。そしてどうやらその際に、所有論や贈与論は参考にならないようなのだ。

　さて、もう一度『性と頓挫』を見直すことで、どうしてこのような結論が出てくるのか、検討してみたいと思う。今まであまり論じていなかった問題は、性である。ジジェクにとって、性は不可能性である。あるいはこのあとで論じるが、それは「抽象的否定性」とも言われる。つまり私は、ジジェクの言う「不可能な行為」の具体的な意味を知りたいと思うのだが、そのためには、ジジェクが性について何を考えているか、それを解明しないとならない。

　これは同時に自由の問題なのである。というのも、この不可能性、抽象的否定性に至ることが自由であるとジジェクは考えているからである。

　3-2では、ヘーゲルの自由について、愛だとか、浄福といったヘーゲルの言葉使いをした。このことと上述の考え方とどう折り合いを付けさせるかということが課題である。

　自由のより高次の段階へと通じる唯一の道として、抽象的否定性を勇気を持って受け入れよとジジェクは言う（同p.467）。「抽象的否定性としての死」だとか、「止揚され得ない否定性の過剰」とか、「執拗に残り続ける抽象的否定性」とも言う。これがジジェクの自由論である。ここで必要なのは、「否定性それ自体という解消不可能な過剰との和解」であるとも言う（同p.472）。

　このことを説明する。

　本書1-1で『性と頓挫』に出て来る4つの定理について触れている。その内の定理ⅡとⅣが本節のテーマである。

　定理Ⅰはカントからヘーゲルへの論理の移り変わりがテーマであった。こ

れは拙著（高橋2021）のテーマであり、本書の2-1でも繰り返し説明されている。また定理Ⅱは、そのカントとヘーゲルの論理が性に関わることが示される。さらに定理Ⅲは、ヘーゲルの論理がトポロジーで示される。1-2で説明したことである。最後に定理Ⅳは定理Ⅱを発展させ、狂気、性、戦争が論じられる。

　この内、定理ⅠとⅢは詳述しているので、ここでは定理ⅡとⅣを説明する。

　まず定理Ⅱは「人は性を通じて絶対に触れる」ということがテーマである。超越論的な次元は性的なものと密接に結び付いている。ここでカントのアンチノミーは不可能性を示す。それは失敗という否定的なやり方を通じてのみなされる。この不可能な「物」への執着と、「物」に到達できないという失敗が、性に関する人間の経験を構成しているのである。

　さてこの定理は『性と頓座』の要、この本のすべてであるとジジェク本人が言っている（同p.19）。ここでカントのアンチノミーが扱われるのだが、重要なのは、これが性的差異だということである。ジジェクの目的は、純粋理性を性的なものにすることであり、純粋理性を性的差異で汚染することである（同）。

　これは空無としての主体論であり、ここで物自体との接触が論じられる。ジジェクテーゼを常に思い起こすべきである。物自体を巡るカントからヘーゲルへの移行は、現実界を重視するラカンの思想的深まりに対応する。本書はこのジジェクテーゼから始まっており、最後もこのことを確認して、話を閉めたい。

　話はしかし、もう少し続く。定理Ⅳでは執拗に残り続ける抽象的否定性の現われである狂気、性、戦争が取り挙げられている。哲学は否定性というモチーフを繰り返すが、これはこの3つの形象によって再現される。

　つまりここでのテーマは、狂気、性、戦争であり、これで以って話をまとめることになる（以下は、同p.464ff.）。

　まず人間であることは潜在的に気が狂っていることを意味する。このことはヘーゲルの『精神哲学』の引用をしつつ、拙著(高橋2014)の5‐2や、拙著(高橋2017)の3‐2で論じてきたことである。

　すべての人間が狂気を経なければならないということではない。しかし狂気は魂の発展過程において必然的に生じる段階であり、人間の精神一般が克服すべき極限なのである。そして正常とはこの脅威を克服した場合に現れる。まずは狂気について論じるべきである。つまり狂気は逸脱ではない。狂気は概念的には正常性に先立って存在するものなのである。

　次いで執拗に存在し続ける抽象的否定性の過剰の現われは性である。性は、狂気を表す特定の形象であるとジジェクは言う。それは人間が自然から引き離されている証なのである。性は生殖のためにあるのではない。生殖という目標は頓挫させられているとジジェクは言う。性とは人と人との精神的な結び付きであり、精神はそれ自身の本質と戦うのである。

　そして抽象的否定性の過剰を表す三番目のものは戦争であり、それは社会の狂気である。狂気が必然である以上、戦争もまた必然的なものである。狂気は常に潜在的に存在し続け、そのために戦争は常に国家の生を全面的に破壊する脅威であり続ける。

　戦争は闘争本能のために起きるのではない。それは人間の精神性ゆえの現象である。

　ここで主体と物自体の関係が論じられねばならない。ジジェクは、物自体との特権的な接触そのものが主体であると言う。物自体は現象の領域における亀裂と矛盾を通して見出されるものである。それは現象の不可能な点として現れる(同p.506f.)。

　それは次のように言い換えられる。主体それ自身が現実の裂け目である。主体はそれ自体が存在論的な危機であり、現実という存在論的な構築物に

入った亀裂なのである。主体自身がトラウマであり、存在の秩序に入った傷口である（同p.479）。

　かくして主体は抽象化であるとか、空虚によって構成されるということになる（同p.605）。

　主体はこのようなものである。主体は狂気に晒され、性の不可能性に纏わり憑かれている。戦争は集団の狂気である。すると戦争を防ぐのは不可能である。しかしここでもそれを不可能な行為で乗り越えねばならない。そうでないと、世界は滅亡するからである。

　これは本節の最初に書いた、そして『性と頓挫』の最後の文言に通じる。私たちは資本主義を超えようとして、しかし超えることはできない。資本主義の円環に閉じ込められており、この円環を打ち破ることは不可能であるからである。しかし、私たちはこれを「現実的な」－不可能な行為によって打ち破ることができるのである。

　すると戦争はまた克服し得るのである。人は常に狂気に曝されてはいるが、正常になり得るのと同じように、平和もまた希求し得るのである。

　脱資本主義を巡る贈与論と所有論が、３-２のテーマであった。また脱戦争のための議論として、一方でデリダの論じる無条件の歓待があり、他方で私が功利主義的に解釈したカントの平和論がある。後者については、所有論に始まるカント平和論は、それはそのままヘーゲル法哲学に繋がるものである。そのことをデリダは正確に理解し、その上でそれを歓待の堕落態として批判したのである（注２）。

　そして恐らくジジェクは、贈与論も所有論も議論せず、歓待論も平和論も未来に向けての方策としては採用しないだろう。ジジェクはヘーゲルとカントに依拠して、自説を展開するが、ヘーゲル所有論とカント平和論は取り挙げない。

　しかし主体の中に、狂気と性と戦争という抽象物が残り続けていることを論じ、そこから不可能性に賭けよと論じている。

　それはラカンの観点が強く出てきたものである。しかしこの不可能性を論じるのがジジェクの真骨頂であり、そこまで理解するのが、ジジェクを読むことの意義ではないか。

　ジジェクが言っていないことは、こちらで準備すれば良いだけのことである。ヘーゲルの所有論やカント平和論は、ジジェクに示唆されて展開されている。これをジジェクの仕事に繋いでいきたい。

　再度整理する。3-1で私たちは変革のためには絶望せよと迫られた。3-2で、しかし私たちに変革の可能性はあるということを論証した。それが贈与なのか、所有なのかの違いはあるにせよ。そして3-3で、しかし変革は不可能であるという結論が得られた。再度私たちは絶望する。そして真に絶望することで、不可能なことを実行する。それが変革を可能にする。

　本書2-1で私は次のように書いた。ひとつは物自体と現実界の関係である。現実界は不可能性そのものである。それは象徴界の裂け目であると定義付けされる。ジジェクはラカン理論をこのように捉えている。

　同時にカントの言う物自体も到達不可能として捉えられる。それはヘーゲルによって現象世界の穴であるとされる。カントは物自体を認識できないと、その不可知性を唱えたが、ヘーゲルは存在論的にそれを不可能性に変換する。物自体は根源的な否定性であり、滓という表現が与えられる。さらにジジェクは次のように言う。ヘーゲルは物自体に到達したのではない。それは失敗という否定的なやり方を通じてのみ、その存在を示し得るものなのである。ヘーゲルは否定を徹底し、視点をずらしたのである。

　このことが『性と頓挫』で整理し直され、さらにそこから私たちが、狂気、性、戦争という不可能性に曝されていることを論じたのである。

　もうひとつ2-1で論じたのは、変革の論理である。ジジェクの結論はい

つもシニシズムに満ちている。熟議もユートピアも連帯もアソシエーションも世界政府も信じていない。主体は常に狂気という否定性に曝されているからだ。人びとが集まって、理性的な議論をし、最善の社会を創ることは不可能である。

しかしその否定を徹底せよとジジェクは言う。そのことによって、資本主義を否定できるし、まさにその否定する運動が脱資本主義なのである。不可能性を行為せよというのはそういうことだ。

このことと3-1に書いたジジェクの『パンデミック』という著書で展開される不可能性の実施は、話が繋がっている。単に話が不可能なことをせよで終わると、どうして良いのか分からなくなる。不可能なことは可能なのである。そのことをコロナ禍は示した。『パンデミック』の議論をもう一座見直ししたい。

2022年2月現在、ちょうどコロナ禍のもとで私たちが過ごしてきて2年が経つ。この2年間、私たちは何とか結構うまく「不可能なこと」をやってきたのではないか。常に人前ではマスクを着用する。人と一緒に飲み食いをしない。大人数では集まらない。経済を犠牲にし、苦痛に耐えて、しかし何とか生き延びてきたのである。

政策レベルでは、「緊急事態宣言及びまん延防止等重点措置」が実施され、人びとの行動が著しく制限され、また一律10万円が支給される「特別定額給付金」と、中小企業と個人事業主らに現金を給付する「持続化給付金」といった政策もなされた。これらが十分なものだったということではない。これらの政策の是非についての判断は、このあとコロナ禍が終息してから行うべき話である。しかし平時ならば、考えられないことがなされたのである。不可能なことを行為せよということは、一例を挙げればこういうことである。

もちろんここでも資本主義が一層進んで、事態が悪化することは懸念されている。しかし人類の破滅は何としてでも防ぎたい。そして資本主義を超え

る以外にその手段がないとすれば、不可能なことをすべきである。そしてその行為を続ける中で、すでに脱資本主義は見えてくるはずである。

注

(1) ジジェクはふたつの対立するものを結び付ける無限判断的な発想ですべてを説明するので、占有取得、使用、譲渡とトリアーデで説明すべき所有論は展開しない。そのことは本書1-5で書いた通りである。

(2) 本書3-2で取り挙げた大澤の贈与論、デリダの歓待論は、補遺2-2で取り挙げた東の観光客論、柄谷の贈与論、アソシエーション論と発想を同じくしている。それらはカントやヘーゲル、またネグリの受容と批判を通して練り上げられたものである。それらを批判することが本書のモチーフのひとつである。

<h1 style="text-align:center">参考文献</h1>

　カント、ヘーゲル、ジジェクの文献参照の仕方は、以下の通りである。他は邦訳があれば、邦訳の書名、論文名のみ掲載し、引用に際しては邦訳のページ数のみを使った。

　参考文献は、邦訳があるものについては、できるだけその訳文を使ったが、本書全体で、訳語を統一する必要があり、私の責任で部分的に直したところもある。特にヘーゲルは、いくつもある邦訳の内、最も参考にした訳書をこの文献表に記載したが、その訳については必ずしも訳書に従わず、私が試みている。

　本文に引用する際、原則として著書または論文の著者名と出版年度を書いて分かるようにしたが、場合によっては、書名または論文名、ないしはその略称を記した。

I.Kant

　カントの原書はすべてズールカンプ版全集Immanuel Kant Werkausgabe I - XII, Suhrkamp, 1968を、また邦訳は『カント全集』1 – 20、岩波書店、2000 – 2006を使った。原書と邦訳と、まずはそれぞれの巻数を書いて等号で結び、その上でページ数を書いた。『純粋理性批判』については、カント研究の慣例に従って、第一版をA、第二版をBとして、そのページ数を記した。どの翻訳にもこのA、Bのページ数が記されており、読者は容易にその引用箇所が分かるようになっている。

G.W.F. Hegel

　ヘーゲルは原文と邦訳のそれぞれのページ数を書いて、等号で結んだ。しかしヘーゲルは原文も邦訳も様々なものがあって、ページ数を記すだけでは読者に分かりにくいという事情があり、できるだけ節番号を書くなどの工夫をした。使用したものは以下の通り。

Hegel, G.W.F., "Vergleichung des Schellingschen Prinzips der Philosophie mit dem Fichteschen", *G.W.F.Hegel Werke in zwanzig Bänden 5,6,* Suhrkamp Verlag, 1970 = 『フィヒテとシェリングの差異』戸田洋樹訳、公論社、1980

――　　　　"Glauben und Wissen oder Reflexionsphilosophie der Subjektivität in der Vollständigkeit ihrer Formen als Kantische, Jacobische und Fichtesche Philosophie", *Jenaer Schriften 1801-1807, G.W.F.Hegel Werke in zwanzig Bänden 2,* Suhrkamp Verlag, 1986 = 『信仰と知』上妻精訳、岩波書店、1993

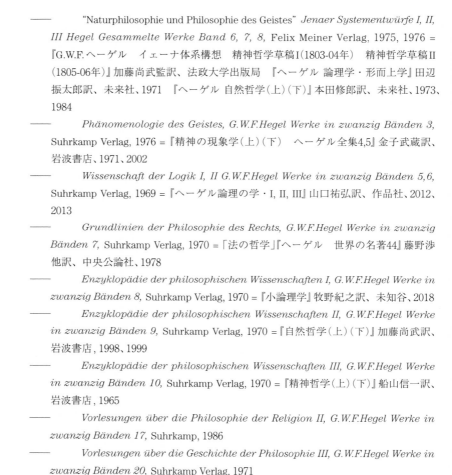

参考文献

―――　　　"Naturphilosophie und Philosophie des Geistes" *Jenaer Systementwürfe I, II, III Hegel Gesammelte Werke Band 6, 7, 8,* Felix Meiner Verlag, 1975, 1976 = 『G.W.F.ヘーゲル　イェーナ体系構想　精神哲学草稿I(1803-04年)　精神哲学草稿II(1805-06年)』加藤尚武監訳、法政大学出版局　『ヘーゲル 論理学・形而上学』田辺振太郎訳、未来社、1971　『ヘーゲル 自然哲学(上)(下)』本田修郎訳、未来社、1973、1984

―――　　　*Phänomenologie des Geistes, G.W.F.Hegel Werke in zwanzig Bänden 3,* Suhrkamp Verlag, 1976 =『精神の現象学(上)(下)　ヘーゲル全集4,5』金子武蔵訳、岩波書店、1971、2002

―――　　　*Wissenschaft der Logik I, II G.W.F.Hegel Werke in zwanzig Bänden 5,6,* Suhrkamp Verlag, 1969 =『ヘーゲル論理の学・I, II, III』山口祐弘訳、作品社、2012、2013

―――　　　*Grundlinien der Philosophie des Rechts, G.W.F.Hegel Werke in zwanzig Bänden 7,* Suhrkamp Verlag, 1970 =「法の哲学」『ヘーゲル　世界の名著44』藤野渉他訳、中央公論社、1978

―――　　　*Enzyklopädie der philosophischen Wissenschaften I, G.W.F.Hegel Werke in zwanzig Bänden 8,* Suhrkamp Verlag, 1970 =『小論理学』牧野紀之訳、未知谷、2018

―――　　　*Enzyklopädie der philosophischen Wissenschaften II, G.W.F.Hegel Werke in zwanzig Bänden 9,* Suhrkamp Verlag, 1970 =『自然哲学(上)(下)』加藤尚武訳、岩波書店, 1998、1999

―――　　　*Enzyklopädie der philosophischen Wissenschaften III, G.W.F.Hegel Werke in zwanzig Bänden 10,* Suhrkamp Verlag, 1970 =『精神哲学(上)(下)』船山信一訳、岩波書店, 1965

―――　　　*Vorlesungen über die Philosophie der Religion II, G.W.F.Hegel Werke in zwanzig Bänden 17,* Suhrkamp, 1986

―――　　　*Vorlesungen über die Geschichte der Philosophie III, G.W.F.Hegel Werke in zwanzig Bänden 20,* Suhrkamp Verlag, 1971

Žižek, S.,

　ジジェクは、以下の略称を使った。出版年度を明記すべく、原書と邦訳それぞれ年度を示して等号で結んだ。引用に際しては、訳文があれば、訳文のページ数のみを記した。

　『ヒステリー』*Le Plus Sublime Des Hystériques – Hegel avec Lacan -*,Press Universitaires de France, 初出1988(決定稿2011)=『もっとも崇高なヒステリー者 - ラカンと読むヘー

254

ゲル -』鈴木國文他訳、みすず書房、2016

『イデオロギー』*The Sublime Object of Ideology,* Verso, 1989 =『イデオロギーの崇高な対象』鈴木晶訳、河出書房、2000

『斜めから』*Looking Awry – An Introduction to Jacques Lacan through Popular Culture-,* An October Book, 1991 =『斜めから見る - 大衆文化を通してラカン理論へ -』鈴木晶訳、青土社、1995

『症候』*Enjoy Your Symptom! – Jacques Lacan in Hollywood and out -,* Routledge, 1992（2001）=『汝の症候を楽しめ - ハリウッドvsラカン -』鈴木晶訳、筑摩書房、2001

『滞留』*Tarrying with The Negative,* 1993 =『否定的なもののもとへの滞留』酒井隆史他訳、筑摩書房、2006

『転移』*The Metastases of Enjoyment – On women and causality -,* Verso, 1994 =『快楽の転移』松浦俊輔他訳、青土社、1996

『感染』*The Plague of Fantasies,* Verso, 1997=『幻想の感染』、松浦俊輔訳、青土社、1999

『厄介な』*The Ticklish Subject – The Absent Centre of Political Ontology - ,* Verso, 1999 =『厄介なる主体 - 政治的存在論の空虚な中心 - 1.2』鈴木俊弘他訳、青土社、2005, 2007

『全体主義』*Did Somebody Say Totalitarianism? – Five Interventious in the (Mis) Use of a Notion -,* Verso, 2001 =『全体主義　観念の（誤）使用について』中山徹他訳、青土社, 2002

『身体なき』*Organs without Bodies,* Routledge, 2004 =『身体なき器官』長原豊訳、河出書房新社、2004

『パララックス』*The Parallax Views,* The MIT Press, 2006 =『パララックス・ヴュー』山本耕一訳、作品社、2010

『ラカン』*How To Read Lacan,* Granta Books, 2006 =『ラカンはこう読め』鈴木晶訳、紀伊国屋書店、2008

『大義』*In Defence of Lost Causes,* Verso, 2008 =『大義を忘れるな - 革命・テロ・反資本主義 -』中山徹、鈴木英明訳、青土社、2010

『ポストモダン』*First as Tragedy, Then as Farce,* 2009=2010『ポストモダンの共産主義 - はじめは悲劇として、二度目は笑劇として -』栗原百代訳、筑摩書房、2010

『終焉』*Living in the End Times,* Verso, 2010 =『終焉の時代に生きる』国文社、2012

Less than Less than Nothing - Hegel and the Shadow of Dialectical Materialism -, Verso, 2012

『絶望』*The Courage of Hopelessness – Chronicles of a Year of Acting Dangerously -,* Penguin Books, 2017 =『絶望する勇気　- グローバル資本主義・原理主義・ポピュリ

ズム -』中山徹他訳、青土社、2018

Recoil Absolute Recoil – Toward a New foundation of Dialectical Materialism -, Verso, 2014

Disparities Disparities, Bloomsbury, 2016

Void Incontinence of the Void - Economico-Philosophical Spandrels -, The MIT Press, 2017

『性と頓挫』*Sex and the Failed Absolute,* Bloomsbury, 2020 =『性と頓挫する理性　弁証法的唯物論のトポロジー』中山徹、鈴木英明訳、青土社、2021

『パンデミック』*Pandemic - Covid-19 shakes the world* -, Polity, 2020 =『パンデミック - 世界を揺るがした新型コロナウィルス -』中林敦子訳、ele-king books、2020

「帝国」「『帝国』は二十一世紀の『共産党宣言』か?」石岡良治訳『現代思想』2003年2月号

「具体的普遍」「ヘーゲルの<具体的普遍>とは何か」井上正名訳、大橋良介編『ドイツ観念論を学ぶ人のために』世界思想社、2006

『偶発性』(& J.Butler, E. Laclau) *Contingency, Hegemony, Universality - Contemporary Dialogues on the Left* -, Verso, 2000 = バトラー、ラクラウとの共著『偶発性・ヘゲモニー・普遍性 - 新しい対抗政治への対話 -』竹村和子、村山敏勝訳、青土社、2002

『ジジェク自身』(& Daly,G.,) *Conversation with Žižek,* Polity, 2004 = デイリーとの対談『ジジェク自身によるジジェク』清水知子訳、河出書房新社、2005

『神話』(& Gabriel, M.,) *Mythology, Madness and Laughter – Subjectivity in German Idealism, Continuum,* 2009 = ガブリエルとの共著『神話・狂気・哄笑　-ドイツ観念論における主体性-』大河内泰樹他監訳、堀之内出版、2015

(以下アルファベット順)

アーレント,H., 『人間の条件』清水速雄訳、筑摩書房、1994

浅田彰『構造と力 - 記号論を超えて -』勁草書房、1983

綾屋紗月・熊谷晋一郎『発達障害当事者研究　- ゆっくりていねいにつながりたい -』医学書院、2008

────　『つながりの作法　- 同じでもなく違うでもなく -』NHK出版、2010

東浩紀『存在論的、郵便的 - ジャック・デリダについて -』新潮社、1998

────　『ゲンロン0　観光客の哲学』ゲンロン、2017

バンヴェニスト,É., 『一般言語学の諸問題』河村正夫他訳、みすず書房、1983

バトラー,J., 『ジェンダー・トラブル-フェミニズムとアイデンティティの攪乱-』竹村和子訳、青土社、1999

────　『問題=物質となる身体-「セックス」の言説的境界について -』佐藤嘉幸監訳、

　　　　　以文社、2021

　　──　　『権力の心的な生 - 主体化＝服従化に関する諸理論 -』佐藤嘉幸、清水知子訳、
　　　　　月曜社、2012

デリダ, J.,『歓待について - パリのゼミナールの記録 -』廣瀬浩司訳、産業図書、1999

　　──　　「差延」『哲学の余白（上）』高橋允昭、藤本一勇訳、法政大学出版局、2007

　　──　　「竪坑とピラミッド-ヘーゲル記号学への序論-」『哲学の余白（上）』高橋允昭、
　　　　　藤本一勇訳、法政大学出版局、2007

　　──　　『精神について - ハイデッガーと問い -』港道隆訳、平凡社、2010

ドゥルーズ、G., & ガタリ、F.,『アンチ・オイディプス - 資本主義と分裂症 -（上）（下）』宇野邦
　　　　　一訳、河出書房新社、2006

　　──　　『千のプラトー - 資本主義と分裂症 -（上）（中）（下）』宇野邦一他訳、河出書房新社、
　　　　　2010

海老澤善一『対話　ヘーゲル『大論理学』- 存在の旅へ -』梓出版社、2012

ファリアス, V.,『ハイデガーとナチズム』山本尤訳、名古屋大学出版会、1990

フィヒテ, J. G.,『全知識学の基礎・知識学梗概』隈元忠敬訳、渓水社、1986

フロイト, S.,「ナルシシズム入門」（1914）『エロス論集』中山元訳、筑摩書房、1997

　　──　　「喪とメランコリー」（1917）『人はなぜ戦争をするのか-エロスとタナトス -』中
　　　　　山元訳、光文社、2008

　　──　　「女性同性愛の一事例の心的成因について」（1920）藤野寛訳『フロイト全集17』
　　　　　須藤訓任他訳、岩波書店、2006

　　──　　「嫉妬、パラノイア、同性愛に見られる若干の神経症的機制について」（1922）
　　　　　須藤訓任訳『フロイト全集17』須藤訓任他訳、岩波書店、2006

　　──　　「自我とエス」（1923）『自我論集』中山元訳、筑摩書房、1996

　　──　　「エディプス・コンプレックスの崩壊」（1924）『エロス論集』中山元訳、筑摩書房、
　　　　　1997

　　──　　「否定」（1925a）『自我論集』中山元訳、筑摩書房、1996

　　──　　「解剖学的性差の心的な帰結」（1925b）『エロス論集』中山元訳、筑摩書房、1997

　　──　　「文化への不満」（1930）『幻想の未来/文化への不満』中山元訳、光文社、2007

　　──　　「女性の性愛について」（1931）『エロス論集』中山元訳、筑摩書房、1997

藤高和輝『ジュディス・バトラー　-生と哲学を賭けた闘い-』以文社、2018

グレーバー, D.,『負債論 - 貨幣と暴力の5000年 -』酒井隆史監訳、以文社、2016

グラノン-ラフォン, J.,『ラカンのトポロジー - 精神分析の位相構造 -』中島伸子・吉永良正訳、
　　　　　白揚社、1991

ハイデガー, M.,『存在と時間（1）–（4）』熊野純彦訳、岩波書店、2013

── 『カントと形而上学の問題』(ハイデガー全集第3巻)、門脇卓爾、H. ブフナー訳、創文社、2003

── 「ヘーゲルの経験概念」『杣道』(ハイデガー全集第5巻)、茅野良男、H. ブロッカルト訳、創文社、1988

── 『人間的自由の本質について』(ハイデガー全集第31巻)、齋藤義一、W. シュラーダー訳、創文社、1987

── 『ヘーゲル『精神現象学』』(ハイデガー全集第32巻)、藤田正勝、A. ゲッツオーニ訳、創文社、1987

── 『哲学への寄与論稿』(ハイデガー全集第65巻)、大橋良介他訳、創文社、2005

Heidegger, M., *Hegel*, Gesamtausgabe, Band.68, Vittorio Klostermann, 2009

ヘンリッヒ、D.,『ヘーゲル哲学のコンテクスト』中埜肇監訳、哲書房、1987

比嘉徹徳「ナルシシズムと<他者>」『一橋論叢』Vol.130, No.3, 2003

ヒューズ、F.,「なぜ自分のセクシュアリティを口に出すのか？ - 経験からのセクシュアリティ再考 -」『フェミニスト現象学入門 - 経験から「普通」を問い直す -』稲原美苗他編、ナカニシヤ出版、2020

イポリット、J.,『ヘーゲル精神現象学の生成と構造(上)(下)』市倉宏祐訳、岩波書店、1972、1973

池田喬「研究とは何か、当事者とは誰か - 当事者研究と現象学 -」『当事者研究の研究』石原孝二編、医学書院、2013

池松辰男『ヘーゲル「主観的精神の哲学」- 精神における主体の生成とその条件 -』晃洋書房、2019

稲生勝「ヘーゲルのエーテル説」『一橋研究』Vol.11, No.4, 1987

伊坂青司『ヘーゲルとドイツ・ロマン主義』御茶の水書房、2000

石原孝二「当事者研究とは何か - その理念と展開 -」『当事者研究の研究』石原孝二編、医学書院、2013

ジュランヴィル、A.,『ラカンと哲学』高橋哲哉他訳、産業図書、1991

伊藤忠夫「双極的非ユークリッドの世界と8字ノット」
http://web1.kcn.jp/hp28ah77/japanese.htm (2022年2月24日閲覧)

金谷武洋『日本語に主語はいらない - 百年の誤謬を正す -』講談社、2002

片岡一竹『疾風怒濤精神分析入門 - ジャック・ラカン的生き方のススメ -』誠信書房、2017

加藤尚武1988(初出)「純粋存在とエーテル」『加藤尚武著作集第2巻』未来社、2018

── 1990a(初出)「生という存在の原型」『加藤尚武著作集第5巻』未来社、2019

── 1990b(初出)「必然的個体としての有機体」『加藤尚武著作集第5巻』未来社、2019

── 1990c(初出)「「発酵」という言葉にかんする覚書」『加藤尚武著作集第5巻』未来社、

2019

——　　『環境倫理学のすすめ』丸善ライブラリー、1991

——　　1992a（初出）『哲学の使命』『加藤尚武著作集第2巻』未来社、2018

——　　「自由」『ヘーゲル事典』加藤尚武他編、弘文堂、1992b

——　　1995（初出）「ヘーゲル自然哲学の存在理由」『加藤尚武著作集第5巻』未来社、2019』

——　　「ヘーゲル実在哲学解説」『イェーナ体系構想　精神哲学草稿I（1803-04年）、精神哲学草稿II（1805-06年）』法政大学出版局、1999

——　　2003（初出）「有機体の概念史」『加藤尚武著作集第5巻』未来社、2019

——　　2004（初出）「「無限性」の概念史のこころみ　－ゲーテ「スピノザに学ぶ」を資料として」『加藤尚武著作集第5巻』未来社、2019

——　　2013（初出）「ヘーゲルによる心身問題の取り扱い」『加藤尚武著作集第5巻』未来社、2019

——　　2015（初出）「同一性の変貌と発展」『加藤尚武著作集第5巻』未来社、2019

——　　2016（初出）「フィチーノとシェリング」『加藤尚武著作集第5巻』未来社、2019』

——　　「ライプニッツとヘーゲル　- 形而上学と自然学の行き違い -」『ヘーゲル論理学研究』第27号、2021

柄谷行人『世界共和国へ　－資本＝ネーション＝国家を超えて -』岩波書店、2006

——　　『世界史の構造』岩波書店、2010

菊地健三『カントと動力学の問題』晶文社、2015

木元裕亮「概念を孕むこと。- ある哲学徒の全想念の集積、あるいは「二度寝」-」
　　https://conception-of-concepts.com/　（2022年2月24日閲覧）

木村敏「自分が自分であるということ」『「自己」と「他者」- 臨床哲学の諸相 -』木村敏・野家啓一編、河合文化教育研究所、2013

木村博「フィヒテ自然哲学の基底　- 構想力の揺動 -」『ドイツ観念論と自然哲学』伊坂青司他編、創風社、1994

小林正嗣『マルティン・ハイデガーの哲学と政治 - 民族における存在の現れ -』風行社、2011

コジェーブ, A.,『ヘーゲル読解入門 -『精神現象学』を読む -』上妻精、今野雅方訳、国文社、1987

——　　『概念・時間・言説 - ヘーゲル＜知の体系＞改定の試み -』三宅正純他訳、法政大学出版局、2000

國分功一郎『中動態の世界 - 意志と責任の考古学 -』医学書院、2017

國分功一郎・熊谷晋一郎『＜責任＞の生成 - 中動態と当事者研究 -』、2020

コイレ, A.,「イェーナのヘーゲル - 近年出版の「イェーナ体系構想」について -」小原拓磨訳、

『知のトポス』No.15, 2020

キューブラー＝ロス『死ぬ瞬間 - 死とその過程について -』鈴木晶訳、中公文庫、2001

熊谷晋一郎「痛みから始める当事者研究」『当事者研究の研究』石原孝二編、医学書院、2013

―――　『当事者研究 - 等身大の＜わたし＞の発見と回復 -』岩波書店、2020

黒崎政男『カント『純粋理性批判』入門』講談社、2000

黒崎剛『ヘーゲル・未完の弁証法 -「意識の経験の学」としての『精神現象学』の批判的研究 -』
　　早稲田大学出版部、2012

許萬元『ヘーゲル弁証法の本質』青木書店、1972

ラカン, J.,「ファルスの意味作用」(1958)、佐々木幸次訳『エクリ III』佐々木幸次他共訳、弘
　　文堂、1981

―――　『精神分析の四基本概念』小出浩之他訳、岩波書店、2000

―――　『アンコール』藤田博史、片山文保訳、講談社、2019

ラクー-ラバルト, P.,『政治という虚構 - ハイデガー　芸術そして政治 -』浅利誠、大谷尚文訳、
　　藤原書店、1992

レヴィ・ストロース, C.,『親族の基本構造』福井和美訳、青弓社、2000

リオタール, J-F.,『ハイデガーと「ユダヤ人」』本間邦雄訳、藤原書店、1992

牧野紀之『労働と社会』鶏鳴出版、1971

マラブー,C.,『ヘーゲルの未来 - 可塑性・時間性・弁証法 -』西山雄二訳、未来社、2005

―――　『真ん中の部屋 - ヘーゲルから脳科学まで -』西山雄二他訳、月曜社、2021

マルクス, K.,『資本論①』岡崎次郎訳、大月書店、1972

―――　「フォイエルバッハに関するテーゼ」『ドイツ・イデオロギー』真下信一訳、大
　　月書店、1965

マシュレ, P.,『ヘーゲルかスピノザか』鈴木一策、桑田禮彰訳、新評論、1986

松本正男「時間・空間・エーテル」『ヘーゲル読本』加藤尚武編、法政大学出版局、1987

松本卓也『人はみな妄想する - ジャック・ラカンと鑑別診断の思想 -』青土社、2015

松谷満『若者はなぜ自民党を支持するのか - 変わりゆく自民党支持の心情と論理 -』『分断社
　　会と若者の今』吉川徹・狭間諒多朗編、大阪大学出版会、2019

モース, M.,『贈与論』吉田禎吾・江川純一訳、筑摩書房、2009

メイヤスー, Q.,『有限性の後で - 偶然性の必然性についての試論 -』千葉雅也他訳、人文書院、
　　2016

向井雅明『ラカン入門』筑摩書房、2016

向谷地生良・浦河べてるの家『新　安心して絶望できる人生 -「当事者研究」という世界 -』
　　一麦出版社、2018

村上靖彦『自閉症の現象学』勁草書房、2008

―――　『治癒の現象学』講談社、2011

マイヤーズ, T., 『スラヴォイ・ジジェク　シリーズ現代思想ガイドブック』村山敏勝他訳、
　　青土社2005

長野慎一「主体・他者・残余 - バトラーにおけるメランコリーをめぐって -」『三田社会学会』
　　No.12, 2007

中田光雄『政治と哲学 -＜ハイデガーとナチズム＞論争史の一決算 -(上)（下)』岩波書店、2002

中西正司・上野千鶴子『当事者主権』岩波書店、2003

中澤瞳「フェミニスト現象学とは何か? - 基本的な視点と意義 -」『フェミニスト現象学入門
　　- 経験から「普通」を問い直す -』稲原美苗他編、ナカニシヤ出版、2020

ネグリ,A.,& ハート,M., 『帝国 - グローバル化の秩序とマルチチュードの可能性 -』水嶋一憲他
　　訳、以文社2003

―――　『コモンウェルス(上)（下)』水嶋一憲監訳、NHK出版、2012

野尻英一「未来の記憶 - 哲学の起源とヘーゲルの構想力についての断章 -」『哲学の戦場』那須
　　政玄、野尻英一編、行人社、2018

小笠原晋也『ジャック・ラカンの書 - その説明のひとつの試み -』金剛出版、1989

―――　『ハイデガーとラカン - 精神分析の純粋基礎としての否定存在論とそのトポロジー
　　-』青土社、2020

岡本賢吾「実体」『ヘーゲル事典』加藤尚武他編、弘文堂、1992

岡崎佑香「文字通り病み痛む身体? - ジュディス・バトラー『問題なのは身体だ』の身体論 -」『現
　　代思想』Vol.47-3, 2019

小野紀明『ハイデガーの政治哲学』岩波書店、2010

大澤真幸『ナショナリズムの由来』講談社、2007

―――　『新世紀のコミュニズム　- 資本主義の内からの脱出 -』NHK出版、2021

―――　『経済の起源』岩波書店、2022

大田春外『楽しもう　射影平面 - 目で見る組み合わせトポロジーと射影幾何学 -』日本評論社、
　　2016

ロックモア, T., 『ハイデガー哲学とナチズム』奥谷浩一他訳、北海道大学図書刊行会、1999

―――　『ハイデガーとフランス哲学』北川東子、仲正昌樹訳、法政大学出版局、2005

ルービン, G., 「女たちによる交通 - 性の『政治経済学』についてのノート -」長原豊訳, 『現代
　　思想』Vol.28-2, 2000

ルービン、G.,& バトラー、J., 「性の交易」河口和也、K.ヴィンセント訳、『現代思想』Vol.25-
　　13, 1997

サリー, S., 『ジュディス・バトラー』竹村和子訳、青土社、2005

三部倫子『カムアウトする親子　- 同性愛と家族の社会学 -』御茶の水書房、2014

参考文献

笹澤豊「ヘーゲルとヤコービ - スピノザ主義の問題をめぐって -」『講座　ドイツ観念論第五巻　ヘーゲル　時代との対話』廣松渉他編弘文堂、1990

シュミッツ, H., 「ヘーゲル弁証法の諸原理としての無限判断と推論（上）（下）」鈴木恒範訳、『ヘーゲル論理学研究』Vol.23,24, 2017, 2018

セジウィック, E. K., 『男同士の絆 - イギリス文学とホモ・ソーシャルな欲望 -』上原早苗、亀澤美由紀訳、名古屋大学出版会、2001

――――　『クローゼットの認識論 - セクシュアリティの20世紀 -』(1990) 外岡尚美訳、青土社、2018

スピノザ, B. de, 『スピノザ書簡集』畑中尚志訳、岩波書店、1958

菅原和孝『もし、みんながブッシュマンだったら』福音館書店、1999

――――　『ことばと身体　-「言語の手前」の人類学 -』講談社、2010

――――　「文化人類学　- ブッシュマンとわが子における知的障害の民族誌 -」『<自閉症学>のすすめ　- オーティズム・スタディーズの時代 -』野尻英一他編、ミネルヴァ書房、2019

高山守『ヘーゲル哲学と無の論理』東京大学出版会、2001

田辺振太郎「ヘーゲルとエーテル説」『情況11月臨時増刊号』、1976

高橋一行『教育参加』新読書社、2004

――――　『所有論』御茶の水書房、2010

――――　『知的所有論』御茶の水書房、2013

――――　『他者の所有』御茶の水書房、2014

――――　『所有しないということ』御茶の水書房、2017

――――　『カントとヘーゲルは思弁的実在論にどう答えるか』ミネルヴァ書房、2021

――――　「進化をシステム論から考える(1)-(12)」http://pubspace-x.net/pubspace/（2022年3月24日閲覧）

――――　「移動の時代3 - 移民の哲学 -」http://pubspace-x.net/pubspace/（2022年3月24日閲覧）

高安秀樹『経済物理学の発見』光文社、2004

竹田青嗣『ハイデガー入門』講談社、2017

Taylor, C., *Hegel,* Cambridge University Press, 1975

トッド,E., 『問題は英国ではない - EUなのだ　21世紀の新・国家論 -』堀茂樹訳、文芸春秋、2016

トッド, E., & クルバージュ, Y., 『文明の接近 -「イスラーム vs 西洋」の虚構 -』石崎晴己訳、藤原書店、2008

轟孝夫『ハイデガーの超政治 - ナチズムとの対決 / 存在・技術・国家への問い -』明石書店、

2020

十川幸司『フロイディアン・ステップ - 分析家の誕生 -』みすず書房、2019

トラヴニー, P., 「ハイデガーと「世界ユダヤ人組織」-「黒ノート」をめぐって -」陶久明日香、
　安部浩訳」『ハイデガー読本』秋富克哉他編、法政大学出版局、2014

トレンデレンブルグ, A., 『論理学研究』（第3章「弁証法的方法」）高山守、松井賢太郎訳、『ヘー
　ゲル論理学研究』No.2, 1996

上野千鶴子『ケアの社会学 - 当事者主権の福祉社会へ -』太田出版、2011

山形浩生「『「知」の欺瞞』ローカル戦：浅田彰のクラインの壺をめぐって（というか、浅田式
　にはめぐらないのだ）」https://cruel.org/other/asada.html（2022年3月24日閲覧）

山口祐弘『ドイツ観念論における反省理論』勁草書房、1991

以上

人名索引

（「カント」「ジジェク」「ヘーゲル」は頻出のため省略した）

あとがき

　本書は「公共空間Ⅹ」(http://www.pubspace-x.net/)に書いた以下の論稿をベースに、書き直しをしたものである。まず、「主体の論理（1）-（15）」(2020.11.7-2022.2.19)をその一部を残して、配列を変えて使用した。また「ジジェクのヘーゲル理解は本物か（1）-（3）」(2020.3.7-2020.4.10)と、「移動の時代1‐3」(2019.5.24-2019.6.14)もその一部を使った。

　本書は、以下の本の続編になる。必要な議論は重複している。
『所有論』(御茶の水書房2010.6)
『知的所有論』(御茶の水書房2013.2)
『他者の所有』(御茶の水書房2014.12)
『所有しないということ』(御茶の水書房2017.2)
『カントとヘーゲルは思弁的実在論にどう答えるか』(ミネルヴァ書房2021.12)

　また「ジジェクをヘーゲル論理学の中に位置付ける」(『社会理論研究』No.21,2021.1)も使った。
　本書を刊行する際に、「公共空間Ⅹ」の同人には一方ならずお世話になった。サイトに発表された時点で論評を頂き、また出版のアドバイスも頂いた。御礼を申し上げたい。
　社会評論社の松田健二さんと沢村美枝子さんのお手を煩わせたことも書いておきたい。謝辞を申し上げる次第である。

　　　コロナ禍の収まらぬ2022年の春

　　　　　　　　　　　　　　　　　　　　高橋一行

著者紹介

高橋一行（たかはし　かずゆき）

1959年東京生まれ。早稲田大学第一文学部美術史学科、東京都立大学理学部物理学科、明治大学大学院政治経済研究科政治学専攻で学ぶ。明治大学教授（政治学博士）。
著書
『所有論』御茶の水書房、2010
『知的所有論』御茶の水書房、2013
『他者の所有』御茶の水書房、2014
『所有しないということ』御茶の水書房、2017
『カントとヘーゲルは思弁的実在論にどう答えるか』ミネルヴァ書房、2021

脱資本主義——S.ジジェクのヘーゲル解釈を手掛かりに

2022年8月15日　初版第1刷発行
著　者／高橋一行
発行者／松田健二
発行所／株式会社　社会評論社
〒113-0033　東京都文京区本郷 2-3-10　お茶の水ビル
電話　03（3814）3861　FAX　03（3818）2808
印刷製本／株式会社ミツワ

歴史知のオントロギー
文明を支える原初性
石塚正英 / 著

先史・野生の諸問題を通して現在この地球上に生きて存在する意味を問う。この地球上に生きて存在していることの意味、自然環境と社会環境の只中に内在していることの意味、あるいは、人と自然が互いに存在を認め合う関係が指し示す意味、歴史知のオントロギーを問う。 ＊3400円＋税　A5判上製424頁

フレイザー金枝篇のオントロギー
文明を支える原初性
石塚正英 / 著

フレイザー『金枝篇』は、つとに文学・芸術・学術の諸分野で話題になってきた基本文献である。学術研究のために完結版の翻訳を神成利男から引き継いできた意義をオンライン解説講座で語り続けた記録。 ＊3400円＋税　A5判上製436頁

歴史知の百学連環
文明を支える原初性
石塚正英 / 著

先史・野生の諸問題を通して現在この地球上に生きて存在する意味を問う”文明を支える原初性”シリーズ三部作の完結編。前近代の生活文化・精神文化に、現代社会の生活文化・精神文化を支える歴史貫通的な価値や現実有効性（actuality）を見通す知、それが歴史知である。 ＊3000円＋税　A5判上製328頁

人類進化の傷跡と
ジェンダーバイアス
家族の歴史的変容と未来への視座

横田幸子 / 著

女性差別を克服できる道を拓いた画期的著作。対等な関係を生み出す場を創造しつつ、経済的・社会的圧力を、男女協働しつつ制御してゆく。この新しい道が、今、拓かれた。（池上惇：京都大学名誉教授）　　　　＊ 2500 円＋税　A5 判並製 312 頁

サステナビリティの経営哲学
渋沢栄一に学ぶ

十名直喜 / 著

サステナビリティと経営哲学を問い直し、体現者としての渋沢栄一に光をあてる 彼が創造した日本資本主義のシステム、その理念と原点に立ち返り、日本社会を 立て直す智慧と処方箋を汲み出す。A. スミス、K. マルクス、渋沢栄一の 3 者比 較と対話をふまえ、21 世紀の課題とあり方を問い直し、持続可能で公正な社会を 構想する。　　　　＊ 2500 円＋税　A5 判並製 272 頁

はじまりの哲学
アルチュセールとラカン

伊吹浩一 / 著

アルチュセールは「はじまり」にこだわった。「はじまり」について語れるのは哲学のみであるとし、「はじまり」に定位し、「はじまり」について語ることだけを哲学者として引き受けたのである。しかし、それでもやはり、なぜ「はじまり」なのか。それはおそらく、アレントも言うように、「はじまり」とは革命のことだからなのかもしれない。　　　　　　　　　　　　＊ 2500 円＋税　A5 判並製 372 頁

リカード貿易論解読法
『資本論』に拠る論証

福留久大 / 著

優れた研究者四名（宇沢弘文・小宮隆太郎・中村廣治・根岸隆）の誤解に基づく弱点が明示される。通説を根底から覆す"福留比較生産費説"。国際経済論や学史テキストに変更を迫る著者渾身の論考。ディヴィッド・リカードはどのように誤解されてきたか。　　　　　　　　　　　　＊ 2600 円＋税　A5 判並製 292 頁

ミャンマー「春の革命」
問われる［平和国家］日本
永井浩 / 著

＜エンゲージド・ブッディズム＞がめざす平和・民主主義・豊かさとは何か？ アウンサンスーチーに伴走してきたジャーナリストが日本政府と軍政の共犯関係を追究する。好評を得た『アジアと共に「もうひとつの日本」へ』に続き、わたしたち日本人に"平和"と"豊かさ"の再考をうながす好著。

＊ 1800 円＋税　46 判並製 240 頁

宗教と社会変革
土着的近代と非暴力・平和共生世界の構築
北島義信 / 著

いくつかの地域の事例を通じて、「土着的近代」を考える材料を提供し、従来の「資本主義 vs 社会主義」という枠組みだけでは捉えることができなかった、平和構築の主体者としての人間の意識化・主体化・連帯の新たな視点を提起する。

＊ 2200 円＋税　四六判並製 248 頁